Joris Luyendijk, geboren 1971, studierte Arabistik und Politik in Amsterdam. 1998 ging er für fünf Jahre in den Nahen Osten. Er war der jüngste Korrespondent, der je aus dieser Region berichtet hat, und gilt als einer der wichtigsten europäischen Fachleute für den Nahost-Konflikt.

Joris Luyendijk

Von Bildern und Lügen in Zeiten des Krieges

Aus dem Leben eines Kriegsberichterstatters

AUS DEM NIEDERLÄNDISCHEN
VON ANNE MIDDELHOEK

TROPEN SACHBUCH

Die Übersetzung wurde gefördert vom
Nederlands Literair Productie- en Vertalingenfonds.

Mit besonderem Dank an Toon van de Put.

Tropen
www.tropen.de
Die Originalausgabe erschien 2006 unter dem Titel
»Het zijn net mensen« im Verlag Podium, Amsterdam

Printed in Germany
Umschlag: Herburg Weiland, München unter Verwendung
eine Fotos von © Jerome Sessini / Magnum Photos / Agentur Focus
Autorenportrait auf S. 1 von Hugo Keizer © 2007 by Hugo Keizer
Gesetzt in den Tropen Studios, Leipzig
Gedruckt und gebunden von CPI – Clausen & Bosse, Leck
ISBN 978-3-608-50325-8

Bibliographische Information der Deutschen Nationalbibliothek:
Die Deutsche Nationalbibliothek verzeichnet diese Publikation
in der Deutschen Nationalbibliographie; detaillierte bibliographische
Daten sind im Internet über <http://dnb.d-nb.de> abrufbar.

Für meinen Vater

Inhalt

»… Und dann sage ich: Lieber Gott, jetzt sag doch mal. Dieser ganze Hunger, diese Not, Krankheiten, Katastrophen. Ähm, Kindesmisshandlung, Kinderporno und der Holocaust. Wozu das alles? Und dann sagt Er: Nun ja, wegen soundso und soundso und so. Und dann sage ich: Ach so! Ja, tatsächlich. Jajaja, ach ja. Natürlich … Nein, jetzt verstehe ich's. Alles halb so schlimm, oder?«

Hans Teeuwen, *Trui*

»There's a war between the ones who say there's a war and the ones who say there isn't.«

Leonard Cohen, *There's a War*

Vorwort

Seit dieses Buch im Jahr 2006 erstmals erschienen ist, hat sich im Nahen Osten eine Menge verändert. Damals waren Blogs für die meisten Menschen etwas ganz Neues, Mobiltelefone wurden hauptsächlich zum Telefonieren verwendet, und Facebook existierte im Grunde noch nicht. Das englische Wort »twitter« wurde noch ohne großes T geschrieben und bezeichnete ausschließlich das, was Vögel tun, wenn sie zwitschern. Arafat, Sharon und Bin Laden waren noch am Leben, der misslungene Aufstand im Iran hatte noch nicht stattgefunden, und auch der Arabische Frühling stand erst noch bevor. US-amerikanische Truppen hielten den Irak besetzt, und der libysche Staatschef Muammar al-Gaddafi knüpfte wieder freundschaftliche Beziehungen zu den westlichen Staaten. Die Türkei und Israel wurden noch engere Verbündete, während man im Zusammenhang mit Syrien nur an Diktatur dachte und keineswegs an einen unvorstellbar grausamen Bürgerkrieg.

Acht turbulente Jahre waren das, und dennoch hat sich das Vorgehen der Mainstream-Nachrichtenmedien in diesem Zeitraum so gut wie nicht verändert. Auch wenn sie bei der Berichterstattung mittlerweile Blog-Posts, Twitter-Feeds, Amateuraufnahmen und Facebook-Meldungen berücksichtigen. Die Demokratisierung der Technologie hat das Monopol der Medien auf Erzeugung und Verbreitung von Bildern für alle Zeit gebrochen. Man denke nur an die nachhaltigsten Bilder der letzten anderthalb Jahrzehnte, die allesamt von Nichtjournalisten stammen: Die Propagandavideos von Al-Qaida und die Enthauptungen im Irak. Die Hinrichtung Saddam Husseins. Die Internet-Posts und -Clips der syrischen Rebellen ... Und nicht zuletzt die Amateuraufnahmen, die den Lauf der Geschichte verändert haben: Die Bilder der einstürzenden Hochhäuser in New York am 11. September – das erste globale Trauma, das in Echtzeit entstand.

Die Technologie hat fundamentale Veränderungen bewirkt, und die Nachrichtenmedien können auf viel mehr Quellen zurückgreifen als je zuvor. An der Erstellung ihrer Beiträge hat sich seit dem Jahr 2006 allerdings kaum etwas verändert, was bedeutet, dass die allermeisten der in diesem Buch beschriebenen Mechanismen immer noch existieren.

Nehmen wir etwa die Berichterstattung über die Ägyptische Revolution. In den achtzehn Tagen bis zum Rücktritt von Diktator Mubarak (bitte sagen Sie nicht Präsident) befanden sich auf dem Tahrir-Platz bis zu zweihunderttausend Demonstranten. Da Kairo aber nun mal eine Großstadt mit rund zwanzig Millionen Einwohnern ist, bedeutet das, dass 99 % der Bewohner nicht dort waren. Was waren ihre Gedanken? Das wissen wir nicht. Wie allseits bekannt, gibt es in Polizeistaaten keine brauchbaren Meinungsumfragen, denn entweder werden erst gar keine durchgeführt oder ihre Zuverlässigkeit muss stark angezweifelt werden – wer wäre schon so verrückt, einem unbekannten Meinungsforscher am Telefon von seiner Wut auf den Diktator zu erzählen? In diesen achtzehn Tagen des Aufruhrs machte das ägyptische Staatsfernsehen pausenlos Stimmung gegen die Demonstranten, wohingegen der arabische Nachrichtensender Al-Jazeera mit seiner Sympathie für den Aufstand nicht hinterm Berg hielt. Es wäre äußerst interessant gewesen, hier zuverlässige Einschaltquoten zu haben; wie viele Ägypter den einen Sender anschauten und wie viele den anderen. Aber solche Quoten gibt es nicht.

Das Deprimierendste war damals, dass die Nachrichtenmedien überhaupt kein Vokabular fanden, um über diese »weißen Flecken auf der Landkarte« angemessen zu berichten. Das ägyptische Volk wurde als eine Art Monolith dargestellt, unverbrüchlich in der Revolte vereint. Und es ging nur noch um die Frage: Wann ist das Regime am Ende? Dabei wäre es hilfreich – und keineswegs schwierig – gewesen, detailliert und einfühlsam zu erklären, wie ein Regimebefürworter die Revolution wahrnahm – man hätte nichts weiter tun müssen, als die staatlichen Medien zu verfolgen.

Die Technologie hat eine Revolution durchlaufen. Gleiches gilt für die arabische Welt. Der einzige Mitspieler, der sich im Grunde nicht verändert hat, ist der Überbringer der Botschaften: das Mainstream-Nachrichtenwesen.

Hiervon sind auch andere in diesem Buch beschriebene Mechanismen betroffen. Meines Wissens erklärt bis zum heutigen Tag keines der großen Medienunternehmen auf seiner Website, warum es ein bestimmtes Vokabular verwendet: »besetzte« Gebiete bzw. »umkämpfte«; »König« von Saudi-Arabien bzw. »Diktator«; »syrische Rebellen« bzw. »Dschihadisten in Syrien«. Analog dazu wird nirgendwo erläutert, nach welchen Kriterien über etwas berichtet wird und auf welche Weise dies geschieht. Warum sind drei Tote in Gaza eine Nachricht, dreißig Tote im Irak hingegen nicht?

Es gibt in den Medien einen autoritären oder zumindest patriarchalischen Grundzug, der so tief eingewoben ist, dass man ihn fast nicht bemerkt.

Ich für meinen Teil bin nach wie vor davon überzeugt, dass ein zwischen Journalisten und Publikum offen geführter Dialog über die Auswahl- und Bearbeitungskriterien der Medien ein bedeutendes erzählerisches Mittel sein kann, um Dinge hervorzuheben, die ansonsten keinen Eingang in die öffentliche Diskussion finden würden. Allerdings würde solch ein offener Dialog auf Seiten der Journalisten ein Umdenken erfordern, wie es für die nähere Zukunft wohl kaum zu erwarten ist.

Zum Schluss dann etwas noch Deprimierenderes. Es gibt einen weiteren Umstand, an dem sich seit dem Jahr 2006 nichts verändert hat. Bis zum heutigen Tag spielt es für die öffentliche Meinung in den westlichen Staaten keine Rolle, in welchem Ausmaß ihre Regierungen arabische Diktatoren unterstützten – und noch immer unterstützen. Das saudi-arabische Regime hat alles in seiner Macht Stehende getan, um den Arabischen Frühling zu unterminieren. Und dennoch ist Saudi-Arabien nach wie vor ein Verbündeter des Westens, bis an die Goldzähne bewaffnet und ausgerüstet von »Verteidigungs«-Unternehmen, deren Waffenarsenale gegen die Demonstranten in Bahrain und anderswo eingesetzt wurden. Die traurige Wahrheit ist, dass demokratisch gesinnte Araber vom Westen kaum etwas zu erwarten haben – abgesehen natürlich von hohlen Phrasen und den gut gemeinten Gesten letztendlich unbedeutender Randfiguren.

Joris Luyendijk,
Februar 2014

Aus dem Englischen von Dieter Fuchs

Prolog: Hello everybody!

»Und? Weiter?« Der Koordinator von Ärzte ohne Grenzen verließ die Baracke und betrachtete seine Stiefel. Ich nickte und wusste, dass ich mir auf der Stelle etwas einfallen lassen musste, damit mir in der nächsten Baracke nicht die Tränen über die bleichen Wangen liefen, denn das wäre so ziemlich das Letzte.

Es war ein verregneter Tag im September, und ich steckte in einem Dorf namens Waw im Südsudan, einer Gegend, die in den letzten zwanzig Jahren höchstens mal mit Nebensätzen wie »von Hunger betroffen« und »vom Bürgerkrieg zerrüttet« in der Presse erwähnt wurde. Irgendwo auf der anderen Seite des Flusses hatten die Rebellen ihr Lager aufgeschlagen, auf unserer Seite hatte Ärzte ohne Grenzen ein Camp für »hungernde Flüchtlinge« errichtet. Gerade war mal wieder Waffenstillstand.

»Willst du das echt sehen?«, hatte mich ein erfahrener Kollege in der Hauptstadt Khartum gefragt. »So ein Hungercamp brennt sich für immer auf deiner Festplatte ein.« Der nächste gab den Rat: »Ich sage nur Autopilot. Hauptsache, es bringt was für deinen Artikel.«

Nun, was der Koordinator von Ärzte ohne Grenzen mir gerade in den ersten beiden Baracken gezeigt hatte, brachte eine Menge für meinen Artikel. Das war wie in den Nachrichten oder in einem Spendenaufruf der Welthungerhilfe. Kinderbäuche, von denen ich ungefähr seit der Grundschule wusste, dass gerade der Hunger sie aufbläht wie einen Ballon. Knochen, die sich spitz unter der Haut abzeichnen, wie das Gestänge in einem verwehten Zelt. Kleine Kinder, die so ausgezehrt sind, dass die Mütter ständig ihr Köpfchen stützen müssen, weil sie sich sonst das Genick brechen. Das alles brachte was für meinen Artikel.

Auf unserem Weg kamen der Koordinator und ich an einem Plakat vorbei, das eine Zeichnung von plündernden Soldaten und wehrlosen Bürgern zeigte. »Kämpft nicht gegen die Zivilbevölkerung«, stand darüber. Im ganzen Dorf waren die Bürgersteige hochgeklappt. Das Kaffeehaus Islamische Reinheit, die Papst-Johannes-Paulus-Schule, der Krämerladen Nazareth, das Amt für die Registrierung von Ehrenworten und Versprechen, alles hatte dichtgemacht. Die Fensterläden verriegelt, die Türen vernagelt, auf den Veranden kauerten Flüchtlinge. Alles vermischte sich hier: Flüchtlinge, Dorfbewohner, Menschen, die an Jesus oder an Allah glaubten, an Geister oder an Baumgötter.

Entlang von Pfützen und Müll schlängelten wir uns zur dritten Baracke. Dort warteten wieder fünfzig Leute auf mich, die ins Leere starrten, Schutz vor dem Regen suchten, um ihre Toten trauerten, der nächsten Lebensmittelausgabe harrten. Es kam mir vor, als sähen sie einfach durch mich hindurch, als hätte jemand den Glanz aus ihren Augen genommen. »Sterbensmatt«, notierte ich in mein Notizbuch.

Wir waren da. In den ersten beiden Baracken hatte ich noch irgendwie versucht, ernst auszusehen, und so etwas wie eine Miniverbeugung gemacht, um irgendwie Haltung zu bewahren und die Tränen zurückzuhalten. Jetzt aber hob ich wie in einem Reflex die Hand, verzog das Gesicht zu einem Grinsen und rief: *»Hello everybody!«*

Und da geschah es. Auf einmal leuchteten bei allen die Augen. Die Mädchen kicherten, ein alter Mann setzte sich aufrecht hin und Kinder stupsten ihre Mutter an: Mama, da! Ein kleiner Knirps von ein, zwei Jahren machte sich von seiner Schwester los, klammerte sich mit beiden Händchen an mein Knie und purzelte hin. Die Mütter mit ihren abgemagerten kleinen Kindern brachen in Lachen aus und winkten mir zu.

So begann 1998 meine Zeit als Auslandskorrespondent im Nahen Osten, und nach fünf aufregenden Jahren war sie vorüber. Während meine Sachen noch in einem Schiffscontainer auf dem Rückweg nach Holland waren, machte ich dort bereits eine Abschiedsrunde bei meinen »Kontakten«, Leuten, denen ich Visa, persönliche Empfehlungen oder anderweitige Hilfe zu verdanken hatte. Der Letzte auf meiner Liste war ein arabischer Botschafter. Wir tranken Tee in seiner Villa in Den Haag und ich gab noch einmal mein Kunststück »Ich spreche Arabisch, passen Sie mal auf« zum Besten. Der Botschafter fand es etwas seltsam, ausgerechnet jetzt als Korrespondent aufzuhören, wo doch die Amerikaner nach Bagdad vorrückten. Ich erzählte, dass ich eigentlich schon früher aufhören wollte, aber wegen des Krieges ein paar Monate drangehängt habe. Ein Assistent erschien, flüsterte dem Botschafter etwas zu und schaltete CNN ein. Der Sender zeigte gerade, wie auf dem Fardus-Platz (dem Paradiesplatz) in Bagdad die riesige Sadam-Hussein-Statue niedergerissen wurde. Die Iraker jubelten und skandierten Parolen in die Kamera, droschen mit Schuhen auf die Statue ein. *»Thank you, Mister Bush!«* Der Nachrichtensprecher sprach feierlich von einem »historischen Augenblick«: Der Krieg war zu Ende. Der Albtraum Saddam war Vergangenheit, Bagdad feierte die Befreiung. Mit genau dieser Schlagzeile sollten die Zeitungen am nächsten Tag aufmachen.

Der Botschafter zappte zum arabischen Sender Al-Dschasira. Wieder lief etwas über den Fardus-Platz, durch den Schnitt wurde aber ein anderer Schwerpunkt gesetzt. Wir sahen amerikanische Soldaten an demselben Ort triumphierend eine amerikanische Flagge über die Saddam-Statue werfen. Danach wurde gezeigt, wie dort fieberhaft verhandelt wurde und die amerikanische Soldaten die Flagge schnell wieder entfernten. Dann zeigte Al-Dschasira die jubelnden Iraker von CNN, allerdings aus einiger Entfernung, so dass klar wurde, wie wenig Menschen eigentlich auf dem Platz waren und dass die meisten aus der Distanz zuschauten.

Ich verabschiedete mich vom Botschafter, und in den nächsten Monaten machte ich das, was die meisten Auslandskorrespondenten bei ihrer Rückkehr zu pflegen tun: Ich versuchte, ein Buch über »meine« Region zu schreiben. Aber schon nach den ersten Seiten kam ich nicht weiter. Manchmal bekam ich in der Zeitung oder im Fernsehen mit, wie jemand behauptete, der Fundamentalismus funktioniere so oder so und der Friede in Nahost würde schon einkehren, wenn Israel »sich nur aus den besetzten Gebieten zurückzieht« oder »die USA aufhören, die Diktatoren zu unterstützen«. Klingt eigentlich ganz plausibel, dachte ich. Und irgendwie auch wieder nicht. Ich konnte mir keinen Reim darauf machen, und so wurde es nichts mit dem Buch.

Später musste ich an meine zweite Woche als Korrespondent zurückdenken. Ich war gerade aus dem Sudan wiedergekehrt und wartete beim Informationsministerium in Kairo auf einen Stempel. Es dauerte und dauerte, und so kam ich mit einem Kollegen ins Gespräch, der auch dort wartete. Er war wirklich ein alter Hase und innerhalb von fünf Minuten erzählte er mit seiner Whiskystimme, dass er seinen besten Freund im Iran-Irak-Krieg verloren habe. »Das Commodore-Hotel im libanesischen Bürgerkrieg, das waren noch Zeiten! Was, du kennst das Commodore nicht?« So ein Typ war das. Ich erzählte, dass ich Schriftsteller sei und gerade als Auslandskorrespondent angefangen habe. Er hat nur gegrinst: »Ein Buch über den Nahen Osten musst du in der ersten Woche schreiben. Je länger du dich hier rumtreibst, desto weniger kapierst du.«

Das war nicht nett gewesen, und wahrscheinlich auch so gemeint, doch als ich zurück in Holland war, begann ich zu begreifen, was dieser Presseveteran eigentlich sagen wollte. Bevor ich nur einen Fuß in die Region gesetzt hatte, war ich vor allem durch die Medien schon längst über den Nahen Osten »im Bilde«. Einmal vor Ort wurde dieses Bild langsam gegen die Wirklichkeit selbst ausgetauscht, und die war deutlich weniger übersichtlich und verständlich, als die Medien suggerierten. Als mir das zum ersten Mal so richtig bewusst wurde, stand ich gerade in der dritten Baracke in Waw.

Auf dem Weg dorthin hatte ich die Nachrichtenbilder von lauter armen Menschen im Kopf. In den ersten beiden Baracken bekam ich prompt lauter solche armen Geschöpfe zu sehen, und wenn ich in der dritten Baracke nicht ohne zu überlegen *»Hello everybody!«* gerufen hätte, hätte ich sicher bis zu meiner Abreise gedacht, dass diese Menschen total arm dran seien. Und das waren sie natürlich auch, sie starben fast vor Hunger. Aber sie waren nicht bloß arm dran. Das Land um Waw ist genauso fruchtbar wie bei uns, und diese armen Menschen waren früher einmal Bauern gewesen und hatten für sich selbst gesorgt, bis sie von den Konfliktparteien von ihrem Land vertrieben wurden. Die Menschen in dem Hungercamp hatten vor allem grenzenloses Pech gehabt.

Wenn ich an die fünf Jahre als Auslandskorrespondent zurückdachte, fielen mir viele solche Erfahrungen wieder ein. Noch spannender wurde es, als ich mein Archiv heranzog und mir ansah, was über Waw in der Zeitung gestanden hatte. In meinem Artikel ging es um die überraschende Reaktion der ach so armen und sterbensmatten Flüchtlinge in der dritten Baracke und um ein Gespräch mit einem Arzt in der Krankenstation des Lagers. Er behandelte die schwersten Fälle und führte eine Strichliste für die Statistik von »täglich 80 Toten in

Waw«. Das größte Problem seien die geschrumpften Mägen, hatte er erzählt. »Wenn die Menschen zu viel essen, platzen ihnen die Eingeweide, wenn sie zu wenig essen, sterben sie. Während sie buchstäblich vor Hunger sterben, müssen wir das Essen von ihnen fernhalten. Aus medizinischer Sicht sind diese Menschen längst tot.«

Der letzte Satz galt in Redaktionen als »genialer O-Ton«, und die Endredaktion hatte daraus eine Schlagzeile gemacht. Als Illustration hatte sie ein riesiges Foto ausgesucht, darunter stand: »In einem Flüchtlingslager bei Ajiep, bei Waw im Südsudan, bringt eine Frau ihr Kind zur Welt. Gleich daneben stirbt ein Verwandter den Hungertod.« Rechts im Bild sah man einen ausgemergelten Mann, der wahrscheinlich verwundert darüber war, woher das rätselhafte Klicken der Kamera kam, in der Mitte ein kleiner Junge, der weinte, und links zwei Hebammen mit einer nervös wirkenden Schwangeren.

Es war ein starkes Bild, aber die Redaktion hätte genauso gut ein Foto von den lachenden Menschen in der dritten Baracke bringen können und für die Schlagzeile ein anderes Zitat, wie zum Beispiel das des zweiten Arztes im Lager: »Diese Menschen sind unbeschreiblich zäh. Kein westlicher Mensch hätte das überlebt. Aber hier warten sie, bis der Frieden kommt, laufen Hunderte von Kilometern zu Fuß in ihre Dörfer zurück, pflanzen Erdnüsse und machen da weiter, wo sie aufgehört haben.«

Offenbar konnte ich als Korrespondent ganz verschiedene Geschichten über ein und dieselbe Situation erzählen. Doch die Medien konnten nur eine davon bringen, und oft genug war das genau diejenige Geschichte, die das bereits vorherrschende Bild bestätigte – wie in Waw die Geschichte von lauter armen Leuten, die aus medizinischer Sicht längst tot waren, und nicht die von unbeschreiblich zähen Menschen, die grenzenloses Pech hatten.

So war es meistens gelaufen in den fünf Jahren, und das machte die Bilder vom Fardus-Platz zu einem passenden Abschluss. Amerikanische und europäische Journalisten sahen in dem Fall Bagdads eine Entwicklung zum Guten. Bei ihnen kamen Bilder herein von jubelnden Irakern, die die Statue des Diktators niederrissen, Bilder, die ihren Erwartungen entsprachen, und sie dachten: »Unsere Arbeit ist getan.« Bei Al-Dschasira sah man im Fall Bagdads den Beginn der Besatzung. Man suchte nach Bildern, die das symbolisierten, und landete bei den triumphierenden US-amerikanischen Soldaten, die spontan das Sternenbanner über die Statue werfen.

So konnten Bild und Wirklichkeit auseinanderklaffen, und als ich das endlich kapierte, wusste ich, welche Geschichte ich erzählen wollte. Kein Buch, das erklärt, wie die Demokratisierung der arabischen Welt gehen soll, wie tolerant der Islam ist, oder wer im Streit zwischen Israel und den Palästinensern recht hat. Sondern das Gegenteil: ein Buch, das sagt, warum es so schwer ist, über die großen Fragen in Nahost etwas Sinnvolles zu sagen. Oder eigentlich schlicht ein Buch über die Momente, in denen ich mir dachte: *»Hello everybody!«*

Teil I

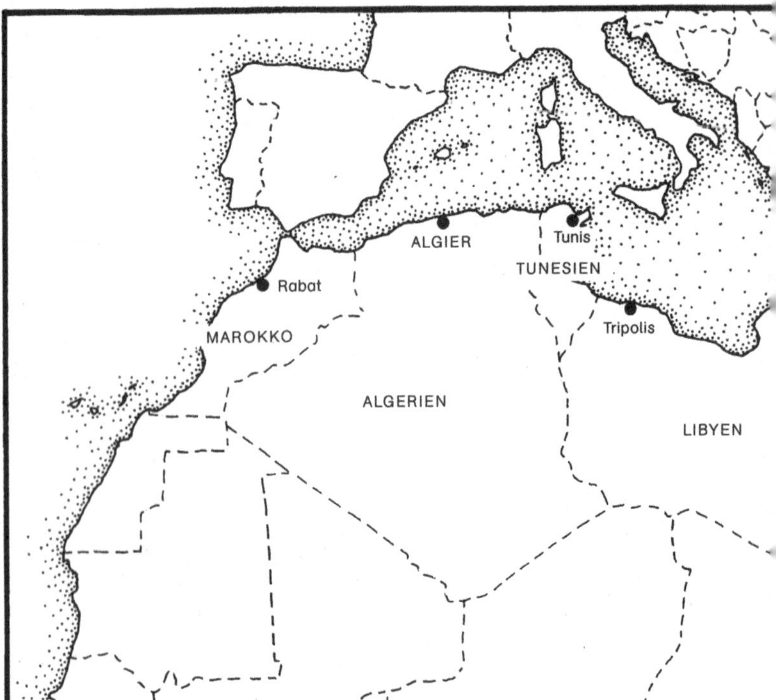

ARABISCHE WELT UND NAHER OSTEN

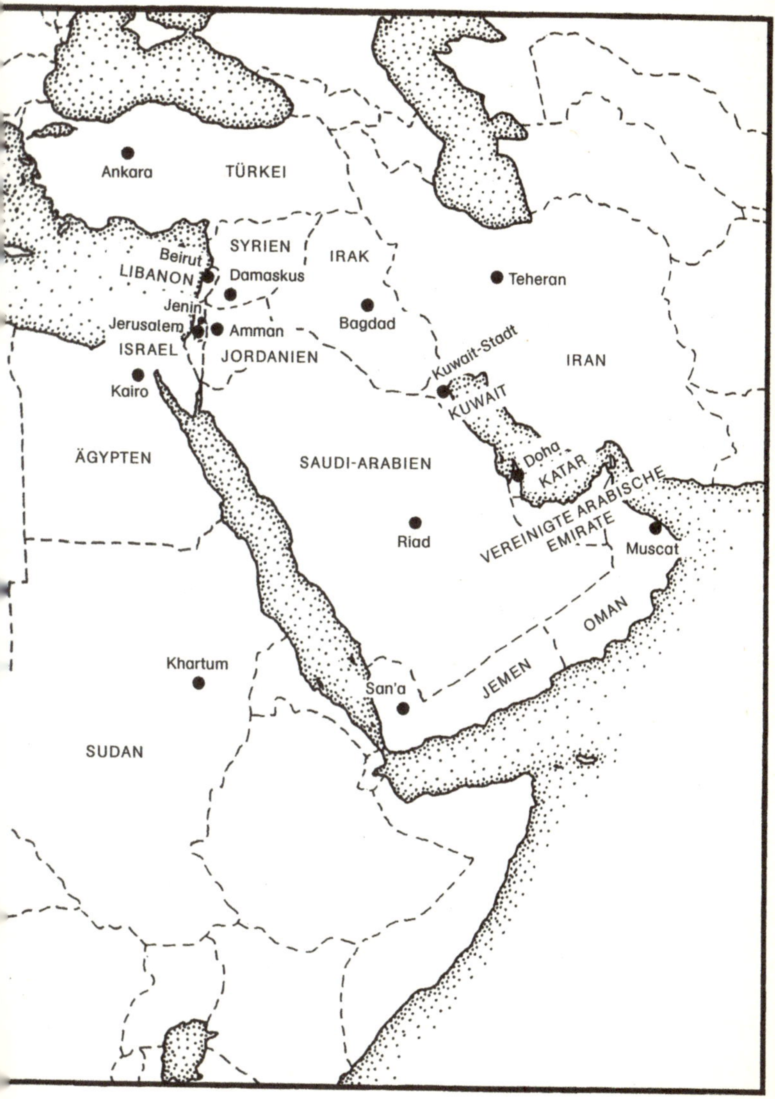
Ankara
TÜRKEI
SYRIEN
IRAK
Beirut
LIBANON
Damaskus
Teheran
Jenin
Jerusalem
Amman
Bagdad
ISRAEL
JORDANIEN
Kuwait-Stadt
IRAN
Kairo
KUWAIT
ÄGYPTEN
SAUDI-ARABIEN
Doha
KATAR
VEREINIGTE ARABISCHE EMIRATE
Riad
Muscat
OMAN
JEMEN
Khartum
San'a
SUDAN

Journalismus für Anfänger

Die meisten Auslandskorrespondenten lernen ihren Job im eigenen Land, bevor sie auf die Welt losgelassen werden. Bei mir war das anders. Ich habe keine journalistische Ausbildung, sondern habe Sozialwissenschaften und Arabisch studiert und mich ein Jahr lang in Kairo mit Leuten in meinem Alter beschäftigt. Darüber habe ich ein Buch geschrieben,[1] und so sind die niederländische Tageszeitung *de Volkskrant* und die Redaktion der Nachrichtensendung Radio 1 Journaal auf mich aufmerksam geworden.

Bei meiner Ankunft in Kairo, hatte ich also kaum Erfahrung in dem Job, und obwohl ich bei der Zeitung und dem Radio einige Tage hatte reinschnuppern dürfen, dachte ich über den Journalismus nicht anders als ein durchschnittlicher Leser, Zuschauer oder Hörer: Journalisten wissen, was in der Welt los ist, die Nachrichten informieren uns darüber und sind dabei möglichst objektiv.

In den Jahren, die dann folgten, blieb von diesen Vorstellungen wenig übrig. Als ich Israel und Palästina »machte«, ging mein Glaube an die Möglichkeit einer neutralen Berichterstattung schnell flöten. In den Jahren davor – von der ersten Woche in Waw bis zu den Nachbeben des 11. September – hatte ich die Erfahrung gemacht, dass journalistische Arbeit in der arabischen Welt unmöglich ist. Man kann gar nicht wissen, was sich dort tut. Nicht als Journalist, und erst recht nicht als Zuschauer, Leser oder Hörer.

Es hat gedauert, bis mir das klar wurde, und manches habe ich erst hinterher kapiert. Die ersten Zweifel regten sich aber schon früher, und zwar mitten in dem Stress, der sich einstellt, wenn man eines Tages aufwacht und plötzlich Nahostkorrespondent ist.

Da saß ich nun in der ersten Woche in Kairo zwischen meinen Umzugskisten, als jemand von der Zeitung anrief und sagte: »Du musst in den Sudan!« Ich hatte kaum ein Apartment gefunden, da schickte man mich in ein Land, in dem ich nie gewesen war! Und jetzt? Was war mit Krankheiten? Was musste ich wissen? Mein Herz begann zu rasen, und dabei ahnte ich nicht einmal, dass ich demnächst ein Hungerlager besuchen würde. Und noch peinlicher: Ich hatte nichts von einer Hungersnot im Sudan gehört.

Die Zeitung rief nämlich an, weil irgendeine »Islamische Front für den Dschihad gegen Juden und Kreuzritter« zwei US-Botschaften in Afrika in die Luft gejagt hatte. Daraufhin hatte Washington Trainingscamps der Front in Afghanistan bombardiert – und eine Fabrik im Sudan. Washington zufolge wurden in der Fabrik Chemiewaffen produziert, und sie gehörte dem Führer der Front, einem gewissen Osama bin Laden. Beweise legten die Amerikaner allerdings nicht vor, und nach Auskunft der Regierung in Khartum wurden in der Fabrik Al-Shifa (Die Genesung) Medikamente hergestellt.

In der Warteschlange vor der sudanesischen Botschaft in Kairo erfuhr ich von Kollegen, was vor sich ging: Jahrelang hatte Khartum westliche Journalisten so gut es ging abgewimmelt, weil sie ständig Geschichten über Misswirtschaft, Ausbeutung und Kriegsverbrechen brachten. Jetzt rechnete das Regime offensichtlich mit Schlagzeilen wie »USA vernichten einzige Pharmafabrik im bettelarmen Sudan«. Innerhalb einer Stunde bekam ich ein Visum.

Ich buchte einen Flug, schlüpfte unter die Fittiche erfahrener Kollegen und zog wie die meisten Europäer ins Akropole, ein einfaches Hotel, das seit Generationen von einer griechischen Familie in Khartum betrieben wird. Wir aßen gemeinsam, die Telefone auf den Zimmern waren ohne internationale Direktwahl, und in der Lobby stand der einzige Fernseher. Die Amerikaner schlugen ihre Zelte alle unter den fünf Sternen des Hilton auf, wo auch das temporäre Pressezentrum der sudanesischen Behörden untergebracht war.

Ich hatte keine Ahnung, wie es jetzt weiterging, also dackelte ich am nächsten Morgen einfach meinen Kollegen hinterher. Die waren herzallerliebst, und mir wurde schnell klar, warum sie sich auf dem Hinflug am Abend zuvor über das Was, Wo und Wie nicht den Kopf zerbrochen hatten. Denn alles stand für uns bereit. Bei der bombardierten Fabrik hatten die Sudanesen Überreste der amerikanischen Raketen und andere »fotogene« Details der Verwüstung ausgebreitet: schwelende Tiegel, dazwischen Computertastaturen, verkohlte Telefone und Overheadfolien mit den Produktionszielen für den nächsten Herbst. Das Informationsministerium führte uns zu den Krankenhäusern mit den Verwundeten und zu den Demonstrationen in der Stadt. Egal wie klein die waren, in Nahaufnahme wirkten sie beeindruckend, und so schafften sie es in die CNN-Nachrichten: »Aufgebrachte Massen protestieren in Khartum gegen Bombardierung.« Und jeden Tag gab es eine Pressekonferenz. Dort wurde zwar nichts Neues mitgeteilt oder angekündigt – denn was hätte das Regime schon ankündigen können: »Ärmstes Land in Afrika droht Vereinigten Staaten mit Sanktionen«? Aber wir konnten Informationen und Gerüchte austauschen, und auch der Exportmanager der Al-Shifa-Fabrik lief herum, stets bereit, jedem Journalisten aufs Neue seine Story zu erzählen: »Dem amerikanischen Präsidenten wird nichts anderes übrig bleiben, als seine Entschuldigung anzubieten.«

So läuft das, und der Luftangriff lieferte drei Tage lang

Nachrichten: die Meldung (»Marschflugkörper zerstören Fabrik im Sudan«), die Reaktionen der Bevölkerung (»Clinton lügt auch über Al-Shifa«) und eine Analyse (»Khartum nützt ›aggressiven Akt‹ der USA aus«). Damit war die Berichterstattung über den Bombenangriff perfekt, der Exportmanager konnte sich nach einer neuen Beschäftigung umsehen, und die Nachrichtenkarawane zog weiter zur nächsten Story.

Die Story war jedenfalls nicht die Hungersnot in Südsudan, fanden die Kollegen, auch nicht die Hunderten von Toten jeden Tag. Ich wollte mir trotzdem ein Bild von der Katastrophe machen, und aus der Redaktion kam nur: Dann schau doch, wie weit du kommst. Ich erkundigte mich und entdeckte, dass der Süden im Rahmen der Charmeoffensive vorübergehend für Journalisten zugänglich war. Da der Sudan verhältnismäßig viel Entwicklungshilfe aus den Niederlanden erhält, konnte die Botschaft mir ein Permit für das Kriegsgebiet beschaffen. Die Hilfsorganisation Ärzte ohne Grenzen war an Publicity interessiert und stellte mir einen Platz in ihrem Flugzeug zur Verfügung, dafür versprach ich, sie in meinem Artikel zu erwähnen.

So läuft das.

Die Redaktionen zu Hause lobten meine Reise in den Sudan als vorzüglichen Einstand als Auslandskorrespondent. Ich empfand das genauso, und überwältigt von verwirrenden neuen Eindrücken kehrte ich nach Kairo zurück. Ich hatte Flüchtlinge immer als, nun ja, einfach als Opfer betrachtet. Doch wie sich herausstellte, machten Schlägereien und Diebstähle den Ärzten ohne Grenzen am meisten zu schaffen. Lagerbewohner beklauten die Hilfsorganisationen und andere Flüchtlinge, sie fochten Fehden aus, sabotierten die Lebensmittelverteilung, wenn sie nicht bevorzugt behandelt wurden … So hatte ich mir das alles nicht vorgestellt, aber als der Koordinator der Flüchtlingshilfe mich darüber aufklärte, fragte ich mich schon: Was hattest du denn erwartet? Ähnlich war es mit den sudanesischen Beamten und Politikern. Ich war davon ausgegangen, dass sie die Not lindern wollten. Im ärmsten Land Afrikas galten jedoch eigenwillige Spielregeln. Die Lokalbehörden wussten, dass westliche Hilfsorganisationen die Spenden rechtfertigen mussten und dass den einzelnen Helfern ein Karriereknick drohte, wenn die Ernährungshilfe nicht zur rechten Zeit am rechten Ort eintraf. Also wurden die Helfer von Lokalbeamten erpresst: Der Lebensmitteltransport in den Süden macht tausend Dollar, sonst lassen wir alles im Hafen verrotten.

In Kairo schlief ich mich aus, machte mich daran, ein paar Umzugskisten auszupacken, und schon war Montag. Ich setzte mich an meinen Schreibtisch, legte meine Visitenkarten mit dem Aufdruck »Middle East Correspondent« in eine Reihe, kontrollierte, ob Fax, Telefon, Computer und Internet angeschlossen waren, und sah dann einem Problem ins Auge. Was, wenn im Jemen ein westlicher Tourist entführt, im Libanon ein Geistlicher in die Luft gejagt, in Bagdad eine wütende Regierungsdemonstration abgehalten oder im Süden von »meinem« Ägypten eine Gruppe Fundamentalisten hochgenommen wurde? Wie sollte ich so etwas in Erfahrung bringen? Schalt doch die Nachrichten ein, könnte man meinen. Aber ich *war* jetzt die Nachrichten.

Nun funktioniert das wie folgt. Alle Zeitungs-, Hörfunk- und Fernsehredaktionen haben Verträge mit den Presseagenturen: Reuters, Agence France Presse (AFP), Associated Press (AP) und kleineren Konkurrenzfirmen. Alle schicken ihre Reporter los, wenn etwas Wichtiges passiert, und alle unterhalten überall in der Welt ein Netzwerk aus bezahlten Tippgebern. Sobald ein Reporter oder Tippgeber, zum Beispiel von Reuters, von einer wichtigen Sache Wind bekommt, wird der Planungsredakteur verständigt. Der informiert seine Chefs, und wenn die grünes Licht geben, werden Reporter und Fotografen in Bewegung gesetzt. Ihre Bilder und Informationen werden in das jeweilige Hauptstadtbüro oder in die Zentrale nach London geschickt, wo daraus ein Bericht entsteht, der so schnell wie möglich den Tausenden von Redaktionen in aller Welt übermittelt wird. Vierundzwanzig Stunden am Tag, sieben Tage die Woche Pressekonferenzen, Beerdigungen, Weltrekorde, Schießereien, Wahlergebnisse, medizinische Wunder, Erdbeben, erstaunliche Rettungsaktionen, unerwartete Schneeeinbrüche, Grenzvorfälle …

Die Presseagenturen sind die Augen und Ohren der Welt, und ihre Informationsflut heißt in der Fachwelt »Nachrichtenfluss« oder einfach »Presseticker«. »Hier Radio 1. Wir sehen auf dem Ticker, dass bei dir im Land Fundamentalisten verhaftet wurden. Weißt du mehr darüber?« Am Anfang lag mir auf der Zunge: »Was soll ich schon wissen, wenn das Staatsfernsehen dazu tagelang schweigt?« Es war natürlich eine Standardfrage, aber die Implikation war ziemlich erniedrigend: Wenn sie in der heimischen Redaktion über alles schon früher und besser Bescheid wussten als ich, was war dann meine Rolle?

Moderieren. Das ist die wichtigste Aufgabe für jeden Auslandskorrespondenten, wie ich einen Monat später feststellte, als der Nahe Osten für kurze Zeit tatsächlich die Weltnachrichten dominierte. Saddam Hussein herrschte noch über den Irak und hatte die Waffeninspekteure der Vereinten Nationen des Landes verwiesen. Die USA drängten darauf, sie wieder zuzulassen, und drohten mit Luftangriffen.

Saddam wurde ein Ultimatum gestellt, und die Journalisten eilten ins Nachbarland Jordanien, zur letzten geöffneten irakischen Botschaft. Es gab ein Wiedersehen mit Kollegen aus den Tagen im Sudan, aber wir kamen nicht richtig ins Gespräch, dafür waren zu viele neue Gesichter da. Amerikanische Luftangriffe auf den Irak erwiesen sich nämlich als deutlich nachrichtenträchtiger als solche auf den Sudan, und aus aller Welt wurden nun Reporter eingeflogen – letzte Woche noch ein Krisenherd in Asien, als Nächstes weiter nach Afrika. In den Fünfsternehotels von Amman kam es zu unterhaltsamen Szenen. Da waren die Diplomaten und westlichen Geschäftsleute, die im Irak arbeiteten und die Hals über Kopf in ihren Geländewagen von Bagdad nach Amman gekommen waren. Und da waren die Journalisten, die Hals über Kopf nach Amman gereist waren, um in genauso einem Geländewagen nach Bagdad zu rasen. Wahrscheinlich waren auch irakische Geheimagenten vor Ort und versuchten in den Fünfsternehotels zu registrieren, mit wem sich ihre Landsleute fern der Heimat so alles unterhielten.

Unter uns Kriegsberichterstattern herrschte eine Bombenstimmung, und fast alle Gespräche drehten sich um praktische Fragen. Wir brüsteten uns mit Kontakten, flüsterten geheimnisvoll in unsere Handys, versuchten nach ein paar Bieren die Tricks der anderen zu ergründen oder flehten um Hilfe bei der BBC, die, so wurde geraunt, einen Funktionär des irakischen Informationsministeriums auf der Gehaltsliste habe und ein Visum beschaffen könne. Denn darum drehte sich alles, auch für mich: Visa. Ein erniedrigendes Geschäft. Man machte seine Angaben auf einem Formular und ging zweimal täglich in die irakische Botschaft, um Zeuge zu werden, wie Konsul Sadun vor einem großen Poster von Saddam Hussein dem Gesalbten Glorreichen die Namen der Glücklichen verlas. Wie die Kinder um den Rattenfänger von Hameln drängten wir uns um Sadun, und ich sah erwachsene Kerle vor den Toren der Botschaft weinen, als sie auch in der letzten Nacht vor dem Verstreichen des Ultimatums leer ausgingen. Vielleicht tröstete sie die Tatsache, dass Herr Sadun vor lauter Hektik einen Herzanfall erlitt. Manche Nachrichtenbüros schickten einen Obstkorb.

Bei unserer Rückkehr im Hotel wurde noch ein bisschen

getrunken: »Arafat! Ja, Arafat. Damals als Clinton nach Gaza kam. – Ja, mit diesem Typen, der diesen tollen selbst gebrannten Whisky hatte. – Ich habe noch ein Interview mit ihm gemacht. – Mit wem? Mit Arafat?! – Ja, aber ich verrate nicht, wie ich das eingefädelt habe.« Sprachlos trank ich mit, wenn auch nur weil der Alkohol mich vergessen ließ, dass in meinem Pass der Visumstempel fehlte und ich den Krieg von meinem Hotelzimmer in Amman aus »machen« musste.

Die Luftangriffe begannen, und unter den Korrespondenten breitete sich eine Welle klammheimlicher Erleichterung aus, vor allem unter den Freelancern. Saddam hätte in letzter Minute einlenken können, und dann hätte es keine Luftangriffe gegeben. Keine Luftangriffe bedeutete keine Aufträge. Die Fahrt nach Amman war aber nicht umsonst gewesen.

Die Presseagenturen berichteten über die ersten Bombeneinschläge, und mein Radiomagazin fing an, rund um die Uhr zu senden. Nur, was gab es zu berichten? Ob alle Ziele getroffen worden waren, ließ sich noch nicht feststellen. Den Bombenden zufolge lief alles glatt, und die Ausgebombten waren erzürnt, das konnte man sich auch so denken, und es reichte gerade mal für ein paar Meldungen. Aber sonst? Ich konnte nicht einmal vor die Tür gehen, mal ganz davon abgesehen, dass die von der jordanischen Telefongesellschaft gelieferte Tonqualität nicht für Schaltgespräche von unterwegs ausreichte.

Ich weiß noch, wie ich in einem Zimmer des Interconti in Amman hockte. Ich fürchte, es lief darauf hinaus, dass ich den Zimmerservice-Kellner zu den Luftangriffen befragen musste. Meine Chance, dachte der und sagte so etwas wie: »Bei Allah, das wird die Wut auf Amerika noch weiter anfachen.« Zehn Minuten später war ich auf Sendung. Erst kam eine Frage zu einem Agenturbericht, der mir aus der Zentrale in Hilversum zugefaxt worden war, dann eine über den Sender Al-Dschasira, den man auch in Westeuropa empfangen konnte, und schließlich die Frage, was ganz gewöhnliche Araber über die Angriffe dachten. Worauf ich im Expertenton erwiderte: »Das ist schwer einzuschätzen, aber es heißt, die Ereignisse seien Wasser auf die Mühlen der Fundamentalisten. Zumindest profitieren sie am meisten von der Wut auf Amerika, und dass diese Luftangriffe die Wut weiter entfachen, daran scheinen nur wenige zu zweifeln.«

Das Weiße Haus taufte die Luftangriffe »Operation Desert Fox«, und allmählich begriff ich, warum. Nachrichten sind auch Showbusiness. Deshalb musste ich von Amman aus Agenturberichte über Luftangriffe auf Bagdad zusammenfassen, anstatt dass jemand das im heimischen Studio übernahm, wo die Berichte eingingen. »... aus Amman« klang einfach besser. So lernte ich einen neuen journalistischen Begriff kennen: »Ortszeile«. Das ist der Ort, von dem aus man einen Artikel oder einen Beitrag bringt: »In der jordanischen Hauptstadt Amman ist unser Korrespondent eingetroffen. Joris, wie ist die Stimmung dort?« Und in der Zeitung:

> **»Tausendfaches Hoch auf unseren geliebten König!«**
> *Von unserem Korrespondenten*
> AMMAN – Vielleicht zum letzten Mal feierten die Jordanier diese Woche ...[2]

Für die Chefredaktionen spielte bei der Beurteilung ihrer Korrespondenten und Reporter die Ortszeile eine große Rolle: die Frage, ob man »es« hatte und »vor Ort« war. Das heißt, ob man keine wichtige Meldung der Presseagenturen verpasst hatte und ob man am Ort des Geschehens war: »Schicke Analyse, aber schade wegen der Ortszeile.« Deshalb hatten die erwachsenen Kerle vor den Toren der Iraker Botschaft in Amman ihren Tränen freien Lauf gelassen: Zwar wären sie in Bagdad sofort in ihr Hotel eingesperrt worden und, wie ich in Amman, auf die Nachrichtenbüros angewiesen gewesen – falls die Faxgeräte funktionierten. Aber sie hätten in Bagdad einen Knüller gelandet.

Das Radio berichtete in der ersten Nacht ununterbrochen vom Beginn des Krieges und sendete fast stündlich einen Beitrag von mir (»die Wut wächst«). Später wollte ein Freund einmal wissen, wie ich während der ganzen Interviews mit dem Sender immer ohne zu zögern die richtige Antwort auf alle Fragen wusste. Als ich ihm schrieb, dass die Fragen genau wie in den Fernsehnachrichten vorher abgesprochen werden, bekam ich eine E-Mail voller Verwünschungen zurück, denn meinem Freund dämmerte, was ich bereits früher erkennen musste: Jahrzehntelang war er in den Nachrichten auf Schauspieler hereingefallen.

•

Ich war überrascht und geschmeichelt gewesen, als die *Volkskrant* und der Hörfunk mir die Korrespondentenstelle anboten. Ich hatte gerne glauben wollen, dass sie mir einfach einen riesigen Vertrauensvorschuss entgegenbrachten, trotz meiner fehlenden journalistischen Erfahrung und meiner dürftigen Kenntnisse der politischen Lage der Region. Doch der eigentliche Grund, warum sie mir den Job zugetraut hatten, war weniger schmeichelhaft: Das Handwerk des Auslandskorrespondenten ist so schwer nicht. Die Redaktion in Holland meldete telefonisch, dass irgendwo etwas los war. Per Fax oder Mail kamen dann Agenturberichte, die ich im Radio mit meinen eigenen Worten nacherzählte und für die Zeitung zu einem Artikel zusammenschrieb. Es war den Redaktionen stets wichtiger, dass ich vor Ort erreichbar war, als dass ich im Bilde war. Die Presseagenturen lieferten genug Informationen, um sich durch jede Krise durchzuboxen.

Der Alltag als Korrespondent ließ mich ganz schön schlucken, meine Vorstellung von Journalismus, Nachrichtenwesen und Medien hatte einen ersten Kratzer bekommen. Ich hatte mir einen Korrespondenten immer als eine Art Echtzeit-Historiker vorgestellt. Wenn irgendwo etwas Wichtiges geschah, zog er los, ging der Sache auf den Grund und berichtete darüber. Aber ich zog nicht los, um irgendeiner Sache auf den Grund zu gehen. Das hatten andere längst erledigt. Ich zog nur los, um mich als Moderator an einen Originalschauplatz hinzustellen und die Informationen aufzusagen. Vorher hatte ich mir nie Gedanken darüber gemacht, aber es war eigentlich klar: Täglich gibt es Tausende von Pressekonferenzen, Gipfeltreffen, Beerdigungen, Demonstrationen, Anschlägen und Krawallen. Wie sollte eine einzige Redaktion das überblicken? Zugleich gibt es mindestens zehntausend Redaktionen auf der Welt. Was, wenn alle gleichzeitig auf einer Pressekonferenz oder einem Begräbnis auftauchen würden?

Kurz darauf war ich zum ersten Mal wieder in den Niederlanden, um Rücksprache mit der Redaktion zu halten. Da begriff ich, warum meine Vorgesetzten so blind auf die Nachrichtenbüros setzten und so viel Wert darauf legten, »vor Ort« zu sein und »die Story« zu haben. Unter einer Auslandsredaktion hatte ich mir clevere Frauen und Männer vorgestellt, die die Welt überblickten und erst nach reiflicher Überlegung entschieden: Das sind die Nachrichten. Clever waren sie zwar, die Damen und Herren in der Redaktion, nur überblickten sie nicht die Welt. Sie überblickten die Presseagenturen, und aus deren Meldungen traf der Redaktionsleiter eine Auswahl. Oder sagen wir: Er traf eine Auswahl aus der Auswahl der Nachrichtenbüros, denn in einem speziell dafür vorgesehenen Textfeld vermerkten diese, für wie wichtig sie jede einzelne Meldung hielten: *breaking news*, *urgent news*, *update* … Auch hierüber hatte ich mir noch nie den Kopf zerbrochen, aber spätestens jetzt wurde mir klar, dass es gar nicht anders geht. Der Redaktionsleiter hatte keine Ahnung von der arabischen Welt, er arbeitete unter hohem Zeitdruck, musste Entwicklungen in aller Welt verfolgen und spürte den heißen Atem seines Chefredakteurs im Nacken. Der hatte noch weniger Ahnung von der arabischen Welt und musste, abgesehen von einem wachsenden Paket an »Managementaufgaben«, alle Redaktionen im Auge behalten: Inland, Politik, Sport, Wirtschaft, Feuilleton ... Was bleibt dem Redaktionsleiter und dem Chefredakteur anderes übrig, als einen Blick auf die Agenturmeldungen zu werfen, nach der direkten Konkurrenz zu schielen und zu fragen: »Warum haben wir das nicht?« Und so kommt es, dass man beim Blättern in Zeitungen und beim Zappen durch die Fernsehnachrichten häufig immer wieder den gleichen Bildern und Geschichten begegnet. Alle Redaktionen beziehen ihre Informationen und ihr Filmmaterial aus denselben Quellen. Deshalb heißen die Leute, die die Agenturmeldungen übersetzen und bearbeiten, meistens nicht Journalisten, sondern »Redakteure«. Sie ziehen nicht selber los, sie leiten vielmehr Berichte weiter oder lassen sie von Korrespondenten aufbereiten.

Glücklicherweise macht ein Auslandskorrespondent mehr, als nur die Nachrichten zu präsentieren. Er ist auch für Analysen und Reportagen zuständig. Bloß wie kam ich dazu, wenn ich mich nicht auf den Zimmerservice verlassen wollte? Von Kollegen erfuhr ich von spezialisierten Zeitschriften und Websites über den Nahen Osten und von Veröffentlichungen der Vereinten Nationen, des Internationalen Währungsfonds und verschiedener Thinktanks. Weiter gab es in jedem arabischen Land UN-Diplomaten, lokale Wissenschaftler und Menschenrechtler, die westliche Journalisten empfingen. Man unterbreitete ihnen eine Frage und verarbeitete ihren Kommentar dazu in einem Artikel: »›Es scheint sich kaum herumzusprechen, dass viele Araber nicht gegen die USA sind, sondern gegen eine spezifische amerikanische Politik‹, so der Politologe Ra's Mutakallim von der Universität Kairo.« Solche Leute werden *talking heads* genannt, und es gab unter den Kollegen Listen mit entsprechenden Namen und Telefonnummern. Man konnte auch einen einheimischen *fixer* engagieren, der für hundert, zweihundert Dollar am Tag Termine einfädelte und bei Bedarf dolmetschte.

So halfen mir Kollegen bei meinen ersten Analysen, und auch meine ersten Reportagen schaute ich bei ihnen ab. Sehr praktisch war ihre Palette an fertigen Geschichten: »Hast du schon einen Artikel gemacht über … Drogenmissbrauch im Jemen / Ehrenmorde in Jordanien / den Persönlichkeitskult um den syrischen Präsidenten / Aids-Aufklärung in Ägypten? Ruf mich morgen an wegen der ganzen Nummern.«

Außerdem gab es noch eine Datenbank, Lexis Nexis genannt, bei der man gegen Gebühr Artikel aus nahezu allen großen Zeitungen des Westens abrufen konnte – eine wahre Fundgrube für Anregungen und Hintergrundinformationen. In der Praxis funktionierte das so: Ich las bei Reuters oder in der *New York Times* von einem UN-Bericht über minderjährige Waisenkinder, die den Müll der 22 Millionen Kairoer einsammeln. Dann ließ ich mir aus Lexis Nexis zwanzig Artikel über die Müllkinder zumailen und sichtete sie nach relevanten Zahlen und Fakten – Anzahl der betroffenen Kinder, Erkrankungen und Todesfälle durch giftige Dämpfe, geschätzte Kosten alternativer Müllentsorgungssysteme. Ich notierte die Namen der zitierten UN-Mitarbeiter und anderer Wortführer, ermittelte ihre Telefonnummern über das Internet oder über Kollegen und rief sie an. Vor allem wenn ich ein paar Tage abwartete, stellte ich fest, dass auch andere Korrespondenten so arbeiteten, denn dann hatten die Interviewten den Journalisten schon so oft Rede und Antwort gestanden, dass sie ihre besten Statements wie im Schlaf aufsagen konnten. Zum Schluss ging ich selbst zur Müllkippe, um die menschliche Seite einzufangen: ein Kind, das sagt, es würde lieber spielen gehen, aber man müsse ja von irgendwas leben. Ein kleiner Junge, der stolz ist, weil er sein eigenes Geld verdient und nicht den ganzen Tag in einem überfüllten und brütend heißen Klassenzimmer verbringen muss, wo er vom Lehrer geschlagen wird und als halber Analphabet ohnehin nicht mitkommt.

•

Bevor ich nach Kairo ging, hatte ich Freunden gegenüber gewitzelt, dass frei nach dem Armee-Slogan: *See the world, meet interesting people and kill them*, die Devise von Auslandskorrespondenten lauten sollte: *See the world, meet interesting people and report about them.* Doch als aus den Wochen Monate wurden und ich dahinterkam, was der Job bedeutete, strich ich den Scherz aus meinem Repertoire. *See the world …* Vielleicht vom Fenster eines Flugzeugs oder Taxis aus, ansonsten sah ich hauptsächlich Botschaften, Abflughallen, Hotelzimmer und Büros, wo ich die Zeit, viel Zeit, mit Warten verbrachte. Auf das verspätete Flugzeug, auf den Bus, auf den versprochenen Rückruf – oder sollte ich es selbst noch mal versuchen? Wäre das unhöflich? Oder war es naiv, auf den Rückruf zu warten, als Journalist aus einem Land, das sie nicht einmal auf der Weltkarte finden würden? Sollte ich darauf warten, dass der Konsul mich doch noch empfing – oder war er ohne etwas zu sagen heimgegangen?

Es war meinen Vorgesetzten zu Hause nicht zu vermitteln, dass ein Informationsministerium, ein Reisebüro oder eine Botschaft in der arabischen Welt anders funktioniert als im Westen. Wollte ich wie vereinbart mit Sack und Pack im Reisebüro mein Ticket abholen, war es am helllichten Tag ohne Angabe von Gründen geschlossen. Ein anderes Mal war das Ticket doch nicht da, das falsche Reiseziel angegeben oder das falsche Rückreisedatum. Der Passbildfotograf an der Ecke wurde mein bester Freund, zumindest ich seiner, und bald kannte ich meine Passdaten auswendig, so oft musste ich Formulare ausfüllen. Manchmal kam ich mir eher wie ein Pfadfinder denn wie ein Korrespondent vor.

Und dann die *interesting people*, über die ich berichten sollte … Sicher begegnete ich interessanten Leuten, zum Beispiel Hassan Nasrallah, dem Generalsekretär der Hisbollah im Libanon. Noch vor fünfzehn Jahren nahmen seine Genossen westliche Journalisten wie mich als Geiseln und schnitten ihnen, wenn es ihnen gerade passte, die Kehle durch. Nasrallahs Vorgänger wurde mit seiner Frau und dem kleinen Sohn vom israelischen Militär getötet, ihm selbst drohte wahrscheinlich ein ähnliches Schicksal. Aber ein Interview mit einer interessanten Person ist noch kein interessantes Interview.

Ich flog nach Beirut und erfuhr, dass die Hisbollah sogar eine eigene PR-Abteilung hatte. Ich könne gleich vorbeikommen, hieß es am Telefon, einfach im Hauptquartier im Viertel Haret Hreik im Süden der Stadt – »jeder Taxifahrer weiß, wo das ist«. Bis zum Ende der Straße, am Transparent mit der Aufschrift »AMERIKA IST DAS ABSOLUT BÖSE« nach links, dann gleich rechts, und dort residierten sie in zwei schlichten Stockwerken über einem Dessousladen – das hatten sie in ihrer Wegbeschreibung natürlich nicht erwähnt. Ich wurde dem PR-Chef Hussein Nabulsi vorgestellt, der nach einem mehrjährigen Aufenthalt in New York besser Englisch sprach als ich. Für welche Zeitung ich überhaupt arbeite? Könne die Zeitung das per Fax bestätigen, und was sei mit der Auflagenhöhe und der politischen Ausrichtung? Könne die Botschaft das alles bescheinigen? Außerdem forderte die Hisbollah, dass das Interview in Frage-Antwort-Form erscheinen solle, und nicht in einem Artikel, in dem außer Nasrallah auch andere Leute zu Wort kämen. Auch das wurde per Fax bestätigt. Ich telefonierte mit der Redaktion, bettelte bei der Botschaft um eine Referenz und rief Nabulsi wieder an, weil die Botschaft so etwas nicht machte (»Die Dänen machen das aber!«).

Nach langem Hin und Her stand ich eine Woche später beim Metalldetektor in ihrem Hauptquartier. Filzen. Mobiltelefon, Portemonnaie, Armbanduhr, Hosengurt, Schlüssel und Tasche abgeben. Auf ein Zeichen betrat ich zum vereinbarten Zeitpunkt – einmalig in der arabischen Welt – einen einfach eingerichteten Raum. Ich war auf alles vorbereitet, trotzdem folgte plötzliche Ernüchterung: Hunderte anderer Journalisten waren schon vor mir bei Nasrallah gewesen, und schlimmer noch: Ich hatte über Lexis Nexis viele der Interviews gelesen. Gemeinsam führten wir ein kleines Rollenspiel auf. Ich fragte nach den Standpunkten der Hisbollah, Nasrallah lieferte seine Standardantworten. Ich hätte die ganzen Fragen ebenso gut Nabulsi stellen oder von der Website abschreiben können, aber die gute Form verlangte, dass ich alles aus Nasrallahs Mund aufzeichnete. Abweichende Fragen umschiffte er mühelos, überraschende Antworten konnte ich getrost vergessen. Nasrallah würde einen etwaigen Kurswechsel wohl kaum in einem Gespräch mit einem Bürschchen aus *Hulanda* bekannt geben.

All das hat seine eigene Logik, und für einen kurzen Moment dachte ich: Ich mache so was nie wieder, die ganze Mühe, die ganzen Telefonate und Faxe und so weiter, alles nur für ein Theaterstück mit einstudierten Dialogen. Doch mit genau solchen Interviews konnte man zu Hause einen Knüller landen, denn dort wusste keiner etwas von der PR-Abteilung – geschweige denn dem Dessousladen – und alle dachten, es sei lebensgefährlich, ein Interview mit einem Fiesling wie Nasrallah zu machen. Immerhin bot das Drumherum interessante Einblicke. Nicht was gesagt wurde, sondern wie es gesagt wurde. Im Sudan hatte ich ein Interview mit Hassan Turabi geführt, dem Chefideologen des fundamentalistischen Regimes. Ich hatte abscheuliche Sprüche von ihm gelesen, aber er entpuppte sich als alberner, kichernder Typ, der seine Diplome der Sorbonne-Universität an der Wand hängen hatte und am liebsten mit dem Finger auf Widersprüche oder Paradoxien der westlichen Politik zeigte: »Das stimmt nicht, hihihi!«

Genauso ging es mir mit Nasrallah. Sein Lehrmeister war Ayatollah Khomeini gewesen, der Initiator der islamischen Revolution im Iran. Khomeini sah die westlichen Interviewer nie an, sondern diktierte dem Dolmetscher seine Antworten mit stur geradeaus gerichtetem Blick. Nasrallah tat das Gleiche, nur ohne Dolmetscher. Ich hatte meine Fragen auf Arabisch vorbereitet und mit Nabulsi durchgesprochen – der schien das für ein lustiges Experiment zu halten. Ich wandte mich mit meinen Fragen also direkt an Nasrallah, der mir ohne jeglichen Blickkontakt antwortete. Das ging so lange, bis er merkte, dass mein Tonbandgerät kurz aussetzte. »Funktioniert es noch?«, fragte er Nabulsi. »Die eine Seite der Kassette ist voll, jetzt wechselt das Gerät automatisch auf die andere«, sagte ich. »Es ist ein neues System«. Und siehe da, Nasrallah nickte mir verständnisvoll zu.

So sah der Job aus – anders als erwartet, aber nicht weniger fesselnd. Manchmal kam ein Anruf von der Zeitung oder vom Sender: »Hier läuft was auf BBC über eine Werkstatt in Beirut, wo sie Puppen von westlichen Politikern machen, die auf Demos verbrannt werden. Das müssen wir haben!« Manchmal las ich selbst etwas, über das ich gerne eine Story machen wollte, und fuhr dann auf Kosten meines Arbeitgebers in das jeweilige Land oder die jeweilige Stadt. Auf einem Markt im Jemen verhandelte ich über den Kauf einer Panzerfaust, in Marokko durfte ich an der Beerdigung des Königs teilnehmen, und für die Weihnachtsausgabe wanderte ich auf den Spuren des Volkes Israel durch die Wüste Sinai. Oder ich war in Beirut, als an der Grenze zwischen dem Libanon und Israel geschossen wurde: Dann hetzte ich zum Ort des Geschehens, sammelte bis um halb zehn abends tolle O-Töne, schusterte anschließend innerhalb einer Stunde auf einem Notizblock einen Artikel zusammen und telefonierte ihn nach Holland durch, im Wissen, dass er am nächsten Morgen bei zweihunderttausend Leuten auf der Türmatte landete. Oder in Holland waren es zehn Grad, ich stand bei Bullenhitze in einem Wahllokal in Teheran, und der Regisseur in Hilversum sagte: »Noch fünf Sekunden«, und dann durfte ich ein paar Hunderttausend Landsleuten etwas über den Iran erzählen.

Natürlich machte ich eine Menge Anfängerfehler, und ich werde noch heute ganz rot, wenn ich daran denke, wie ich einmal den Korrespondenten der *New York Times* fragte: »Kannst du mir die Telefonnummer von dem Typen geben, über den du letzte Woche was gebracht hast?« Er musterte mich, wahrscheinlich um zu beurteilen, ob ich irgendwann einmal etwas für ihn tun könnte, brummte dann, dass er dabei »ein etwas ungutes Gefühl« habe, und stapfte davon.

Auch das war Teil des Jobs, doch eine solche Reaktion war die Ausnahme, und die meisten Kollegen waren hilfsbereit, vielleicht weil ich der einzige feste Korrespondent für die Niederlande war und keinem ein Auge aushacken würde, mit niemandem konkurrierte. Es gab nur eine einzige Liste, die jeder für sich behielt. Darauf standen die Namen und Nummern von Typen mit zwielichtigen Beziehungen, die einem im Fall von *breaking news* innerhalb von Stunden ein Visum für ein zwielichtiges Land verschaffen konnten – für sehr viel Geld.

Im Lauf der Monate wuchsen meine Listen mit *talking heads* und Landsleuten in der Fremde: Reiseleiter, Geschäftsleute, Diplomaten, Wissenschaftler, Entwicklungshelfer, Jesuiten und Missionare. Für Hintergrundberichte und Analysen verfolgte ich die Berichterstattung von CNN, der *New York Times*, Al-Dschasira und ein paar anderen Marktführern. Daraus destillierte ich ein Bild, das ich um Informationen aus Websites und Zeitschriften ergänzte und danach meinem

Netzwerk vorlegte: Stimmt das so weit mit Euren Eindrücken überein? Habe ich etwas übersehen?

Ich fand eine bessere Wohnung, deren Vermieter nicht nur Dollarzeichen in den Augen, sondern auch einen menschlichen Blick hatte, und ich weiß noch, wie ich mich etwa ein halbes Jahr nach jener ersten Reise in den Sudan auf einer Pressekonferenz umsah und zufrieden dachte: So langsam bin ich angekommen.

Doch allmählich meldete sich ein Gefühl des Unbehagens.

Keine News

Es scheint, dass Menschen sich wie ein Chamäleon unbemerkt an die Färbung der Organisation anpassen, für die sie tätig sind. Bei mir jedenfalls war das so. Ich musste dermaßen hart arbeiten, um die Anforderungen und Aufträge aus den Redaktionen zu erfüllen, dass ich gar nicht dazu kam, mir über die Anforderungen und Aufträge selbst Gedanken zu machen. Als dann mein Beitrag »Islamische Front droht USA mit neuen Anschlägen« ganz oben auf der Titelseite erschien, platzte ich fast vor Stolz. Es war eine Zusammenfassung von Agenturmeldungen und Presseberichten aus der Region, die dank Internet genauso gut in Amsterdam hätte verfasst werden können. Aber immerhin hatte ich den Aufmacher! Und aus der Redaktion kamen Glückwünsche!

Solch ein Erfolg tut gut – in den ersten sechs Monaten. Danach hatte ich genug Routine, und mir blieb Zeit, um über meine Arbeit nachzudenken, und darüber, woher das Unbehagen rührte.

Ich hatte schon als Student längere Zeit in der arabischen Welt gelebt. Meine erste Bekanntschaft machte ich Mitte der neunziger Jahre, als ich als weltfremder Mittzwanziger Syrien bereiste. Massentourismus gab es in Syrien nicht, und mir war ganz schön mulmig zumute. Ich war mit politisch korrekten Ansichten großgeworden, trotzdem stellte ich mir die Araber als unredliche Typen vor, die Flaggen oder Puppen in Brand steckten und auf den Westen schimpften. In jedem Fall empfand ich sie als exotisch. Nicht minderwertig, einfach *anders*.

Einmal in Syrien, bekam ich jedoch nirgends brennende Flaggen zu sehen, ich hörte nicht eine einzige »antiwestliche Parole«, und wenn ich von Politik anfing, erkannte ich in den Gesichtern der Menschen keinen Hass, sondern unterschwellige Angst. Meine Verwirrung wuchs noch mehr, denn ich war nicht darauf vorbereitet, dass Araber und also auch Syrer in manchen Dingen besser sind als wir im Westen. Die Syrer mögen vielleicht dreißig Mal ärmer sein als wir, trotzdem begegneten mir kaum Vandalismus, Bettler, Trunkenbolde oder Obdachlose. Es gab auch so gut wie keine Kleinkriminalität. Mein Gepäck konnte ich problemlos irgendwo an einer Bushaltestelle oder einer Ausgrabungsstätte abstellen und später wieder abholen. Oft wurde ich eingeladen, über Nacht zu bleiben, und auf der Straße erlebte ich eine Gemächlichkeit, die ich von zu Hause nicht kannte.

Und dann gab es Bereiche, in denen die Syrer sich in nichts vom Westen unterschieden. Ich weiß noch, wie erstaunt ich war, als ich einen Syrer zum ersten Mal Witze reißen hörte. Zwar wurde mir sofort klar, wie voreingenommen ich war, aber wann hatte ich Gelegenheit gehabt, über arabische Witze zu lachen? Mein Bild von der arabischen Welt stammte aus Hollywoodfilmen, Geschichtsbüchern und den Nachrichten, und da kamen Araber beinahe nur als Terroristen oder sexbesessene Ölscheichs vor, als laut skandierende Menschenmenge oder als anonyme Opfer – nicht als die Sorte Mensch, die auch mal Spaß versteht. Aber überall, wo ich in Syrien hinkam, waren die Menschen auf diskrete Art und Weise darum bemüht, sich gegenseitig zum Lachen zu bringen: Ein russischer, ein amerikanischer und ein syrischer Geheimagent wetten, wer am schnellsten ein Kaninchen fangen kann. Zuerst rennt der Russe in den Wald und kehrt nach achtzehn Minuten mit einem Kaninchen zurück. Der Amerikaner schafft es in sechzehn Minuten. Als Letzter ist der Syrer dran. Eine Viertelstunde vergeht, eine halbe Stunde, eine ganze … Schließlich finden der Russe und der Amerikaner ihn unter einem Baum. Er ist gerade dabei, einen Hasen zu foltern: »Gib endlich zu, dass du ein Kaninchen bist!«

Ein Jahr nach meiner Syrienreise begann ich an der Universität in Kairo mit meiner Studie über ägyptische Altersgenossen, die oft noch nie in ihrem Leben ein Wort mit einem Westeuropäer gewechselt hatten. Ich bekam Gelegenheit, die Menschen ausführlich zu beobachten, und mehr noch als in Syrien fiel mir auf, wie sehr sie trotz aller Unterschiede uns Westeuropäern gleichen – oder wir ihnen. Auch unter den ägyptischen Studenten waren Sport, Karriere und Sex die wichtigsten Gesprächsthemen, und nicht Politik oder Nachrichten. Auch in Ägypten gab es Boulevardblätter, Talkshows und einen Rummel um Stars und Showbiz. Und die Menschen erzählten gerne Witze: Eines Abends läuft Osama Al-Baz, Ratgeber des Präsidenten, über die berühmteste Nilbrücke. Beiderseits der Brücke prunken zwei mächtige Bronzelöwinnen, und niemand vermag sich Al-Baz' Erstaunen vorzustellen, als eine der Löwinnen zu ihm sagt: »Bring mir einen Löwen, und ich verrate dir das Geheimnis von Ägypten.« Daraufhin eilt Al-Baz zu Mubarak: »Herr Präsident, schnell. Ich habe ein Wunder erlebt, eine sprechende Bronzelöwin!« Daraufhin Mubarak mit Al-Baz ab zur Brücke. »Nein, du Trottel!«, brüllt die Löwin Al-Baz an, als sie die beiden kommen sieht. »Ich sagte einen Löwen, keinen Esel.«

Meine ägyptischen Kommilitonen waren viel weniger exotisch, als ich sie mir vorgestellt hatte, und dennoch waren in manchen Dingen die Unterschiede umso auffälliger – nur in anderer Hinsicht, als ich es erwartet hatte. Ich wusste, dass in Kairo neun der 22 Millionen Einwohner mit einem Euro am Tag auskommen müssen. Aber ich hatte nicht damit gerechnet, dass Armut das Selbstwertgefühl besonders steigern würde. Jedenfalls waren die ärmsten Schlucker unter meinen Freunden auch die mit dem größten Stolz.

In Syrien und Ägypten erkannte ich zum ersten Mal die Kluft zwischen dem Bild vom Nahen Osten und der Realität, und ich hatte mich schon häufiger gefragt, wie es sein konnte, dass ich jahrelang die Nachrichten über beide Länder verfolgt hatte und doch ganz anderen Ländern begegnete als erwartet. Wieder zu Hause war die Verwunderung darüber abgeklungen, und meine ersten Monate als Korrespondent waren wiederum so hektisch, dass mich die Frage nicht mehr beschäftigte.

Immerhin gelang es mir, mich mit einem meiner Kairoer Exkommilitonen zu verabreden: mit Imad. Es kam nur leider immer etwas dazwischen – einmal versetzte er mich, einmal musste ich plötzlich absagen, danach konnten wir uns eine ganze Zeit lang nicht mehr erreichen, weil er kein Mobiltelefon hatte, und so weiter. *Issabr gamil*, sagen die Ägypter, Geduld ist eine Zier, und schließlich klappte es doch noch. Ich hatte ein schlechtes Gewissen und sagte etwas übermütig: »Los komm, ich habe keine Lust auf so ein Kaffeehaus. Lass uns lieber in ein vernünftiges Lokal auf einem Nilschiff gehen. Ich verdiene jetzt gut, ich lade dich ein.« Es gab viel zu erzählen, ich wusste wieder, warum ich ihn so mochte, aber manchmal auch für einen Vollidioten gehalten hatte, und dann kam die Rechnung. Bevor ich irgendetwas machen konnte, schnappte Imad sich den Bon, sah die Summe und erstarrte. Widerspruch war zwecklos, und so musste ich zusehen, wie Imad so unauffällig wie möglich kleine Scheine aus allen Taschen zog. Er schaffte es, *Allahu akbar*, der Abend war gerettet. Aber wir wussten beide, dass er die nächsten Wochen nicht zur Tür rausgehen würde: Er hatte gerade ein halbes Monatsgehalt in ein paar Fruchtsäfte investiert.

Auf dem Nachhauseweg musste ich daran denken, welchen Eindruck die Armut in Kairo auf mich als Student gemacht hatte. Ich hatte mir das Ausmaß des Elends nicht vorstellen können, bis ich es mit eigenen Augen sah und verstand, dass man es auf die eigene Situation beziehen musste. Denken Sie ganz fest an ein Kind, das Ihnen sehr nahesteht, Ihnen besonders am Herzen liegt, Sohn oder Tochter, Neffe, kleine Schwester, ein Mädchen aus der Nachbarschaft … und jetzt versetzen Sie sich in eine Situation hinein, in der diesem Kind etwas zugestoßen ist. Denken Sie an das Ohnmachtsgefühl von damals, und erinneren Sie sich an jede Kleinigkeit: Das Kind leidet unter großen Schmerzen, die Krankheit ist lebensbedrohlich und das Kind wird in seinem Bett krepieren, es weint jämmerlich, denn es versteht nicht, was mit ihm geschieht. Stellen Sie sich jetzt vor, dass es in 500 Metern Entfernung ein Krankenhaus gibt, wo das Kind gerettet werden könnte. Aber Sie können sich die Behandlung nicht leisten.

Das ist Armut, und seitdem sie mir bei Imad und den anderen hautnah begegnete, habe ich mir den Kopf darüber zerbrochen, warum ein derart beherrschendes Phänomen in den Medien nicht mehr Beachtung findet. Wie wollen wir etwas von den Ägyptern verstehen, wenn wir nicht berücksichtigen, wie entsetzlich verwundbar die Menschen sind? Stellen Sie sich vor, Sie hätten keinen Anspruch auf Sozialhilfe, Rente, BAföG, Kindergeld, Wohngeld ... Und müssen doch dem schwerreichen Westler die Zeche zahlen. Warum hatte ich als treuer Zeitungsleser und Nachrichtengucker keine Ahnung von dieser Armut und der Art und Weise, wie die Menschen sich hier durchs Leben schlagen?

Imad und sein Stolz ermahnten mich noch an andere Vorsätze aus meiner Studienzeit, und ich ahnte langsam den Grund für mein wachsendes Unbehagen. Als Korrespondent förderte ich genau diejenige Vorstellung von der arabischen Welt, die mich früher als Student in die Irre geführt hatte. Nach einem halben Jahr hatte ich in meinem Archiv jedenfalls noch immer keinen

Beitrag über Armut, geschweige denn über den Stolz der Armen. Stattdessen fand ich Schlagzeilen wie diese, erstellt von Schlagzeilenmachern, die – wie das Wort schon sagt – darauf spezialisiert sind, in wenigen Wörtern das Wesentliche einer Story für den Leser zusammenzufassen:

»Sanktionen sollen Saddam flügellahm machen«[3]
»Saddams Trümpfe«[4]
»Lockerbie stellt Lybien vor Dilemma«[5]
»Israel wirft ägyptischen Medien Antisemitismus vor«[6]
»Ägypten sieht Israel weiterhin als großen Feind«[7]
»Arabische Welt am Wendepunkt«.[8]

Ich war exklusiver Berichterstatter für Gipfeltreffen, Anschläge, Bombardierungen oder diplomatische Schachzüge. Aber »Ägypter arm, aber stolz«, »Kaum Kriminalität und Alkoholismus in der arabischen Welt« und »Araber weniger aufbrausend als Westeuropäer« … all das waren keine News.

Und es war noch schlimmer, wie mein Archiv bewies. Nicht nur, dass in meinen Artikeln meine positiven Erfahrungen mit der arabischen Welt außen vor blieben, vielmehr bediente auch ich das Bild vom Araber als furchterregenden, unheilvollen und exotischen Zeitgenossen. Die Nachrichten funktionierten so, dass ich zwar über »wütende Männer« berichtete, die Flaggen verbrannten und Parolen skandierten, aber aus Platzmangel auslassen musste, was außerhalb dieses »Bildausschnittes« noch geschah. Fotos und Fernsehen zeigten das Bild einer aufgewühlten Menschenmenge, an Ort und Stelle sah ich jedoch, dass es sich eigentlich nur um wenige aufgebrachte Männer handelte. Als die Kameras liefen, zückten sie wie auf Kommando ihr Feuerzeug, danach gingen sie zum Essen nach Hause. Überall sonst in der Stadt liefen in der Zwischenzeit die Kinder zur Schule, fuhren die Straßenbahnen ihre Runden und wurden auf dem Markt Tomaten feilgeboten.

In einem Stimmungsbericht über Damaskus zitierte ich zwar den überlebensgroßen Spruch auf dem Platz der Märtyrer: »Mit Blut und Seele steht das syrische Volk Dir bei, Assad«. Aber ich verschwieg, dass ich, nachdem ich den Spruch in meinem Notizbuch notiert hatte, in einen Döner biss und eine Viertelstunde gemütlich mit einem Passanten quatschte. Ich berichtete von »gewalttätigen Aktionen« der Hisbollah und zitierte Losungen wie »Amerika ist das absolut Böse«. Aber ich erzählte nicht von der Begegnung im berühmten Nuriddin-Bad in Damaskus, wo ich einmal nach einem anstrengenden Arbeitstag dampfte und schwitzte. Wie es so üblich ist in öffentlichen Bädern, sah ich mich ein bisschen um und grüßte einen Rauschebartträger. Der schweißnasse Mann nickte mir zu, woraufhin wir ein Kennenlernritual absolvierten. Wie sich herausstellte, gehörte er der Hisbollah an, bei der er verantwortlich für Kinder war, deren Eltern bei israelischen Bombenangriffen umgekommen waren. Ich richtete mich auf und erzählte nicht ohne Stolz, dass ich ein Interview mit seinem obersten Boss gemacht habe. Der Mann nickte desinteressiert, sagte dann aber: »Du bist aus *Hulanda*?!« Sein Gesicht strahlte: »Endlich jemand, den ich fragen kann, warum ein Land mit so vielen guten Fußballspielern nicht mal Weltmeister wird!«

Am meisten machten mir die Zerrbilder zu schaffen, wenn ich mich in meinen Artikeln mit Frauen befasste. Im Westen wird der »Stellung der Frau« viel Beachtung geschenkt, und in diesem Bereich gab es geniale O-Töne, zum Beispiel von einem Richter in Alexandrien, der sein Urteil, dass ein Mann sich scheiden lassen durfte, wie folgt rechtfertigte: »Ein fettes Weib macht wenig Freude.« Oder das Argument eines Parlamentsmitglieds, mit dem er Frauen das Recht auf mehr als einen Mann absprach: »Ein Hahn hat manchmal bis zu vierzig Hennen, aber eine Henne hat niemals zwei Hähne.«

Mit solchen Beiträgen konnte ich immer wieder punkten, aber gleichzeitig erweckte ich damit den Eindruck, dass ägyptische Frauen arme, unterdrückte Geschöpfe waren. Und das stand einfach im Widerspruch zu meinen alltäglichen Erfahrungen. Als ich während meines Studiums in Kairo Studentinnen gefragt hatte, ob sie sich unterdrückt fühlten, hatten die meisten laut losgelacht. Und auch als Korrespondent stellte ich fest, dass ägyptische Frauen sich keineswegs in der Opferrolle sahen.

Trotzdem flossen mir die Zerrbilder aus der eigenen Feder: So war es eine Meldung wert, wenn das ägyptische Parlament ein Gesetz ablehnte, dass es Frauen gestatten würde, ohne die Zustimmung ihrer Ehemänner ins Ausland zu reisen. Aber natürlich hatte es keinen Nachrichtenwert, wie sich die Frauen mir gegenüber aufführten, wenn ich zum Beispiel mal einen Tag in Kairo Shoppen war. Und so blieb für solche Alltagserlebnisse nur in meinem Tagebuch Platz:

> Heute wollte ich meine Aufenthaltsgenehmigung verlängern lassen. Dazu muss man immer noch zum Platz der Befreiung in die *Mugamma*, die Spinne im Netz der ägyptischen Bürokratie. Eine beruhigende Vorstellung, dass alles noch genau so ist wie zu meiner Studienzeit. Die schlafenden Beamten, die verstaubten Aktenstapel, überquellende Schränke, Männer, die auf den Fluren Tee kochen, Soldaten, die sich auf ihre ungeladenen Gewehre stützen. Die Warteschlange, die Tatsache, dass alle durcheinander rufen und dass die Klimaanlage nicht funktioniert oder auf Hochtouren läuft … Auch in dem Kabuff, in dem ich mich melden muss, läuft alles wie gehabt – und dauert. Ein Männlein mit anderthalb Beinen und einem Armstumpf an der rechten Schulter watschelt auf mich zu, verkauft mir eine Marke und macht mir einen Stempel in den Ausweis. Danach erneutes Warten, wobei ich

die Frauen mit Kopftüchern um mich herum belauschen kann:
»Ist der Weiße nichts für dich, Fatima? Es wird wirklich mal Zeit, dass du heiratest.«
»Fatima ist doch viel zu alt für den! Der will sie bestimmt nicht!«
»Bei Weißen kann ich nie einschätzen, wie alt sie sind. Sie sehen sich auch alle so ähnlich.«
Danach gehe ich mir ein Hemd kaufen. »Und, wie seh' ich aus?«, frage ich die Mädels hinter der Ladentheke. *»You are like a moviestar«*, kichert eine, und alle quietschen vor Vergnügen. »Und jetzt verschwinde lieber, da kommt der Chef!« Zum Schluss muss ich noch meine Rechnung bei meinem Mobilfunkanbieter begleichen. Der Junge, der mich bedient, sagt: »Jetzt gehen wir beide in den Raum dort und sprechen nur Englisch.« *»Why don't you stand over here«*, sagt er, als wir den Raum betreten. Seine Kollegin, Anfang zwanzig, stark geschminkt und ohne Kopftuch, fragt er: »Zeinab, was würdest du gerne mit diesem Mann aus dem Westen anstellen?« Zeinab wirft ihm einen verächtlichen Blick zu und sagt: »Seine Hand küssen, du Esel.« Ihre Kolleginnen kichern, der Junge nickt, und wie verabredet sage ich laut und deutlich: *»Di mugamla hilwa giddan, shukran gazilan*, das ist sehr schmeichelhaft, danke.« Zeinab wird rot und schließt wie ein Torpedo davon zur Toilette.

•

Bevor ich Korrespondent wurde, glaubte ich, dass es sich in den Nachrichten um die wichtigsten Ereignisse der Welt drehte. Nach einem halben Jahr in dem Job wurde mir klar, dass das ein Irrtum war. Eine Nachricht ist etwas, das vom Alltäglichen abweicht, eine Ausnahme von der Regel. Und bei einer uns nicht vertrauten Welt wie der arabischen entstehen dann Zerrbilder. Wenn mitten in Amsterdam geschossen wird, kommt das zwar in die Nachrichten, aber die Niederländer wissen auch, dass dort normalerweise nicht geschossen wird. Schließlich sind sie selbst schon einmal dort gewesen oder kennen Leute, die dort waren und heil zurückgekehrt sind. Doch was wissen wir vom Alltag in einem arabischen Land? Bevor ich nach Syrien ging, hatte ich in den Nachrichten Bilder von »wütenden Demonstranten in Syrien« gesehen. Kein Wunder, dass ich daraus schloss: Diese Menschen hassen uns, man ist sich seines Lebens nicht sicher in Syrien. Wer nur die Ausnahme präsentiert bekommt, hält sie irgendwann für die Regel.

Mir stellte sich also die Frage, ob ich daran etwas ändern konnte. Auf Fotos und Filmbildern aus der arabischen Welt, zum Beispiel Straßengewimmel in Kairo, Damaskus oder Alexandrien, sieht man immer diese tanzenden arabischen Zeichen. Das wirkt exotisch, bis man erfährt, dass die fremden Buchstaben Dinge bedeuten wie »Ägyptisches Museum – nächste Ausfahrt«, »Lipton, der leckerste Tee der Welt«, »Bei Ariel zwei zum Preis von einer«. Und wäre es nicht ein Unterschied, wenn wir in Zukunft von den Zeitungen *Das Leben*, *Der Mittlere Osten* und *Die Pyramiden* redeten, statt von *Al-Hayat*, *Sharq Al-Awsat* und *Al-Ahram*? Und nicht von den arabischen Fernsehstationen Al-Dschasira, Al-Manara und Al-Mustaqbal, sondern von Die Insel, Der Leuchtturm und Die Zukunft? Vielleicht würde sogar die Angst ein wenig schwinden, wenn wir von »Hingabe«, der »Partei Gottes« und »Der Basis« sprechen würden, statt von Hamas, Hisbollah und Al-Qaida.

Eine Weile benutzte ich in meinen Artikeln Übersetzungen der Namen arabischer Medien, aber die Redaktion strich diese Versuche wieder, weil sie sie für verwirrend hielt. Vermutlich hatten die Redakteure recht, auch, als sie meinen Vorschlag ablehnten, auf den Auslandsseiten eine Witzecke zu bringen, um die Leser daran zu erinnern, dass Menschen sich überall auf der Welt gerne gegenseitig zum Lachen bringen: Die Zeit des Diktators ist gekommen, und Gott schickt den Todesengel in die Hauptstadt, um den Diktator zu holen. Aber wie es eben so läuft: Der Todesengel wird sofort verhaftet und gefoltert. »Wo ist der Diktator?«, fragt Gott verärgert, als der Engel erschöpft in den Himmel zurückkehrt. Der Todesengel erzählt ihm, was passiert ist, woraufhin Gott kreidebleich wird und mit zittriger Stimme fragt. »Du hast ihm doch nicht meinen Namen verraten?«

Das ging natürlich nicht, Schenkelklopfer zwischen den Fotos von krepierenden Menschen und vornehmen Staatsoberhäuptern. Anderes ging aber sehr wohl, wenigstens in Hintergrundbeiträgen für die Wochenendbeilage oder im Human-Interest-Bereich. In diesem Rahmen versuchte ich fortan Artikel zu schreiben, die indirekt mit dem Bild des exotischen und unheimlichen Arabers aufräumten. Ein Interview mit den Moderatorinnen der arabischen Versionen von der *Hitparade*, *Big Brother* oder *Der Schwächste fliegt* – nur um zu zeigen, dass es auch dort solche Sendungen gibt. Eine Reportage über Küchenchef Ramzi, den libanesischen Christen, der einige Zeit lang der berühmteste Fernsehkoch der arabischen Welt war. Denn die gibt es in den arabischen Ländern tatsächlich auch, genauso wie Seifenopern, die *Versteckte Kamera* und Studios voller seriöser erwachsener Männer in Anzügen, die sich über Fußball streiten.

Solche Artikel fanden reißenden Absatz bei meiner Redaktion, aber nur für die Hintergrundseiten, die laut Leserstudien kaum beachtet werden, oder sie landeten auf den hinteren Seiten unter der Rubrik »Vermischtes«, die in der *Volkskrant* sinnigerweise »Die kleine Welt« hieß.

Wenn ich wirklich etwas erreichen wollte, musste ich im Nachrichtenfluss schwimmen, und wie schwierig das war, stellte ich fest, als ich versuchte, das Bild zu korrigieren, dass alle Araber gleich sind und einen Block bilden. Ich trug selbst zu diesem Bild bei, denn auch ich schrieb über »die arabische Welt« – das ist nun einmal der prägnanteste Begriff für die Region, deren Bewohner sich Araber nennen. Außerdem gab es noch die Arabische Liga mit ihren lauten Kommuniqués über Brüderlichkeit und Einheit, und die Erklärungen israelischer Regierungen über das »Meer von Arabern«.

Das alles erweckte den Eindruck, dass zwischen Rabat und Bagdad 260 Millionen identischer Wesen lebten. Doch man führe sich nur die Kriege vor Augen, die die arabischen Länder in den letzten fünfzig Jahren geführt haben, und zwar nicht gegen Israel, sondern gegen einander: Marokko gegen Algerien, Ägypten gegen Libyen, den Sudan und Saudi-Arabien, der Irak gegen Kuwait, Syrien gegen Jordanien, Jordanien gegen die Palästinenser und jeder gegen jeden im Libanon. Oder man nehme die lokalen Stereotypen, ein weiterer Hinweis auf die Unterschiede, die zwischen ihnen bestehen: Die Iraker sollen unbarmherzig, aber mutig sein, die Araber aus den Golfstaaten großzügig, aber heuchlerisch, die Libanesen kosmopolitisch, aber gerissen, die Jordanier nett, aber schwach, die Palästinenser standhaft, aber unzuverlässig, die Ägypter intelligent, aber überheblich.

Und auch innerhalb der jeweiligen arabischen Länder unterscheiden sich die Menschen sehr voneinander, was sich an den Witzen zeigt, die sie übereinander erzählen. Die Syrer machen Witze über die Einwohner der Stadt Homs, in Bagdad lacht man über den Dulaymi-Stamm aus der Provinz Anbar, und die Kairoer machen sich liebend gerne lustig über die angeblich eingebildeten und unterbelichteten Oberägypter. Die Palästinenser lachen über die Einwohner Hebrons, die dumm und misstrauisch sein sollen. Kommt einer aus Hebron in ein Elektronikgeschäft in Jerusalem. »Können Sie mir diesen Fernseher reparieren?« Der Ladeninhaber sieht den Mann an und sagt: »Sie sind bestimmt aus Hebron«, woraufhin der Mann das Geschäft verlässt. Wie weiß der, dass ich aus Hebron bin, denkt er entsetzt, man wird mir noch einen höheren Preis berechnen. Er geht in ein anderes Geschäft, wo dasselbe passiert. Im nächsten Geschäft wieder dasselbe. Jetzt gibt es nur noch einen Laden, sonst muss er nach Ramallah. Und man glaubt es nicht, kaum hat er gefragt, ob er seinen Fernseher reparieren lassen kann, da brummt der Ladenbesitzer: »Kommen Sie aus Hebron, oder was?« Der Mann verzweifelt und sagt mit Tränen in den Augen: »Wie können alle wissen, dass ich aus Hebron komme, wenn ich diesen Fernseher zur Reparatur bringe?« Darauf der Ladenbesitzer: »Das ist ein Radio, mein Lieber.«

So vielfältig ist »die arabische Welt«, doch Kollegen und Bekannte zu Hause hatten davon keine Ahnung. Sie verfolgten das Tagesgeschehen aufmerksam und konnten oft in allen Einzelheiten von den Verhandlungsmanövern auf dem letzten arabischen Gipfel erzählen. Aber dass die Bezeichnung »arabisch« sich auf die Sprache und nicht auf einen Glauben bezieht, dass es auch Millionen arabischer Christen gibt, darunter der Gastgeber jenes arabischen Gipfels, das wussten sie nicht. Geschweige denn, dass sie von der halben Million arabischer Juden wussten, die bis zur Gründung Israels verteilt über den ganzen Nahen Osten gelebt hatten. Oft wurde auch der ganze Nahe Osten in einen Topf geworfen. Nach dem großen Erdbeben in der Türkei rief mich ein prominenter Auslandsredakteur an mit der Frage, ob ich nicht in das Katastrophengebiet reisen wolle. Warum gerade ich, fragte ich erstaunt. »Nun ja, mit deinem Arabisch …« Woraufhin ich ihm dann doch mal erklärte, dass Niederländisch und Türkisch mehr miteinander gemein haben als Türkisch und Arabisch. Dasselbe Missverständnis begegnete mir später in Bezug auf den Iran, wo Persisch gesprochen wird und wo man sich mit Arabisch genauso beliebt macht wie mit Deutsch in den Niederlanden.

Sogar bei treuen Lesern gab es solche Wissenslücken, und ich musste feststellen, dass ich daran nur wenig ändern konnte. Aber versuchen konnte ich es immer wieder, zum Beispiel als der nächste arabische Gipfel im Streit endete. Als ich in den Fernsehnachrichten wie stets nach der »hoffnungslosen Uneinigkeit« gefragt wurde, berichtete ich nicht von Einzelheiten des diplomatischen Tagesgeschehens, sondern erzählte, dass sich die über zwanzig arabischen Länder stark voneinander unterscheiden würden und sich nicht unbedingt uneinig seien, sondern vielmehr entgegengesetzte Interessen haben. Es macht schon einen Unterschied, ob man über Öl und Gas verfügt oder nicht, genug Wasser hat oder nicht, von einer Kolonialmacht besetzt war oder Flüsse teilen muss. Und ob das Land an Israel, die Türkei, den Iran oder die Straße von Gibraltar grenzt.

Zwar ließ sich mit so einer Antwort etwas bewirken, aber nicht viel. Die Nachrichten müssen schnell und kurz sein, und deshalb schlummerten die nachfolgenden Absätze über Sprache jahrelang im Ordner »Hintergründe« und warteten vergeblich darauf, abgedruckt zu werden:

> Die Araber werden häufig als ein Block betrachtet, doch in Wirklichkeit verstehen sie sich nicht einmal untereinander. Sprechen sie denn nicht alle die gleiche Sprache? Na ja, eigentlich besteht das Arabische aus drei verschiedenen Sprachen. Es gibt das klassische Arabisch des Koran, das nur wenige beherrschen und nicht für eine normale Unterhaltung taugt. Deshalb gibt es das moderne Hocharabisch, eine vereinfachte Form des klassischen, die als Schriftsprache dient und in den Nachrichten, bei

Reden, für Untertitel und in der Literatur verwendet wird. Vorteil: Hocharabisch ist in der gesamten arabischen Welt gleich. Nachteil: Es ist eigentlich eine tote Sprache, die als Umgangssprache genauso unbrauchbar ist wie das klassische Arabisch – falls man Hocharabisch-Kenntnisse hat, denn nur die Hälfte der Araber kann lesen und schreiben. Untereinander sprechen die Araber Dialekte, die sich so sehr unterscheiden, dass man eigentlich nicht von ein und derselben Sprache sprechen kann. »Gut« heißt zum Beispiel auf Hocharabisch *djayid*, auf Ägyptisch *kwayis*, auf Irakisch *zein* und auf Palästinensisch *mnih*. »Ich würde gerne ein Brot kaufen« heißt:
– auf Marokkanisch: *Brit nashri khubz*
– auf Hocharabisch: *Uridu an ashtiri khubzan*
– auf Ägyptisch: *'Ayez ashtiri 'eesh.*
Finde die sieben Unterschiede und vergiss dabei nicht, dass auch die Aussprache variiert! Wenn in Holland schon flämische Fernsehsendungen untertitelt werden, wie soll es dann in einer Region zugehen, die hundert Mal so groß ist? Die Kairoer zum Beispiel verschlucken das schwierige »q«, während andere Araber es aussprechen oder auch zu einem anderen Klang verformen. Das führt zu Missverständnissen, wie in dem Fall, als die Sudanesen auf die Straße gingen, um ihre *istiqlal* zu feiern, ihre Unabhängigkeit. Die Sudanesen sprechen das »q« fast aus wie ein »rh«, also riefen sie: »Hurra, hurra, es lebe die *istirhlal*!« Was für andere Araber das Wort für Ausbeutung ist.

Wahrscheinlich habe ich von dieser Unwissenheit über die arabische Welt auch profitiert. Es wurde nie ein Wort darüber verloren, aber ich bekam den Eindruck, als bestünden bei der Zeitung durchaus Zweifel darüber, ob sie gut daran täten, so einen blutigen Anfänger wie mich in die arabische

Welt zu schicken. Mag sein, dass die Chefredaktion auf meine Arabischkenntnisse verwiesen hatte und ich deswegen den Zuschlag bekam. Zum Glück hatten sie keine Ahnung, dass ich schon jenseits der Stadtgrenze Kairos die Dialekte kaum noch verstand.

Donor darlings und ein Hitler-Cocktail

Eine Weile glaubte ich, das Problem mit der Berichterstattung aus der arabischen Welt durchschaut zu haben: Die Nachrichten zeigen nur das, was vom Alltäglichen abweicht, und wenn dieses Alltägliche einem fremd ist, bekommt man ein verzerrtes Bild.

Doch das Unbehagen blieb, und eine Zeitlang dachte ich, das sei mein schlechtes Gewissen. Ich hatte gehofft, wieder an die Freundschaften aus meiner Studienzeit anknüpfen zu können, aber das gelang mir nicht. Als Student hatte ich eine Wohnung in einem Arbeiterviertel gemietet, um den Unterschied zu meinen bettelarmen Kommilitonen nicht noch zu betonen. Voll jugendlicher Verachtung blickte ich damals auf die westlichen Ausländer auf der Nilinsel Zamalek, die den Eliten vorbehalten ist. Aber kaum war ich Korrespondent, zog ich sofort dorthin. Als Student hatte ich es sehr genossen, im arabischen Rhythmus zu leben: Zeit füreinander zu haben, zu spät kommen zu können, einfach anzurufen und zu fragen, wie es geht … Doch nun saß mir zu Hause eine Redaktion im Nacken, eine richtige Fabrik – manche sprachen von einer Armee; nicht umsonst heißt es die *Dead*line. Bei unseren seltenen Begegnungen stellte ich fest, wie wenig Berührungspunkte es noch zwischen mir als studiertem westlichen Ausländer und meinen damaligen Freunden gab. Hinzu kam das erschütternde Wohlstandsgefälle. Manche lebten drei Jahre lang von dem, was ich monatlich an Miete zahlte. Warum zog ich dann nicht um, könnte man fragen, aber nach einem intensiven Arbeitstag lechzte ich nach der Ruhe und dem Luxus Zamaleks.

Es war auch nicht so leicht, neue Freunde zu finden. Ich berichtete über zehn Länder, die ich regelmäßig besuchen sollte. Jederzeit konnte es irgendwo zu einem Putsch kommen, konnte ein Staatsoberhaupt sterben oder eine Bombe hochgehen. Dann musste ich die Nacht durcharbeiten oder Hals über Kopf aufbrechen – nicht gerade förderlich für neue Freundschaften. Oft hatte ich in meiner Freizeit auch keine Lust mehr auf die Leute, über die ich tagsüber berichtete. Wie viele Hasstiraden auf den amerikanischen Präsidenten oder den israelischen Premierminister verkraftet ein Mensch? Es war eine *Catch-22*-Situation: Um zu wissen, was sich vor Ort tat, brauchte ich »Kontakte vor Ort«, aber die konnte ich nur knüpfen, wenn ich ein Leben führen würde, das nicht mit dem Beruf des Korrespondenten vereinbar war.

Und doch ging das Unbehagen tiefer als das schlechte Gewissen und wurde eher noch größer, als ich wieder etwas Merkwürdiges entdeckte. Die westlichen Nachrichtenredaktionen, also auch ich, orientierten sich an der Nachrichtenauswahl angesehener Medien wie CNN, der BBC und der *New York Times*. Sie gingen davon aus, dass deren Korrespondenten einen Überblick über die arabische Welt hätten. Wie sich aber herausstellte, konnten viele von ihnen nicht einmal Arabisch, zumindest nicht genug, um ein Gespräch zu führen oder das Fernsehen zu verstehen. Das galt für viele Topleute bei CNN, der BBC, dem *Independent*, *The Guardian*, *The New Yorker* und der *New York Times* … Meistens waren sie auf Assistenten und Übersetzer angewiesen.

Genau wie ich lebten diese Kollegen in den besten Gegenden der Stadt, also stellen wir uns doch mal den umgekehrten Fall vor: Nehmen wir an, ein marokkanischer Korrespondent, der weder Niederländisch noch eine andere europäische Sprache spricht, wird in Den Haag stationiert. Er zieht in eine riesige Villa in einem Haager oder Amsterdamer Edelvorort, verbringt dort seine Freizeit, lernt Leute kennen – die alle Arabisch sprechen. Seine Kinder gehen auf eine arabische Schule, und seine Frau gesellt sich zum arabischen Frauenkreis. Was für ein Bild von den Niederlanden soll so ein Korrespondent bekommen? Talkshows, Wahldebatten, Reden der Königin, des Premierministers oder des Trainers der Nationalelf, das Gespräch auf der Straße, die Tagesschau, Nachrichtenmagazine, Seifenopern, Witze und Kabarett – versteht er alle nicht. Printmedien muss er über Übersetzungsdienste verfolgen, ohne zu wissen, was die alles auslassen. Er kann nicht einfach mit irgendeinem Niederländer sprechen, sondern nur mit arabischen Ausländern, niederländischen Arabern, arabischen Niederländern, mit Arabern verheirateten Niederländern und natürlich Kollegen aus der arabischen Welt. Und dabei sind die Niederlande ein freies Land, wo die Interviewpartner nicht befürchten müssen, dass der Dolmetscher nebenher für den Geheimdienst jobbt.

Viele westliche Korrespondenten in der arabischen Welt arbeiten und leben unter ähnlichen Bedingungen wie dieser imaginäre marokkanische Korrespondent in den Niederlanden. Ich bin mal mit einem BBC-Gott ein Stück zusammen gereist. Der Assistent vor Ort brachte ihn zum Flughafen, dort wartete er in der Business-Class-Lounge auf seinen Business-Class-Flug. Bei seiner Ankunft wurde er wieder von einem Assistenten erwartet und mit seinem Gepäck durch den Zoll gelotst und anschließend von einem Chauffeur ins Büro kutschiert, damit er auf der Fahrt schon mal den Pressespiegel des Übersetzungsdienstes durchgehen konnte. Das lief alles reibungslos, und der BBC-Mann erfuhr sicher einiges mehr als ich. Aber wie viele einfache Leute sprach er, was bekam er vom Alltag mit? Ich selbst stand noch mindestens eine geschlagene

Stunde lang schwitzend vor der Passkontrolle, danach in einer weiteren Schlange, und anschließend zerrte ich meine Koffer selbst vom Gepäckband …

Die Erkenntnis, dass meine Kollegen und ich mit Scheuklappen in »unserer« Region herumliefen, war peinlich genug. Aber das war noch keine Erklärung für das Gefühl »Hier stimmt was nicht«, und langsam ahnte ich, dass es dabei nicht nur darum ging, was in den Nachrichten über die arabische Welt ausgeblendet, sondern gerade auch darum, was genau ins Bild gerückt wurde. So hatte man als Korrespondent eine Liste mit Namen von Menschenrechtlern und Wissenschaftlern und anderen *talking heads*. Wir zeichneten ihre Kommentare zum Tagesgeschehen auf. Das schien uns durchaus journalistisch korrekt. Aber war es das auch?

Ägypten und andere arabische Länder sind Polizeistaaten, in denen Wissenschaftler vor ihrer Berufung vom Geheimdienst durchleuchtet werden, und es ist ein offenes Geheimnis, dass viele Wissenschaftler ihre Stelle nicht ihren Fähigkeiten, sondern ihren Beziehungen verdanken. Arabische Botschaften in westlichen Ländern beobachten dort die Medien, also besteht für einen Wissenschaftler ein gewisses Risiko, wenn er zitiert wird. Doch zitiert zu werden hat auch seinen Reiz: Ein arabischer Wissenschaftler, der häufig in renommierten westlichen Zeitungen, Magazinen und Nachrichtensendungen genannt wird, erhält Einladungen von multikulturellen Organisationen, Thinktanks und Hochschulen. Daran ist ein Visum geknüpft, was die künftige Erteilung von Visa plötzlich sehr erleichtert. Zudem knüpfen sich daran ein Gratisflug, Taxfree-Shopping, Kontakte zu Verlegern, Sponsoren und Einrichtungen, die Arbeits-, Reise- und Aufenthaltsstipendien vergeben. Für die Teilnahme an Kongressen im Westen wird oft ein Tagessatz gezahlt, der höher ist als das Monatsgehalt eines Wissenschaftlers in den arabischen Ländern.

Ein Wissenschaftler in der arabischen Welt ist also etwas anderes als im Westen, und Ähnliches gilt für Menschenrechtsaktivisten. Sie haben ein gutes Einkommen, finanziert von westlichen Regierungen, den sogenannten »Geberländern«. Menschenrechtler vor Ort werden von Auslandskorrespondenten oft zitiert, schließlich freut sich jeder, wenn er mal eine Antwort auf seine Fragen bekommt. Doch je mehr ich mit den Menschenrechtlern zu tun hatte, desto mulmiger wurde mir. Die Routine, mit der sie ihre Einzeiler auftischten, wie sie nach einem *»Pleased to meet you«* ihre Visitenkarte zückten, damit ich auch ja ihren Namen und ihre Organisation richtig buchstabieren würde … In den Interviews wurden sie häufig mit Äußerungen wie diesen zitiert: »Es ist ein langer Marsch, aber wir machen weiter« oder »Aufgeben kommt einfach nicht in Frage«. Wenn Sie mich fragen, lesen diese Aktivisten hinterher ihre Interviews im Internet und denken sich: Sieh mal an, »Wir geben niemals auf« wird von den westlichen Journalisten immer wieder herausgepickt, den Satz behalten wir im Repertoire.

Das ist das Problem mit den Menschenrechtlern in der arabischen Welt. Jahr für Jahr spenden reiche Araber Milliarden für die islamische Mission und den Bau von Moscheen, aber die Menschenrechtler halten sich nur dank westlicher Subventionen. Und die Chance auf Subventionen wächst, je mehr sich ihr Name herumspricht, wozu westliche Journalisten beitragen können. Die Folge ist ein suspekter Tango von Journalisten auf der Suche nach hübschen O-Tönen und Menschenrechtlern auf der Suche nach Publicity. Ich fand es auch sehr aufschlussreich, dass in meiner Studienzeit in Kairo quasi niemand unter den Studenten Menschenrechtler gekannt oder gar unterstützt hatte – was würde ich wohl von einer niederländischen Organisation halten, die von Iran oder Saudi-Arabien finanziert wird? Meine Bedenken wurden noch größer, als ich erfuhr, wie westliche Diplomaten die lokalen Menschenrechtler nannten: *donor darlings*, Lieblinge der Geberländer. Die Botschaften müssen ihre Mittel für die »Stärkung der Menschenrechte« loswerden, dürfen jedoch nur Organisationen unterstützen, die über eine westliche politische Agenda, eine ordentliche Buchhaltung und andere Garantien gegen Unterschlagung verfügen. Die *donor darlings* erfüllen diese Anforderungen, und eine Hand wäscht die andere. Regelmäßig absolvieren Parlamentarier aus dem Westen einen Blitzbesuch in Ägypten oder einem anderen arabischen Land. Dort kriegen sie von der Botschaft einige *donor darlings* vorgeführt, die in fließendem Englisch eine Bilderbuchgeschichte mit all den richtigen Stichworten aufsagen: *development*, *gender*, *empowerment*, *civil society*, *good governance*. Zurück im Heimatland ist so ein Parlamentarier dann ganz Feuer und Flamme von seinem Besuch: Ich habe doch immer gesagt, die in Ägypten wollen so sein wie wir!

Langsam verlor ich das Vertrauen in die *talking heads*, und genauso ging es mir mit den örtlichen Medien, noch eine Quelle, von der ich zunächst gedacht hatte, dass ich sie regelmäßig heranziehen würde. Es gibt Sender wie Al-Dschasira, die dem Vernehmen nach relativ unabhängig sind, doch ihre Berichterstattung dreht sich vor allem um internationale Politik, da sie die ganze arabische Welt erreichen wollen. Für Lokalnachrichten war ich auf die staatliche Presse und das Staatsfernsehen angewiesen, die in den arabischen Ländern der Zensur und Kontrolle des jeweiligen Regimes unterliegen. Das hatte eine lachhafte Harmlosigkeit zur Folge, zum Beispiel eine 24-seitige Beilage über einen »Engel in der Gestalt eines Präsidenten« und den periodisch wiederkehrenden Aufmacher »Komplimente aus aller Welt für Mubaraks Rolle im Friedensprozess«. In Ägypten und manchen anderen arabischen Ländern gab es zwar auch »unabhängige« Zeitungen, nur lieferten die jede Menge Nonsens: »Ausländische Krankenschwestern infizieren libysche Säuglinge mit Aids«. Sie waren ständig von Schließung bedroht, schon allein weil das Regime die Druckerpressen, den Vertrieb und die Lieferung von Papier und Druckfarben kontrollierte. Es wurde zudem gemunkelt, manch unabhängige Zeitung sei in Wahrheit in der Hand des Geheimdienstes, eines anderen arabischen Führers oder eines prominenten Ölscheichs: Durch eine Zeitung lassen sich schließlich Gegner und Rivalen beleidigen oder verdächtigen.

Zu den Topstorys während meiner Zeit in Kairo zählten die terroristischen Anschläge. So war zum Beispiel eine japanische Touristin niedergestochen worden. Vom ägyptischen Staatsfernsehen wurde solch ein Vorfall totgeschwiegen, und die staatlichen Zeitungen berichteten am nächsten Tag wie folgt darüber:

> Während die BBC einen Vorfall zwischen einem geistig verwirrten Ägypter und einer japanischen Touristin breittrat, bekamen zwei Studenten vom Tourismusminister eine Belohnung wegen ihrer Ehrlichkeit. Wohlgemerkt: wegen ihrer Ehrlichkeit einer *japanischen* Touristin gegenüber. Die Schüler Abdulrahman Sayed und Yusuf Rushdi hatten eine Brieftasche mit Kreditkarten, 150.000 Dollar und einem Reisepass gefunden. Sie übergaben die Brieftasche ihrem Lehrer, der sofort die Sicherheitsbehörde verständigte, die wiederum die japanische Botschaft in Kenntnis setzte. Die ebenso überraschte wie erleichterte japanische Touristin weinte Freudentränen und bat den jungen ägyptischen Bürgern eine Belohnung an. Zu ihrem Erstaunen lehnten die beiden jedoch kurz entschlossen mit der Begründung ab, sie sei ein Gast Ägyptens und der Ägypter. Gestern reiste die Japanerin wohlbehalten weiter in die Türkei. Die jungen ehrlichen Ägypter betonten, dass ihr Verhalten nichts Besonderes

> sei. »Ehrlichkeit ist die Regel, Diebstahl die seltene Ausnahme.«
> Im Grunde sind diese ehrlichen Jugendlichen repräsentativ für alle Ägypter, die unter Beweis stellen, dass sie sich ihrer Verantwortung gegenüber dem Vaterland und seinen Gästen bewusst sind. »Das Verhalten der Schüler entspringt der Liebe zu Ägypten«, so der Bildungsminister. »Sie wenden die Normen und Werte, die das Ministerium sie lehrt, in der Praxis an und illustrieren die Rechtschaffenheit aller Ägypter.«

Auslandskorrespondenten werden solche Presseberichte oft direkt aus dem Informationsministerium zugefaxt. Unter der Meldung über den »Vorfall« mit der Japanerin hatte ein Beamter in fetter Schrift notiert: *»Attention, this is real Egypt.«* Kurze Zeit später wurde in Ägypten ein Präsidentschafts-»Referendum« gehalten, bei dem es nur einen Kandidaten gab. Die Redaktionen zu Hause waren wie üblich scharf auf »Stimmen«, aber es gab keinen Gegenkandidaten, politische Parteien waren entweder verboten oder hatten einen Maulkorb verpasst bekommen, und in dem Kommentar einer der größten Zeitungen Ägyptens – der *Al-Gumhuriya* (Die Republik) – stand diese Geschichte, geschrieben vom Chefredakteur, einem Vertrauten des Siegers des Referendums:

> Die folgende Geschichte habe ich persönlich erlebt. Ein Freund von mir hatte bereits seit Jahren versucht, ein Visum für Saudi-Arabien zu bekommen, um dort Geld für seine Hochzeit verdienen zu können. Schließlich kam die ersehnte Nachricht: Er hatte einen Job in Riad. Mein Freund sprang in die Luft vor Freude und rief alle an, um die gute Nachricht zu verkünden. Doch am Tag seiner Abreise wurde das Referendum gehalten, in dem das ägyptische Volk seine Dankbarkeit darüber bekundete,

dass unser Staatsführer Hosni Mubarak sich zur einer weiteren Amtszeit von sechs Jahren bereit erklärt hatte. Mein Freund erkannte, welch ein Glück Ägypten mit diesem Präsidenten hat. Er zerriss sein Visum, denn ihm wurde bewusst: Ich gehöre nach Ägypten.[9]

Doch am mulmigsten war mir bei den O-Tönen, die ich beim Mann auf der Straße »beschaffen« musste, den *vox pops*, wie sie im Jargon hießen. Dabei lief mir jemand wie Nabil über den Weg, ein junger Mann in den Zwanzigern, mit dem ich einen Tag durch Kairo zog: »Jede Revolution, jede Katastrophe, Wirtschaftskrisen und Kriege, Pornografie ... Du wirst immer wieder feststellen, dass die Juden dahinterstecken. Das Problem ist, dass die Juden nur sich selbst als Menschen betrachten. Eines Tages nahm der Prophet Mohammed, Friede sei mit ihm, nach einer Schlacht einen Haufen Juden gefangen. Aber weißt du, was im heiligen Buch der Juden steht? ›Du sollst keine Gefangenen machen.‹ So sind sie, die Juden, es ist Teil ihrer Kultur.« Er hob den Finger. »Wohlgemerkt, *I don't hate the Jewish*. Ich habe einen guten Freund in den USA, der Jude ist.« Er erzählte von seinem Studium und Ferienreisen in die USA und wie er seinen Kindern zu Hause Englisch beibrachte. Wir bestellten Cola, und er erklärte, dass es den Holocaust nie gegeben haben könne, da »die Öfen zu klein waren«. Ob ich wisse, dass Hitler von den Juden finanziert worden sei? Und wie viel Zinsen sie verlangten? »38 Prozent. Denn letzten Endes geht's den Juden nur ums Geld.«

Was sollte ich mit so einer Geschichte anfangen? War das ein Irrer, oder dachte die Hälfte der Bevölkerung so?

In einer kleinen Saftbar im Zentrum von Beirut schiebe ich 1.500 Lira über die Theke und sage: »Einen Hitler-Cocktail, bitte.« Der Kassierer ruft nach einem Jungen, der zwischen Mixern, Obstnetzen und Milchflaschen steht: »Ahmed! Einen Hitler-Cocktail für den Herrn!« Auf der Karte stehen auch ein Haiti-, ein Mandela- und ein Noriega-Cocktail. In einem Hitler sind Ananas, Erdbeeren, Orangensaft, Sahne und Honig drin. »Ausgefallener Name«, sage ich, »in Europa würden sie dir den Laden wahrscheinlich dichtmachen.« Der Kassierer nickt: »Die Juden, nicht wahr? Wir wollen mit dem Namen ein bisschen Aufmerksamkeit erregen. So wie wir Datteln nach Monica Lewinsky benennen.«

»Hitler hat Millionen Menschen ermordet.« Der Kassierer nickt eifrig. »Er hat die Juden in den Ofen gesteckt, oder?« Auf Arabisch heißt »Holocaust« *mahraqa*, wie Feuer oder Verbrennung.

»Sechs Millionen. Und er hat noch weitere Millionen ermordet. Habt ihr auch einen Sharon-Cocktail?« Der Kassierer muss unwillkürlich lachen. »Dann würden uns die Kunden davonlaufen. Sharon hat Beirut bombardiert, Sabra und Shatila … Hier wohnen viele Palästinenser.«

»Ja. Und Hitler hielt Araber genauso für Untermenschen wie Juden. Er hat euch nur nicht in den Ofen gesteckt, weil es damals in Europa keine Araber gab.« Der Kassierer schiebt ein volles Glas über die Theke und sagt etwas grantig: »Israel hat auch Millionen Araber ermordet.«

Dieser Vorfall dümpelt als Entwurf auf meiner Festplatte herum. Er wäre der Knüller gewesen, die Leser zu Hause hätten einen Riesenschreck bekommen. Doch wie repräsentativ war dieser Saftverkäufer? Welchen *Stellenwert* sollte ich so einem Gespräch beimessen? Im Westen benutzen Korrespondenten solche Gespräche mit Leuten von der Straße, um aktuelle Trends zu untermalen. Zuerst ein paar lustige O-Töne von John, der an der Ecke wohnt, und dann ein Satz wie: »John ist nicht der einzige New Yorker, der so denkt. Nahezu sechzig Prozent der Einwohner sind derselben Ansicht …«

Nur konnte ich nirgends Umfrageergebnisse auftreiben, alle Statistiken wurden geheim gehalten, und so war ich stets auf die Aussagen eines einzigen gewöhnlichen Mannes oder einer einzigen gewöhnlichen Frau angewiesen.

Jetzt könnte man fragen: Warum sucht er sich dann nicht vernünftige Quellen? Das habe ich ja probiert, aber immer wenn ich an den Presseagenturen, den großen angelsächsischen Medien und den *talking heads* vorbei eine Reportage machen wollte, ging das daneben.

So ein Versuch war die »Erfolgsstory« eines niederländischen Entwicklungsprojekts in Fayum, einer Oase zwei Autostunden südlich von Kairo. Die Wochenendbeilage plante eine Themennummer über Entwicklungszusammenarbeit, und in diesem Rahmen sollten unter anderem ein erfolgreiches und ein gescheitertes Projekt vorgestellt werden. Kein Problem, sagte ich, und über die Botschaft wurde ich an einen niederländischen Wasserbauingenieur verwiesen. Ich werde ihn hier »Roland« nennen, ein netter Kerl in meinem Alter, der mich spontan zu einem Besuch einlud.

Unter einer Oase hatte ich mir immer drei Bäume, eine Hütte und eine Ziege vorgestellt, aber wie sich herausstellte ist Fayum eine grüne Zone, die etwa der doppelten Fläche Berlins entspricht und drei Millionen Einwohner zählt. In Fayum liefen die Dinge aus dem Ruder. Die Bevölkerung explodierte, während es mit der Bewässerung immer schlechter ging. »Es gibt Wasser im Überfluss, aber es wird nicht richtig eingesetzt«, erzählte Roland in seinem Büro im Ministerium für Bewässerung. Wie bei allen Ministerien in Kairo schliefen die Beamten entweder oder drehten Däumchen, während andere seelenruhig am Schwatzen oder Telefonieren waren. Niemand außer Roland hatte in seinem Raum eine Klimaanlage und einen Computer, der funktionierte. Wir fuhren in seinem Geländewagen raus aufs Land. »Früher gab es kein Plastik«, kommentierte er den herumliegenden Müll. »Alle benehmen sich noch immer so, als würde sich der Abfall von alleine auflösen. Kunstdünger und Schädlingsbekämpfungsmittel sind zwar großartig, aber man muss den Menschen erst beibringen, wie man damit umgeht. Hier gibt es auf fünfhundert Bauern einen Ingenieur des Ministeriums, und die Ingenieure sind Schweine, die auf die Bauern herabsehen.«

»Hier sieht man, was schiefläuft.« Roland zeigte auf die verstopften Bewässerungskanäle. »Die Bauern entsorgen hier ihren Müll und Pestizide. Es gibt immer mehr und immer blutigere Konflikte um illegal abgezweigtes Wasser, und die Beamten sind zu faul oder zu korrupt, um einzugreifen.« Er erzählte, wie die Probleme gelöst werden könnten: Wie wäre es denn, wenn die Bauern Wasserverbände gründen würden, so wie es die Holländer vor Jahrhunderten in ihren Flussdeltas gemacht hatten? In den Wasserverbänden könnten die Bauern die Bewässerung eigenständig regeln, Kanäle instand halten, Informationen austauschen und Konflikte klären. Es wurde ein Pilotprojekt gestartet, das erfolgreich war. Roland stieg aus, ging zu zwei Bauern hinüber und demonstrierte stolz, was sie gelernt hatten: Was macht man heutzutage mit Fayumi, die beim Wasserklau ertappt werden? »Die werden verprügelt!« Die Bauern taten, was alle Ägypter tun, wenn sie einen Witz reißen, und reichten sich die Hand. »Doch danach berufen wir sofort eine Versammlung ein«, sagte der älteste Bauer. »Im Namen des ägyptischen Volkes möchte ich dem niederländischen Volk für die Hilfe danken«, fuhr er auf einmal entwaffnend feierlich fort. »Es gibt jetzt weniger Messerstechereien, und ich ernte viel mehr.«

Wir verabschiedeten uns, und ich überschüttete Roland mit Komplimenten: Ich hatte meine »Erfolgsstory«, und wer wollte noch behaupten, Entwicklungshilfe sei ein sinnloses Unterfangen? Roland lächelte. Einige Wochen, nachdem mein geradezu euphorischer Artikel erschienen war, bekam ich von seinem Kollegen bei ein paar Bieren die ganze Geschichte zu hören: Die Entwicklungshilfe zielt darauf ab, die westlichen Fachleute so schnell wie möglich überflüssig zu machen. Die Leute sollen alleine klarkommen. Also hatten die niederländischen Wassermanager darauf gedrängt, den nächsten Schritt einzuleiten. Die Wasserverbände sollten im Gesetz verankert werden, Verwaltungsräte sollten gewählt, ein Aufsichtsrat zu deren Kontrolle einberufen und Beiträge für die Zahlung ihrer Gehälter erhoben werden. Doch Verwaltungsräte, die von den Bauern selbst gewählt und bezahlt wurden … So weit kommt's noch, ließen der Agrar- und der Bewässerungsminister aus Kairo wissen, die Macht gebühre ihnen allein. Damit waren die Wasserverbände zum Scheitern verurteilt.

Daher kam es, dass ich manchmal Sachen schrieb, die sich später als falsch entpuppten, aber auch das Gegenteil kam vor. So wie damals, als eine niederländische Diplomatin mich mit dem syrischen Abgeordneten Riad Sef bekannt machte. Sein Bruder und sein Sohn seien vom Regime ermordet worden, erzählte sie, und seine Sportschuhfabrik sei zerstört worden. »In Sachen Vaterlandsliebe kann man sich an Riad Sef ein Beispiel nehmen«, fügte sie hinzu. »Er würde bei uns ohne weiteres politisches Asyl bekommen, aber er bleibt hier. Und er hält mit seiner Meinung nicht hinterm Berg.«

Ich bekam sofort einen Termin. Sef schüttelte mir die Hand und platzte los: »Alles, alles, alles, aber auch wirklich alles hier ist gelogen. Und diese Lügen werden aufrechterhalten, weil das Regime alles kontrolliert: dein täglich Brot, deine Karriere, deine Weltsicht. Wusstest du, dass wir hier bis vor Kurzem kein Fax haben durften, keine Satellitenschüssel und keine Devisen?« Sef zündete sich eine neue Zigarette an und erklärte, dass er einer der wenigen Abgeordneten war, die nicht unter dem Deckmantel von Scheinwahlen vom Regime ernannt worden waren. »Vielleicht glaubten sie, ich würde klein beigeben. Und sie kamen ja nun mal schwerlich um mich herum. Ich trat im Wahlkreis Damaskus an, viele Menschen kannten mich, und niemand hätte es denen abgenommen, wenn ich keinen Sitz errungen hätte. Zudem kann das Regime bei Kritik aus dem Westen auf mich verweisen: Wir haben sehr wohl eine Opposition.«

Ich schüttelte kurz meine Hand vom Schreiben aus, denn ich kam kaum hinterher. »Abstimmungen im Parlament sind ein abgekartetes Spiel«, erklärte Sef. »Genauso wie die Tagesordnung und die Redebeiträge. Eine typische Rede beginnt mit einem Satz wie: ›Dieses Gesetz ist großartig, ein Geschenk des Präsidenten an das Volk.‹« Er steckte sich wieder eine Zigarette an. »Ich übertreibe nicht. Kürzlich las ein Sprecher die Seiten in der falschen Reihenfolge vor. Erst in der Mitte des Vortrags bekam er das mit. Das Parlament ist eine Applausmaschine, die Sitze werden als Anerkennung an treue Diener vergeben.« Konnte er den Machtmissbrauch nicht in der Presse zur Sprache bringen? Sef schnaubte: »Die Journalisten wissen genau, was sie schreiben können und was nicht. Sie sind vom Regime ernannt worden. Ab und an darf die Presse ›frei‹ über Korruption berichten. Aber nur auf Kosten von Leuten, die beim Regime in Ungnade gefallen sind.«

Könnte nicht Sef seine Kollegen im Parlament davon überzeugen, ihre Arbeit zu machen, nämlich die Regierung zu kontrollieren? Wäre das möglich? »Vergiss es. Alle wichtigen Daten sind geheim. Militärs, hochrangige Regimemitglieder und die Familie des Präsidenten sind unantastbar. Die Parlamentarier erhalten keine Spesenpauschale und keinen Forschungsetat. Es gibt keine Sekretärin, kein Büro, kein Internet, keine Zeitungen. Eine solche Unterstützung würde mindestens 1.500 Dollar im Monat kosten, während man 250 Dollar verdient. Ich habe genug eigenes Geld, deshalb kann ich das hier alles machen.« Ich fragte ihn, ob er etwas zu den Geschäftsinteressen der Präsidentenfamilie sagen könne, über den Verteidigungshaushalt und die Verwendung der Ölerträge. Zum ersten Mal wurde es still, und Sef schüttelte den Kopf, während er gestikulierte: Vergiss nicht, dass wir abgehört werden. Da saß ich, ein kleiner Journalist aus den steinreichen Niederlanden, mit einem Mann, der mein Vater hätte sein können und der sich nicht traute, zu antworten. Ich fragte ihn, ob ich wenigstens das aufschreiben dürfe, was er mir gerade erzählt habe, und Sef nickte theatralisch.

Ich hatte bereits angefangen, das Interview auszuarbeiten, als ich am selben Abend auf einer Diplomatenparty einige syrische Menschenrechtler traf. »Riad Sef?«, spottete einer von ihnen. »Bist du etwa auf den hereingefallen? Der ist doch ganz klar beim Geheimdienst, oder was glaubst du, warum kommt der wohl immer davon mit allem, was er sagt?« Ich schwieg betreten und entschied mich, Sef im Rahmen einer Reportage nur kurz zu zitieren, neben einer Reihe von anderen *talking heads*. Als ich ein Jahr später wieder in Syrien war, schickte ich diesen Artikel an die Zeitung:

> »Wir würden gerne einen Kaffee mit Ihnen trinken gehen«, sagten die beiden Männer in Zivil höflich, nachdem sie an der Tür geklingelt hatten. »Kommen Sie doch rein«, sagte der Abgeordnete, der gerade Enthüllungen über korrupte Verwandte des Präsidenten gemacht hatte. »Der Innenminister würde auch gern einen Kaffee mit Ihnen trinken«, sagten die beiden Männer, als sie ihre Tassen leer getrunken hatten. »Selbstverständlich«, sagte der Abgeordnete, der Probleme mit dem Blutdruck hatte. »Nehmen Sie ihre Medikamente mit«, sagten die Männer.
>
> So wurde vor drei Monaten Riad Sef verhaftet. Ohne Blaulicht, maskierte Männer, scharfe Waffen im Anschlag oder Hollywood-Szenen. Die Folgen seien jedoch nicht weniger einschneidend, erzählt Sefs Ehefrau Reem in ei-

nem Restaurant in Damaskus. Denn Sef droht eine Gefängnisstrafe von fünf Jahren bis lebenslänglich. In syrischen Gaststätten gibt es meist eine »Familienecke«, wo Frauen, Pärchen und Familien nicht von Junggesellen behelligt werden. Beim Geheimdienst arbeiten nur Männer, also sucht Reem sich gerne einen Platz in der Familienecke, damit sie sich nicht zu ihr setzen können.

»Ich werde mich nie daran gewöhnen«, sagt Reem. Sobald sie telefoniert, schreibt irgendwo in Syrien ein Geheimdienstmitarbeiter mit. »Ich führe gar keine persönlichen Gespräche mehr.« Fast alle ihre Freunde haben aus Angst den Kontakt abgebrochen. »Ich habe gehofft, sie würden wie immer zum Ende des Ramadan vorbeischauen«, sagt sie niedergeschlagen. »Schade.« Nur die Nachbarn kommen noch vorbei. Ob ihr Haus verwanzt ist, weiß sie nicht. »Ich flüstere nur noch.« Neulich wollte sie mit den Ehefrauen von acht anderen inhaftierten Dissidenten einen stillen Protestzug durch Damaskus machen. Doch der Geheimdienst schritt ein. Wie hatte der Wind davon bekommen? Vielleicht hatte eine der Ehefrauen sich verplappert. Vielleicht aber arbeitet eine von ihnen jetzt auch für den Geheimdienst, im Gegenzug wird ihr Mann weniger gefoltert. Schwer zu sagen in einem Land wie Syrien.

Als früherer Abgeordneter genießt ihr Mann immerhin einen gewissen Status, räumt Reem ein. Die anderen werden in einem unterirdischen Verlies festgehalten und bekommen nur alle drei Wochen Besuch. Reem darf ihren Mann jede Woche besuchen, zusammen mit der vierjährigen Tochter. Ein Wärter ist die ganze Zeit dabei, und vor Kurzem erzählte die Kleine ihrem Vater, dass sie eine Pistole kaufen wolle. Sie zeigte lächelnd auf den Wärter: »Um den totzuschießen, damit wir dich wieder mit nach Hause nehmen können.«[10]

Da Sef für Jahre hinter Gitter wanderte, lag der *donor darling* auf der Diplomatenparty vermutlich daneben. Aber man weiß nie. Ein syrischer Journalist hat mir mal erzählt, dass Regimemitglieder in Damaskus viel Geld mit dem Handel von militärischen Fahndungsbefehlen machen. Angeblich können Syrer solche Papiere beim Regime kaufen und damit in Europa den Flüchtlingsstatus erlangen. Hin und wieder würde ein Flüchtling zurückgeschickt, da Syrien nach Einschätzung irgendeiner europäischen Einwanderungsbehörde kein unsicheres Land mehr wäre. Das sei schlecht fürs Geschäft, also prügelte man den nächsten Flüchtling bei seiner Rückkehr tot, damit Syrien wieder als unsicher eingestuft würde.

Eine schreckliche Geschichte, aber was war an ihr dran? Ich erkundigte mich bei Kollegen, Diplomaten und anderen, und alle sagten: »Dieser syrische Journalist? Der ist doch beim Geheimdienst, das weiß jeder.« Kurze Zeit später verschwand der Journalist plötzlich hinter Gittern, woraufhin alle spekulierten, dass man ihn aus dem Verkehr gezogen habe, um seine Glaubwürdigkeit wiederherzustellen, dass er zu weit gegangen sei oder dass er vielleicht doch nicht dem Geheimdienst angehöre.

In Beirut hörte ich, wie ein geflüchteter irakischer Arzt behauptete, dass das Regime Saddams in Krankenhäusern totgeborene Föten konfisziere und einfriere, um die kleinen Leichen bei Besuchen von Reportern oder linken Abgeordneten aus Europa auftauen und als »Opfer der Sanktionen« zur Schau stellen zu können. Wieder eine schreckliche Geschichte, aber wie sollte ich herausfinden, ob der irakische Arzt die Wahrheit sagte?

Es war mühselig, und selbst wenn ich eine »runde Geschichte« hatte, passierte manchmal hinterher etwas, was mich stutzig werden ließ: Hier ist doch irgendwas faul. Ein Beispiel dafür war die Ibrahim-Affäre. Saad Eddin Ibrahim war der wichtigste *donor darling* Ägyptens und führte seit Jahren medienwirksame Kampagnen gegen die Verhängung des Ausnahmezustandes, die Diskriminierung von Christen, den Machtmissbrauch durch das Regime und beschäftigte sich auch mit anderen heiklen Themen. Ein Jahr vor den Wahlen – wenn man sie überhaupt so bezeichnen kann – erhielt Ibrahim von der Europäischen Union Gelder für einen Aufklärungsfilm. Für die Aufnahmen hatte er einen Stimmzettel nachgemacht, und prompt war Ägypten in Not. All die Jahre war sein Name in den ägyptischen Medien tabu gewesen, aber nun standen sowohl die staatliche Presse als auch die »unabhängigen Zeitungen« Kopf: Ibrahim habe »Wahlbetrug« begangen und Geld aus dem Ausland angenommen, um »den Ruf Ägyptens zu beschmutzen«. Wochenlang erschienen diffamierende Artikel über das von Ibrahim geleitete Ibn-Khaldun-Zentrum: »Davidsterne bei Ibn Khaldun gefunden«, »Ibrahim will, dass Muslime Hundefleisch essen«. Nur die winzige, unabhängige englischsprachige *Cairo Times* beschränkte sich auf die Beweise für den Wahlbetrug (null) und analysierte die Motive des Regimes: Ibrahim war berühmt und hatte einen amerikanischen Pass. Ihn auszuschalten war ein unmissverständliches Signal an all diejenigen Ägypter, die womöglich beabsichtigten, auf CNN ihre Meinung zu sagen.

Die Version der *Cairo Times* schien mir am überzeugendsten, und ich übernahm sie für meine Zeitung. Ende der Übung, dachte ich, und nachdem ich den Artikel abgeschickt hatte, besuchte ich zur Abwechslung ein Abschlussprojekt von Filmstudenten an der superteuren Amerikanischen Universität von Kairo. Neben mir saß ein gewisser »Hazem«, ein junger Mann Anfang zwanzig aus dem Armenviertel Haram. Er trug seinen einzigen Ausgehanzug, denn er witterte seine Chance. Einer der Studenten hatte einen Onkel, der ein hohes Tier beim Informationsministerium war. Hazem hatte geregelt, dass er dem Onkel eine Frage stellen durfte. Die Antwort würde er in einem wohlwollenden Artikel für eine Zeitschrift verarbeiten, und damit würde er anschließend zum Onkel gehen, um ihn um eine Stelle zu bitten. Denn Hazem hatte eine Ausbildung als Journalist und war auf der Suche nach einem Job. Als sich der Onkel nicht blicken ließ, fiel es Hazem schwer, sich seine Enttäuschung nicht anmerken zu lassen. Wir unterhielten uns eine Weile, und ich lenkte das Gespräch auf Saad Eddin Ibrahim. Hazem nickte erleichtert: »Unglaublich, was? Da sieht man mal wieder, dass unsere Regierung ständig auf der Hut sein muss. Man möchte gar nicht wissen, wie viele Feinde Ägypten hat. Neulich kam raus, dass israelische Mädchen in der Sinai-Wüste Aids verbreitet haben.« Ich sah Hazem an und dachte: Soll ich jetzt schreiben, was in Ägypten wirklich los ist oder was in den Köpfen der Menschen los ist? Nur, wie komme ich ohne Umfragen dahinter, was im Kopf des Durchschnittsägypters vor sich geht?

Hamiha haramiha

Im Nachhinein habe ich mich oft gefragt, warum ich so lange nicht durchschaut habe, dass journalistische Arbeit in der arabischen Welt schlicht nicht möglich ist. Zu dieser Schlussfolgerung muss man meiner Meinung nach kommen, wenn man die Methoden des Journalismus den Praktiken der Diktatur entgegensetzt. Für diese Erkenntnis habe ich Jahre gebraucht, weil ich keine Ahnung hatte, wie journalistische Arbeit funktioniert, weil über dieses Problem in Fachkreisen nicht geredet wird und, der wichtigste Grund, weil das Wort »Diktatur« lange abstrakt blieb.

Natürlich hatte ich schon über Diktaturen *gelesen.* Seit meinem Studienbeginn war ich mit Äußerungen konfrontiert worden wie: »Arabische Diktatoren erhalten ihre Macht mithilfe einer Mischung aus Einschüchterung, Kooptation und Täuschung.« Und: »Das Ausmaß der Gesetzlosigkeit in Diktaturen ist so groß, dass die Gesellschaft chronisch korrupt und strukturell undurchsichtig ist und die öffentliche Meinung grundlegend ausgehebelt wird.«

Was das wirklich bedeutet, war mir damals nicht bewusst, und das sollte auch lange so bleiben. Als Student in Kairo wusste ich davon, dass Menschen ohne Prozess im Gefängnis saßen, überall gab es Porträts des Präsidenten, und vorm Campus war ein Schützenpanzer postiert. Aber an solche Dinge gewöhnte man sich schnell. Ich wusste, dass das Regime mich als westlichen Ausländer in Frieden lassen würde – schlechte Publicity würde schließlich Investoren und Touristen verprellen –, und so war es für mich höchstens eine interessante Spekulation gewesen, ob meine Studienfreunde, Leute, die ich dreimal in der Woche oder öfter traf, womöglich Informanten bei einem der Geheimdienste waren. Und auch als ich als Korrespondent nach Ägypten zurückkehrte, wusste ich, dass das Regime mich schlimmstenfalls des Landes verweisen würde, und selbst das war seit Jahren keinem Journalisten mehr passiert. Ansonsten hatte ich ein schönes Leben, und so blieb mir das wahre Gesicht des Systems, in dem ich lebte und arbeitete, verborgen. Bis auf die Präsidentenporträts, Panzerwagen und Scheinwahlen schienen die arabische und die westliche Gesellschaft im Großen und Ganzen ähnlich zu funktionieren.

Doch nach fast einem Jahr geriet diese Vorstellung auf einmal ins Wanken.

Aus Mangel an Alternativen klapperte ich immer noch die *talking heads* ab für Stellungnahmen zum aktuellen Geschehen: ein Konflikt zwischen dem Irak und den Vereinigten Staaten (»Widersprüchliche Signale aus Bagdad«), Rückschlag oder Durchbruch im Friedensprozess (»Verhaltener Optimismus bei Israels Nachbarn«), die neueste Ansprache des amerikanischen Präsidenten oder des US-Außenministers (»Wirkt wie in Jerusalem diktiert«).

Die Araber reden gerne, so dass ich nach solch einem Interview oft mit zugeklapptem Notizbuch noch ein wenig weiterplauderte. Und dann hörte ich Dinge, bei denen ich dachte: *Hello everybody!* Ein syrischer Professor erzählte, dass er bei Tisch nicht länger mit seiner Frau über Politik rede und nicht mehr wutschnaubend den Fernseher ausschalte, sobald der Präsident gezeigt werde. Sein Sohn sei jetzt in dem Alter, in dem er alles nachplappere, auch auf dem Schulhof, wo genauso die Kinder von Geheimdienstmitarbeitern herumliefen, und

Angehörige der Schulleitung, die, damit sie der Schulleitung angehören konnten, Parteimitglied sein mussten. Ein libanesischer Anwalt verriet, dass er nur reiche Mandanten vertrete, denn wenn man den Richter nicht bestechen könne, sei es sinnlos, überhaupt einen Prozess zu führen. Ein Geschäftsmann erzählte, dass er tags zuvor von einem Polizisten aufgehalten worden sei. Die Straße sei gesperrt gewesen, weil der Präsident dort vorbeikomme. »Noch bevor ich wenden konnte, hatte meine vierjährige Tochter dem Polizisten einen 1.000-Lira-Schein hingehalten. So sehr hat sie sich schon daran gewöhnt, dass man mit Geld alles erreichen kann.«

Unter Journalisten sind Interviews mit Taxifahrern tabu, weil sie im Ruf stehen, nur das zu sagen, was der Kunde hören möchte. In vielen arabischen Ländern arbeiten die Fahrer jedoch tagsüber als Beamte, und gerade das Taxi bietet die Gelegenheit, sich an einem sicheren Ort mit einfachen Leuten zu unterhalten. Manche Fahrer gaben sich einsilbig, aber andere erzählten, dass man als Polizist für eine größere Summe eine Kreuzung »kaufen« könne, um dort auf eigene Rechnung Knöllchen zu verteilen. Ein Großteil der Einkünfte fließt in die Tasche des Vorgesetzten, der ebenfalls wieder einen Teil abgeben muss, so dass sich eine ganze Pyramide von Parasiten bildet. Ich sprach mit Taxifahrern, die beim Zoll arbeiteten, beim Finanzamt, an Schulen oder in Gefängnissen, und überall gab es vergleichbare Pyramiden. »Ich kann nichts dafür«, sagte einer der Männer, »mein Gehalt reicht nicht zum Leben.«

Das alles passierte in dem System, in dem ich lebte und arbeitete. In Jordanien erzählte mein Privatchauffeur, wie sein Bruder übers Wochenende mit seinem nagelneuen Mercedes zu Verwandten nach Damaskus gefahren war. Am nächsten Morgen: Auto weg. Er erstattete Anzeige, absolvierte sein Besuchsprogramm per Taxi und entdeckte am letzten Tag seinen Mercedes, mit einem Kennzeichen der Hukuma, der Regierungsbehörde. Auf der Wache wurde das Kennzeichen überprüft, und nach einer Stunde erschien ein General. »Ist das Ihr Wagen?«, fragte er barsch. »Wir haben darin Waffen und Drogen gefunden, genug, um Sie für immer einzubuchten.« Der Bruder verneinte, entschuldigte sich und verschwand.

Als ich einmal auf Besuch in den Niederlanden war, erzählte mir ein aus Ägypten stammender Taxifahrer, dass er im Urlaub in seinem Geburtsland im Kaffeehaus von einem eigentlich ganz sympathischen Typen angesprochen worden sei: Was für ein Ärger, nicht wahr, mit dem ganzen Chaos im Land? Und was für ein Skandal, diese ganze Verschwendung und Unterdrückung? Er, der Taxifahrer, wohne in Europa? Das sei immerhin reich und zivilisiert, da könne sich der Idiot von Präsident hier noch eine Scheibe abschneiden. Tatsächlich regte sich der Taxifahrer auch total über die katastrophalen Zustände in seinem Geburtsland auf. Er legte sogar ein bisschen nach, bis der sympathisch wirkende Typ ihn unterbrach: »Hör mal gut zu, du Arsch, ich bin beim Geheimdienst. Diesmal kommst du noch mal davon, aber an deiner Stelle würde ich mich vorsehen. Ich finde dich und deine Familie überall.«

Den Abend mit »Walid« werde ich auch so bald nicht vergessen. Ich lernte ihn nach einer Syrienreise des Papstes kennen. Über diesen Besuch hatte ich einen vorhersehbaren Artikel mit dem Reiseverlauf des Heiligen Vaters abgeliefert, ausgeschmückt mit fabelhaften O-Tönen über religiöse Toleranz und den Weltfrieden, aufgeschnappt beim Präsidenten und dem höchsten Bischoff von Syrien. Dazu noch einige Human-Interest-Zitate von einfachen syrischen Christen, und fertig war der Text. Der Artikel erschien auf der Titelseite, und in der Redaktion hieß es: saubere Arbeit!

Danke schön, aber ich hatte den Eindruck, von Walid deutlich mehr über Syrien zu lernen. Er war mir von einer befreundeten Reiseleiterin empfohlen worden. Anfangs wollte er wegen seiner schlechten Erfahrungen mit Journalisten aus dem Westen gar nichts sagen, aber meine Freundin legte ein gutes Wort für mich ein. Walid war Mitte zwanzig, hatte eine flotte Frisur und war gut gekleidet. Sein Vater hatte eine Zeitlang in England gelebt. Walid und ich tranken ein Bier an der Hotelbar und gingen dann in einen Nachtklub. Wie war das Leben so, als prowestlicher junger Mann in Syrien? Er sah mich an, als hätte ich ihn gefragt, wann Syrien endlich Fußballweltmeister würde. »Es ist vor allem langweilig. Langweilig. Langweilig. Langweilig. Jeden Tag dieselben Parolen, derselbe hitzige Schwachsinn über Israel, obwohl alle genau wissen, dass wir doch niemals etwas für die Palästinenser tun können. Alle sind zynisch. An der Universität kannst du dir für dreihundert Dollar pro Kurs einen Schein kaufen. Die Professoren nötigen Studentinnen zu Sex, dafür gibt es gute Noten, die Söhne von hohen Tieren schaffen das Studium auch ohne Prüfungen. Du hast gebüffelt, sie nicht. Du hast eine Vier, sie eine Eins, denn ihr Vater hat mit dem Professor telefoniert. Das macht einen doch wahnsinnig, oder?«

Was empfand er beim Konterfei des Präsidenten? »Nichts. Abscheu vielleicht. Das sind die Leute, die unser Land kaputt machen. Die die Ölgelder klauen, Denkmäler abreißen, die Natur verpesten, die Küste verschandeln. Die Leute, die nicht drei Jahre zum Militär müssen, sondern einfach eine Entschuldigung schreiben.« Walid erzählte mir, warum er westlichen Journalisten aus dem Weg ging. Er spielte in einer Band, und vor einem Jahr wollte ein Reporter der *LA Times* einen Artikel über sie bringen. »Wir waren total aus dem Häuschen«, sagte Walid, mittlerweile konnte er darüber lachen. »Es sollte unser Durchbruch in den USA werden! Nach dem Auftritt soffen wir uns die Hucke voll, und dann rissen wir Witze über *Jurassic Park*, wie wir das Regime nennen. *Das* hat er zitiert, aber kein Wort über unsere Musik. Tja, und dann rief der Geheimdienst an. Wochenlang musste ich mich jeden Tag bei der

Behörde melden. Immer dieselben Fragen, und stundenlanges Warten. Langweilig, langweilig, langweilig. Warum ich westliche Musik spiele. Warum ich Internetcafés ›besuche‹. Als wäre das was Abartiges! Diese *motherfuckers* haben keine Ahnung von der Welt da draußen. Sie langweilen uns zu Tode, buchstäblich.«

Der Kellner brachte noch ein Bier. Vier Männer mit Schnauzbärten und Lederjacken kamen herein und setzten sich an den vordersten Tisch, damit sie auch ja einen guten Blick auf die tanzenden Mädchen hatten. Weiter die Straße hinunter befand sich die wichtigste »Befragungseinrichtung« des Regimes, und es war offensichtlich, dass die vier dort arbeiteten. So entspannt man sich also, wenn man den ganzen harten Arbeitstag lang elektrische Schlagstöcke anal bei Leuten eingeführt hat. Wie erklärten ihre Ehefrauen den Kindern, was Papa arbeitete? Onkel Muhammed ist Lehrer, Onkel Yasser Ingenieur, und Papa foltert die Feinde des Präsidenten. Erzähl mir mal was Aufbauendes, sagte ich nach dem nächsten Bier, und Walid antwortete: »Mein Nachbar hatte eine riesige Mauer um seinen Garten errichtet. Die ganze Nachbarschaft schimpfte und ließ Beziehungen spielen. Tatsächlich kam ein paar Tage später ein Oberst vorbei, aber er war zu spät. Mein Nachbar hatte auf die Mauer ein gigantisches Porträt des Präsidenten gemalt. ›Ja Ja Ja Präsident Assad in Ewigkeit!‹ Da war der Oberst machtlos.«

Am meisten erfuhr ich in Sachen Diktatur von in Ägypten lebenden Ausländern aus dem Westen. Sie saßen auf einem sicheren Ast, die Regimes konnten ihnen wenig anhaben, und viele von ihnen tranken gerne ein Gläschen – was die Zunge lockert. Auf einer Dinnerparty erzählte ein Berater der Europäischen Union, dass er der libanesischen Regierung bei der Herstellung von »Transparenz« helfen solle. Es sei geplant, im Internet alle erforderlichen Dokumente aufzulisten, damit die

Bürger wissen, was von ihnen verlangt wird. Die Beamten haben die Initiative sofort sabotiert, erzählte der Berater. Solange die Bürger nicht wüssten, welche Dokumente sie beizubringen hätten, könnten die Beamten sich immer neue Schikanen ausdenken und »Kommen Sie morgen wieder« sagen – so lange, bis die Bürger in die Brieftasche griffen.

Während eines arabischen Gipfeltreffens lernte ich den deutschen Manager eines Fünfsternehotels kennen. Sein Name war Gerhard. Ein paar Stunden, bevor der Gipfel begann, kam so eine Figur vom Geheimdienst hereinspaziert: Gerhard sollte den Empfang von 150 Fähnchen mit den ägyptischen Nationalfarben quittieren. »Ich dachte, ich soll die irgendwo aufhängen«, sagte Gerhard, schon etwas angetrunken. »Da standen plötzlich drei Busse vor der Tür, und ich musste 150 Mann zur Verfügung stellen, damit die am Straßenrand dem Präsidenten zujubeln konnten. Ein Hotel voller Gäste für den Gipfel, und ich stand ohne Personal da.«

Es lebe der Alkohol, dachte ich oft insgeheim, erst recht, als ich bei einem Empfang für die niederländische Gemeinschaft in Kairo Rolands Kollegen von den Wasserverbänden der Oase Fayum wiedersah. Bei unserer letzten Begegnung hatte er mir erzählt, wie das Agrar- und das Bewässerungsministerium das Projekt sabotierten, jetzt sagte er nach einer erfrischenden Menge großer Saqqara-Biere: »Das eigentliche Problem sind die Wörter. Wir sagen ›Ministerium‹, weil das Regime dieses Wort benutzt. Aber eigentlich ist das ganz was anderes. Hier ist das Ministerium nicht ins Leben gerufen worden, um die Bewässerung effizient und gerecht zu regeln, sondern um mit Land, Wasser und Dünger die Unterstützung Tausender kleiner Bauern zu kaufen. Im Gegenzug halten diese Bauern andere Kleinbauern in Schach und ziehen jubelnd auf die Straße, wenn der Präsident oder der Minister auf Besuch kommt. Gleichzeitig schafft so ein Ministerium Tausende und Abertausende von Arbeitsplätzen in den Städten. Die Ministerien hier würden viel besser funktionieren, wenn acht Beamte nach Hause geschickt würden und die restlichen zwei die Arbeit von zehn erledigten. Dann würden diese beiden Beamten auch genug verdienen, um ihre Familien zu ernähren. Nur würden acht Leute auf der Straße stehen. Was sollen die machen? Man sagt, das System sei korrupt. Aber es geht viel weiter: Das System *ist* Korruption. Man lässt zehn Menschen sehr wenig machen für ein viel zu niedriges Gehalt, damit sie zu wenig zum Leben haben, aber zu viel um zu revoltieren. So bleiben sie Komplizen und gleichzeitig verwundbar, also unter Kontrolle.«

Diese Geschichte brachte mich auf die richtige Fährte: Diktatur ist ein grundlegend anderes System, bloß wird diese Tatsache dadurch verschleiert, dass die westlichen Medien und Wissenschaftler über Diktaturen schreiben wie über Demokratien. Der Diktator Ägyptens wird »Präsident« genannt, auch wenn er den Job von seinem Vorgänger geerbt hat, der ihn seinerseits von seinem Vorgänger geerbt hat, der sich an die Macht geputscht hat. Dieser Diktator führt die »National-Demokratische Partei« an, die weder demokratisch noch eine politische Partei ist. Die Ägypter gehen regelmäßig zu den Wahlurnen, aber kann man überhaupt von »Wahlen« sprechen, wenn es nicht erlaubt ist, Parteien zu gründen oder eine freie Wahlkampagne zu führen, wenn man keinen Zugang zu den Staatsmedien hat und seine Stimme unter Aufsicht abgeben muss – und wenn dann zu allem Überfluss noch betrogen wird?

Erst bei Saddam Hussein machte es klick. In seinem Land sah ich die Diktatur nicht nur, ich spürte sie. Das ist wie beim Sex. Man kann alles Mögliche darüber lesen, aber bis zum »ersten Mal« hat man eigentlich keine Ahnung, wovon die Leute die ganze Zeit reden.

Der Irak unter Saddam war nicht nur die strengste aller arabischen Diktaturen, das Land war seit 1990 auch den schwersten Handelssanktionen aller Zeiten unterworfen und international so gut wie isoliert. Saddam scherte sich nicht um sein Image – Touristen oder Investoren waren sowieso nicht erwünscht –, und westliche Korrespondenten bekamen keinen Sonderstatus. So war der Irak das einzige arabische Land, in dem Korrespondenten genauso behandelt wurde wie die einfachen Leute.

Es begann mit dem Visum. Monatelang hatte ich Faxe nach Bagdad geschickt und angerufen, und ich sammelte massenhaft Bonusmeilen mit nutzlosen Flügen zwischen Kairo und Amman. Als ich endlich mal eine Verbindung bekam, hieß es in Bagdad: »Wir haben die Genehmigung längst verschickt, Mensch, sieh zu, dass du nach Amman kommst.« Dort bekam ich zur Antwort: »Morgen. Vielleicht.« Zu guter Letzt musste ich über Kollegen einen zwielichtigen Ägypter mit Beziehungen anheuern, der für tausend knisternde *Spesendollar* ein Visum organisieren konnte. »Jetzt aber wirklich«, richtete er mir vierzehn Tage später aus. »Deine Genehmigung liegt schon seit Wochen bereit, ich wusste nur noch nicht, wen man bestechen muss.«

Das Visum war da, ich musste nur noch mal eben jemanden bestechen – wieder so ein Wort, das ich vor meiner Zeit im Nahen Osten nie in einem Satz mit dem Wörtchen »ich« verwendet hatte. Jetzt bekam ich einen Crashkurs: In den Umschlag mit dem Visumsantrag steckte man ein Wertpapier der US-amerikanischen Zentralbank, in diesem Fall hundert Dollar. Mit einem Kopfnicken signalisierte der Beamte, dass er den grünen Schein gesehen hatte, und das war mein Zahlungsbeleg.

Irgendwie hatte das Bestechen etwas Intimes an sich, aber mir reichte es bald. »Aidstest«, sagte der Zöllner an der jordanisch-irakischen Grenze, der Irak musste sich ja gegen Krankheiten aus dem Westen schützen. Fünfzig Dollar ließen sie den

Test komplett vergessen. Bleib da sitzen, bis wir den Papierkram erledigt haben, gestikulierte ein anderer Zollbeamter unter einem Schild mit dem Schriftzug »SADDAM HUSSEIN, EIN GROSSER FÜHRER FÜR EIN GROSSES VOLK«. Mein Fahrer gab mir mit einem Kopfnicken zu verstehen, dies sei der Moment, um dem Zollbeamten seine 25 Dollar rüberzuschieben, damit er die Stempel gleich machte, und nicht erst in anderthalb Stunden. »Satellitentelefon«, sagte der nächste Zollbeamte, als er mein Gepäck durchsuchte. Das lief auf eine Versiegelung hinaus, die ich beim Informationsministerium für viel Geld wieder hätte rückgängig machen lassen können. Wir verteilten noch ein paar Mal Zigaretten, Softdrinks und Geld. Jede Hürde hatte ihren Preis, und die Formel, mit der Zollbeamte zu verstehen gaben, dass sie Geld wollten, lautete: »Wir möchten Tee trinken.«

Endlich war der Weg nach Bagdad frei, und wir rasten durch eine Wüste, für die die Bezeichnung »desolat« eigens erfunden schien. Nach fünf Stunden Fahrt tauchte am Horizont die Stadt aus Tausendundeiner Nacht auf. Wir fuhren an der *Suq Al-Haramiya* vorbei, dem »Markt der Diebe«, wo Raubgut aus Kuwait verschachert wurde, und durch den Triumphbogen, den Saddam Hussein ursprünglich nicht mit den Helmen gefallener Soldaten, sondern mit deren Schädeln hatte verschönern wollen. Vorbei am Verteidigungsministerium, über das ich schon gelesen hatte, so dass ich wusste, dass dort eines schönen Tages im Jahr 1963 der schlafende Diktator Qasim von seiner eigenen Luftwaffe bombardiert worden war, bevor seine Soldaten ihn verhafteten und hinrichteten. Per Telegramm hatte die Presseagentur Reuters 40.000 Dollar für Bilder von der Leiche geboten, aber die Putschisten ließen sich nicht darauf ein.

Wir erreichten das Raschid-Hotel, und dort bekam ich erst richtig zu spüren, wie es in einem System ist, in dem man keine Rechte besitzt. Der Telefonist in der Zentrale leitete Anrufe nur gegen Bares weiter, dem Aufseher der Schließfächer musste ich Geld zustecken, damit er mein Equipment nicht klaute. Der Portier prüfte missmutig den gerade empfangenen Eindollarschein und das verschwitzte Gesicht des Gastes: »*You have more?*« Er wusste, dass ich wusste, dass er einen Schlüssel zu dem Zimmer hatte und während meiner Abwesenheit mein ganzes Gepäck mitgehen lassen konnte. Daher gab es die Schließfächer, aber es wäre doch absurd gewesen, dort meine Schuhe, die Zahnbürste und den Wasservorrat wegzuschließen? Also schmierte ich die Zimmermädchen, das Sicherheitspersonal, die Putztruppe und alle, die nur in die Nähe meines Zimmers kamen.

Am nächsten Morgen meldete ich mich vorschriftsmäßig beim Informationsministerium, wo ich Maschdi von der Geheimpolizei kennenlernte. Jedem ausländischen Journalisten wurde ein solcher Aufpasser zugeteilt, den wir *minder* oder »Begleiter« nannten, weil dies nicht ganz so niederträchtig klang. Wenig später saß ich mit meinem Notizbuch bei der Direktorin des Saddam-Hussein-Kulturzentrums. Ich hatte mich zuerst mit Maschdi gestritten, weil ich gar nicht vorhatte, zu dem Kulturzentrum zu gehen, und danach hatte ich mir höflich die Ausstellung von 20 zeitgenössischen Künstlern angesehen: 500 Saddam-Hussein-Porträts. Jetzt saßen wir zu dritt beim Tee, und ich fragte die Direktorin, eine blasse Mittvierzigerin, warum sie alle dasselbe malten. Sie antwortete in miserablem Englisch: »Sind Sie verrückt geworden?« Und schrie weiter: »Wie können Sie es wagen, die Liebe zu unserem Führer, dem Herrn Präsidenten Saddam Hussein, infrage zu stellen? Es gibt eine weltweite Verschwörung gegen den Irak. Was wäre passender für einen Künstler, als sich von unserem Führer inspirieren zu lassen, Allah möge ihn beschützen?« Maschdi gab mir ein Zeichen. Er wollte nun wirklich zum Luftschutzbunker von Amariya, wo während des ersten Golfkriegs eine amerikanische Bombe 403 Iraker verkohlt hatte. »Alle Journalisten aus dem Westen besichtigen Amariya. Das ist eine wichtige Geschichte – oder willst du dem Volk in deiner Heimat etwa nicht erzählen, welche Kriegsverbrechen die Amerikaner begangen haben?« Im Auto hatten wir uns bereits gestritten, da ich lieber eine Kita besucht hätte: Kinderzeichnungen gucken, einen besseren Spiegel für ihre Seele gab es nicht. Aber es war unmöglich, eine Genehmigung für solch einen Besuch zu bekommen, und keiner wollte sagen, warum.

Dreizehn Tage lang ging es immer so weiter, dann war ich am Ende. Aus allen anderen arabischen Ländern bin ich immer mit Bedauern abgereist, denn es gab so viel zu tun. Den Irak verließ ich freiwillig einen Tag früher als geplant, trotz aller Anstrengungen, die es mich gekostet hatte, ein Visum zu ergattern. Es war entsetzlich, dreizehn Tage lang hatte ich erleben müssen, wie sich Menschen selbst bei den harmlosesten Fragen in Sätze flüchteten wie »Irak kann sich glücklich schätzen mit einem so starken Führer wie dem Herrn Präsidenten Saddam Hussein, möge Allah ihn beschützen« oder »Ich bin mir sicher, dass unser Führer hierfür eine Lösung hat« und »Ich verstehe nichts von Politik«. Den ganzen Tag saß ich im Auto neben einem Geheimdienstler, der weiß Gott was auf dem Kerbholz hatte und mit dem ich auch noch jeden Abend essen gehen musste, auf Spesenkosten, versteht sich:

»Unglaublich, dass es hier niederländisches Bier gibt, Maschdi.«

»Dank Saddam Hussein haben wir alles.«

Im Hotel kam ich mir vor wie ein wandelnder Geldautomat. Jeden Abend musste ich damit rechnen, dass mein Trinkwasservorrat geklaut war, meine Kleider, meine Aufzeichnungen. Das Telefon wurde abgehört, im Fernsehen drehte sich alles um Saddam, und hinter den mannshohen Spiegeln in meinem Zimmer schienen Kameras versteckt zu sein. Ein echter Kerl lässt seine Hosen runter, hatten die Kollegen in der Whiskybar von Amman versichert, mit denen ich mir vor meiner Reise Mut angetrunken hatte.

Ich bestellte mir ein Taxi für den nächsten Morgen, abends befand sich die Straße zur Grenze fest in der Hand von Banditen, die sich die Beute mit der Polizei teilten. Ich nahm mein Gepäck und lief am späten Abend zum nahe gelegenen Informationsministerium, um mich, zum krönenden Abschluss, komplett ausnehmen zu lassen: hundert Dollar für jeden einzelnen Tag meines Aufenthalts im Irak, zusätzliche hundert Dollar pro Tag, weil ich ein Satellitentelefon hatte, zuzüglich fünfzig Dollar pro Tag für Maschdi. Sie drückten mir sogar eine Quittung in die Hand, denn die Buchhalter im Westen, die kannten schließlich keinen Spaß ... Beim Abschied gab mir der Direktor mit auf den Weg: »Jetzt bist du offiziell ausgecheckt.« Gewöhnliche Araber haben dafür einen Ausdruck, erzählte mir der jordanische Taxifahrer, als wir den Irak verlassen hatten: *hamiha haramiha* – wer dich beschützt, der dich bestiehlt.

Die Reise hatte mich geschlaucht, und als ich mich in Kairo wieder erholt hatte, wurde mir klar, dass es nicht die Angst bei den einfachen Leuten gewesen war, die auf mich einen so starken Eindruck gemacht hatte. Diese Angst erlebte ich auch in Libyen oder Syrien und, wenn ich nur lange genug nachbohrte, in jeder beliebigen Diktatur der arabischen Welt. Was im Irak einen so nachhaltigen Eindruck auf mich gemacht hatte, war meine eigene Angreifbarkeit gewesen, die erniedrigende Machtlosigkeit bei der Botschaft in Amman, am Grenzübergang, im Raschid-Hotel und beim Informationsministerium. Man steht unter ständiger Beobachtung und ist sich dabei stets bewusst: Ich habe keinerlei rechtliche Handhabe, wenn mich jemand beklaut, und wenn ich verschwinde, kräht kein Hahn danach.

Das war Diktatur in Reinform, ich musste sie erst am eigenen Leib erfahren, um zu verstehen, wie grundlegend sich so ein System von der Demokratie unterscheidet. Wenn bei uns jemand gegen das Gesetz verstößt und mir schadet, weiß ich, dass ich die Polizei einschalten kann. Wenn die nichts unternimmt, gehe ich aufs Präsidium oder beschwere mich beim Bürgerbeauftragten. Ich kann mir einen Anwalt nehmen, an die Presse gehen, mich an einen Volksvertreter oder den Europäischen Gerichtshof wenden. Als Bürger stehen mir zahlreiche Instanzen zur Verfügung, um mein Recht einzuklagen. Diese Instanzen kontrollieren und korrigieren sich gegenseitig, wodurch Machtmissbrauch und Korruption erschwert werden und wenigstens die Illusion von Rechtssicherheit entsteht, die Grundlage der Demokratie. Wenn ich zu Hause einen Polizisten oder eine Polizistin sehe, entspanne ich mich, denn die sind für mich da. Wenn ein Araber oder eine Araberin einen Polizisten sieht, machen sie sich lieber aus dem Staub. *Hamiha haramiha.*

Natürlich waren nicht einmal im Irak alle korrupt und lebten nicht alle in Todesangst, so wie auch in den Demokratien des Westens alles Mögliche anders läuft, als vom System vorgesehen. Jedes arabische Land hat seine eigene Systemvariante, und die Araber werden nicht den ganzen Tag lang bestohlen, angeklagt oder verpfiffen. Doch wenn einem so etwas widerfährt, gibt es keine allgemeinverbindlichen Verfahren, um zu seinem Recht zu kommen. Das macht einen angreifbar, und deshalb geriet mein Aufpasser Maschdi zu Recht in Panik, als ich vom vorgegebenen Programm abweichen wollte. Dadurch würde er erpressbar: Wo warst du die ganze Zeit mit dem Spion aus dem Westen? Und es war anzunehmen, dass Maschdi seinerseits Untergebene erpresste.

•

Nach der Irakreise kehrte ich in die Niederlande zurück für die sogenannten Korrespondententage, eine alle zwei Jahre stattfindende Wiedereingewöhnungswoche für Auslandskorrespondenten, und hier endlich sollte bei mir der Groschen fallen. Die Tage fingen angenehm an, denn Korrespondenten sind angenehme Menschen, und ich fühlte mich gleich noch wohler, als sich herausstellte, dass mein Unbehagen wegen der Presseagenturen von vielen geteilt wurde. Unsere Männer und Frauen in London, Paris, Berlin und Washington –alle fanden, dass oft die falschen Themen die Nachrichten beherrschten und dass wir uns allzu sehr und allzu sklavisch nach den Vorgaben der Presseagenturen richteten.

Das war Balsam für meine Seele, aber sprachen wir von derselben Frustration? Abends bei einem Drink fragte mich ein Kollege, der in einem westlichen Land stationiert war, was das für Leute seien, diese Araber. Dazu hatte ich mittlerweile eine Standardantwort: Ich setzte meinen Expertenton auf und erklärte, dass die arabische Welt extrem vielfältig sei und dass ich nur Ägypten etwas näher kenne. Ich würde kaum mit Frauen sprechen, also seien meine Eindrücke höchstens zur Hälfte gültig, und wenn ich täglich im Schnitt eine Person etwas besser kennenlernte, so wären es nach drei Jahren etwa tausend Menschen. Auf eine Bevölkerung von zweihundertsechzig Millionen Arabern sind dreitausend Mann null Komma null null null null neun Prozent.

Schon gut, war seine Reaktion, jetzt sag doch einfach mal. Und in diesem Moment schlug die Wahrheit wie ein Blitz bei mir ein: Ich wusste nicht, was für Leute die Araber waren, nicht weil ich mich nicht genug anstrengte, sondern weil ich es nicht wissen *konnte.* »Du arbeitest in einer Demokratie«, antwortete ich meinem Kollegen leidenschaftlich, »und in diesem Gesellschaftssystem gibt es eine ganze Reihe von Hilfsmitteln, um die Eindrücke, die du von null Komma null null null einem Prozent der Menschen, mit denen du sprichst, gewonnen hast, zu verallgemeinern und den Stellenwert dieser Eindrücke zu ermessen. Die Menschen in deinem Land trauen sich, mit dir zu sprechen. Sie trauen sich, miteinander zu sprechen, und sie haben freie Medien. Es gibt Meinungsumfragen, Zuschauerzahlen, Wahlergebnisse. Mit anderen Worten: Bei dir können die Presseagenturen einen weitaus größeren Teil der Gesellschaft beleuchten, und du hast selbst die Möglichkeit, Fragen nachzugehen. Die Reportagen, die du darüber machst, gehen häufig im Strudel der Agenturberichte unter, und das nervt dich. Aber in einer Diktatur liegt das Problem ganz woanders. Ich kann überhaupt keine eigenen Themen aufwerfen. Bei euch rufen Oppositionsparteien, Bürgerinitiativen oder Journalisten die Machthaber zur Verantwortung, und dann müssen die sich rechtfertigen. Bei mir schickt der Machthaber einen Schlägertrupp. Wissen ist Macht, Diktatoren versuchen alle Macht zu bündeln, also tun sie alles, um ihrem Volk Informationen vorzuenthalten. Je weniger transparent die Gesellschaft ist, desto besser lassen sich Korruption und Machtmissbrauch kaschieren und desto schwieriger wird es für eine Opposition, sich zu organisieren.«

»Dass du jetzt keine Angst hast, mir zuzuhören, und ich keine Angst habe, dir das alles zu erzählen, das genau macht den Unterschied zwischen Diktatur und Demokratie aus«, dozierte ich noch ein wenig weiter. »Stell dir vor, dass die Hälfte der Leute an diesem Tisch für den Geheimdienst arbeiten würde und wir nicht wüssten, wer von denen. Und dass all unsere Chefs der Partei angehörten und dem Geheimdienst Bericht erstatteten über unsere Ansichten. In so einer Organisation würden doch alle die Klappe halten?«

Als ich als Korrespondent nach Kairo kam, betrachtete ich die journalistischen Methoden wie eine Art Werkzeugkasten, den man in aller Welt auspacken könnte. Es zeigte sich aber, dass Diktaturen und Demokratien sich nicht zueinander verhalten wie etwa zwei Autos verschiedener Hersteller. Wenn eine Demokratie ein Auto ist, dann ist eine Diktatur eine Kuh oder ein Pferd. Wer da mit einem Schraubenzieher oder Lötkolben anrückt, steht dumm da.

All the News That's Fit to Print

Mein drittes Jahr als Korrespondent war angebrochen, und immer öfter dachte ich mir: was für eine sonderbare Welt. Syrien verbot den Disney-Hit *König der Löwen*, denn der Präsident hieß Assad, was auf Arabisch Löwe bedeutet. In Saudi-Arabien hieß der Rosarote Panther die Rosarote Hyäne, denn Panther heißt *fahd*, und so hieß der König. Präsident Mubarak wurde wieder von allen ägyptischen Tages-, Wochen- und Monatszeitungen zum »Mann des Jahres« gekürt, und im Irak bekamen die Menschen in den Tagen vor einem »Referendum« kein Freizeichen, wenn sie telefonieren wollten, sondern es lief ein Band mit dem Text »Ja! Ja! Ja! Saddam!«.

Kein Wunder, dass die Leute sich Witze erzählten, an Stoff mangelte es nicht: »Herr Präsident, herzlichen Glückwunsch«, sagt der Berater. »Beim Referendum haben Sie 99,98 % der Stimmen erhalten. Das bedeutet, dass nur 0,02 Prozent der Menschen gegen Sie waren. Was wollen Sie mehr?« Der Führer bellt: »Ihre Namen!«

Einbrecher sind in den Tresorraum der Zentralbank eingedrungen. Helle Panik, bis der Gouverneur herauskommt und erleichtert feststellt: falscher Alarm. Es fehlt nichts Wichtiges, nur die Wahlergebnisse von 2010 sind verschwunden.

Am Surrealsten aber kam mir mein eigener Job vor. Im Iran gab es Studentenkrawalle, über die ich von Kairo aus berichten musste, weil Teheran die Schotten dichtmachte. Wie viele der Leser und Hörer wohl geahnt haben, dass es von Ägypten aus nicht einmal möglich war, ohne Umwege mit dem Iran zu telefonieren und dass Kairo so ungefähr der ungünstigste Ort auf der Welt war, um die Ausschreitungen zu verfolgen? Nicht allzu viele, hoffte ich. Und es sollte sich auch besser nicht herumsprechen, dass ich genau sechs Wörter Persisch konnte.

Auch Syrien hatte sich zu der Zeit von der Außenwelt abgeschottet, und trotz einer Flut von Faxen (»Ihr Land verdient es, von innen heraus beschrieben zu werden, nicht von meinem Kollegen in Tel Aviv«) bekam ich kein Einzelvisum für die Einreise. Viele Kollegen hatten dasselbe Problem, darum arrangierte die Cairo Foreign Press Association eine ultrakurze und straff organisierte Gruppenfahrt nach Damaskus. Auf dem Veranstaltungsplan stand unter anderem ein gemeinsames Interview mit dem syrischen Wirtschaftsminister. Unsere Eröffnungsfrage lautete: »Jährlich drängen 200.000 junge Syrer auf den Arbeitsmarkt. Wie wird Syrien die nötigen Arbeitsplätze schaffen?« Der Minister lächelte gnädig und sagte wortwörtlich: »Dank der vorausschauenden Führung durch den Präsidenten gibt es bei uns gar keine Arbeitslosigkeit. Höchstens einige *lazy people.*« Eine halbe Stunde ging es in diesem Stil weiter, und als wir hinterher das Ministerium verließen, sprach mich eine hübsche junge Frau an. Ob ich zu der Gruppe westlicher Journalisten gehöre, die auf Einladung des Informationsministeriums gekommen war, um den beeindruckenden Fortschritt des Landes unter der Führung des Präsidenten Hafez Al-Assad zu begutachten? Sie hatte uns in den Nachrichten gesehen. Ob ich wohl dem Minister eine Bittschrift übergeben und ihn um seine Unterschrift bitten könne? Ihr Bruder würde das Schreiben später am Abend bei mir im Hotel abholen, denn sie als anständiges Mädchen hätte mich natürlich nicht aufsuchen können. Ich bekam einen Anflug von Panik. War das etwa ein Gnadengesuch für einen politischen Gefangenen? Eine Anklage gegen die Menschenrechtsverletzungen? Ein Aufruf für mehr Demokratie? Man würde unsere ganze Gruppe aus dem Land werfen, wenn ich so ein Schreiben überreichte, und ich würde meinen Namen auf der schwärzesten aller Listen wiederfinden. Aber dann sah ich richtig hin. Sie bat flehentlich um eine Stelle beim Fernsehen. »Ich möchte Moderatorin werden«, sagte sie mit devotem Lächeln.

Manchmal fühlte ich mich wie in einer dieser Realityshows im Fernsehen, in denen die Kandidaten unmögliche Aufgaben meistern müssen. In meinem Fall: Spiel mal einen Journalisten in einem System, wo das gar nicht geht. Das führte zu ulkigen Szenen, doch je härter die Diktatur, umso weniger spaßig ist das.

Ein knappes Jahr nachdem ich zum ersten Mal dort gewesen war, organisierte die Cairo Foreign Press Association zusammen mit dem Bagdader Informationsministerium eine Reise in den Irak. Es war der helle Wahnsinn. Die Aufpasser vom Geheimdienst hockten uns auf der Pelle. Erst ließen sie uns ohne Erklärung stundenlang in der Lobby warten, dann stopften sie uns für einen Ausflug einfach in ein Taxi. Es war gar nicht daran zu denken, sich mal eben zu verdrücken, damit brachte man bloß Leute in Gefahr. Wenn ein Iraker mitbekam, wie sein Nachbar-den-er-sowieso-noch-nie-leiden-konnte sich mit jemandem aus dem Westen unterhielt, konnte er umgehend seinen »Kontakt« beim Geheimdienst anrufen: Mein Nachbar ist von einem Spion angeworben worden! Jetzt versuch als Nachbar mal, deine Unschuld zu beweisen, und bei welcher Instanz wohl? Vielleicht war der clevere Journalist aus *Hulanda* selbst ein Informant oder Provokateur. Man hörte noch viel kuriosere Dinge, und falls er wirklich ein Provokateur war und man ihn nicht gleich anzeigte, konnte er einen selbst anzeigen.

Teil des Reiseprogramms war eine Exkursion in den Süden. Dreißig Mann in einem Bus, die obligatorischen Witze über

Klassenfahrten, und schon bald spielten alle »Ich sehe was, was du nicht siehst ... und das ist ... ein absurdes Porträt des Führers«. Auf einem Wandgemälde an einem Gerichtsgebäude war Saddam in schwarzer Robe abgebildet, vor einem Fünfsternehotel in Blümchenhemd mit Zigarre, vor einem Fotogeschäft als Tourist mit einer fetten Kamera vor dem Bauch, bei einer Kaserne in Uniform und bei einem Vergnügungspark vor einem Hintergrund mit Schnee, Wald und Bergen als Alpenjäger, samt kessem Hütchen.

In Kerbala war der Spaß vorbei. In der weltberühmten Al-Abbas-Moschee wurden wir in ein kleines Museum geführt, wo das Regime der Gefallenen des Aufstands von 1991 gedachte. Schiiten hatten versucht, das Regime Saddams zu stürzen, doch die Rebellion war binnen kurzer Zeit erbarmungslos niedergeschlagen worden. Die Gefallenen, derer hier gedacht wurde, waren Anhänger des Regimes gewesen, die zu Beginn des Aufstands von den Rebellen in Stücke gerissen worden waren. Wir bekamen authentische Stricke zu sehen, einen Fleischerhaken und getrocknetes Blut hinter Glas. Fotos von abgetrennten Kinderköpfen – die Opfer waren nach Auskunft der Aufpasser von Agenten »von drüben«, d. h. aus dem Iran, enthauptet worden. Das Museum war Pflichtprogramm für jede Klassenfahrt.

Für uns, die Hüter des freien Wortes, ging's weiter. Wir lauschten dem Vorsteher der Moschee, Syed Madhi Fadhil al-Ghurabi, nachdem wir seinen Namen säuberlich in unseren Heften notiert hatten. Al-Ghurabi mit »g« und »h« räusperte sich und sagte in affektiertem klassischen Arabisch, das von einem Aufpasser gedolmetscht wurde: »Fünfzehn Kilogramm Gold und hundertfünfzig Kilogramm Silber hat unser Führer Saddam Hussein, möge Allah ihn beschützen, für die Restaurierung gespendet. Trotz der anhaltenden Attacken gegen den Irak aus dem Iran und dem Westen.« An der Wand hing ein Plakat mit einem betenden Saddam und einem Stammbaum, der bewies, dass der Führer ein Großneffe des Propheten Mohammed war. Der verstorbene König Hussein von Jordanien, ebenfalls verwandt, hatte die Familiengeschichte von Schriftgelehrten »erforschen« lassen.

Al-Ghurabi sah die Aufpasser an: Mache ich es so richtig? Wir durften Fragen stellen, und manche fanden sogar, dass das Sinn ergab: War es richtig, dass bei der Niederschlagung des Aufstands willkürlich Zivilisten auf Panzern festgebunden worden waren, damit die Rebellen diese nicht unter Beschuss nehmen würden? Dass seit Jahren keine Freitagspredigt mehr gehalten worden war, weil das Regime Menschenansammlungen fürchtete? Im Schatten des Fleischerhakens begann Al-Ghurabi schrecklich zu schwitzen, die Aufpasser brachen das Gespräch ab und führten uns in das Saddam-Hussein-Krankenhaus – um sich die Namen öffentlicher Einrichtungen zu merken, brauchte man im Irak kein Notizbuch.

Ein Fotograf aus unserer Gruppe kam bereits seit Jahren alle sechs Monate in den Irak und erkannte einen Arzt von früheren Exkursionen: *»Good to see you! How is the hospital?«* – *»Alhamdulillah, God is great we say.«* Fast alle medizinischen Apparaturen im Krankenhaus waren kaputt, wegen der Sanktionen konnten keine Ersatzteile aus dem Ausland beschafft werden. Sagte das Regime. Ein anderer Arzt erzählte, dass alle Krebspatienten nach Hause geschickt worden seien, da es kein Geld für Medikamente gebe, und mit einem Seitenblick auf die gelangweilten, aber zustimmend nickenden Aufpasser fuhr er wütend fort, dass die Sanktionen den Irak in ein Flüchtlingslager verwandelt haben. »Und warum? Weil der Irak angeblich Massenvernichtungswaffen versteckt haben soll. Dabei weiß doch jeder, dass wir diese Waffen längst nicht mehr besitzen und dass die USA den Irak vernichten will!« Ein deutscher Journalist aus der Gruppe beschloss, so zu tun, als wären wir in einer Demokratie. In den Vierteln, wo hochrangige Parteifunktionäre wohnen, habe er einen Schwimmbadtechniker gesehen, Mercedes-Limousinen, Satellitenfernsehen ... Dafür habe das Regime also Geld? Mitsamt seinem Oxford-Akzent zuckte der Arzt zusammen. »Ich bin zuversichtlich, dass unser Herr Präsident einen Plan hat, um diese Krise zu überwinden.« Und weg war er. »Habt ihr eure O-Töne?«, fragte der Chef-Aufpasser. Wir nickten, und weg waren auch wir.

Das war wieder Diktatur in Reinkultur, und ich tippte flott einen Hintergrundbericht mit dem Titel »Die Angst regiert in Kerbala«. Aber kam das eigentlich rüber? Ich selbst hatte reichlich lange gebraucht, um die Diktatur zu durchschauen, wie sollte es dann erst Lesern im sicheren Europa ergehen?

Lob vom Chef bekam ich jedenfalls für ein anderes Stück. Tareq Aziz, der Außenminister, hatte uns ein Gruppeninterview eingeräumt. Es war das reinste Theater, mit den üblichen Antworten auf die üblichen Fragen. Sanktionen, UN-Resolutionen, diplomatische Schachzüge ... Wer die Presseticker verfolgte, erfuhr nichts Neues. Aber Tareq Aziz war ein bekannter Mann, also hatte ich gepunktet. Zwei weitere Reaktionen sind mir in Erinnerung geblieben: Jemand aus der Chefredaktion wollte wissen, ob ich mein Visum nicht etwas schneller hätte organisieren können. Und ein Redakteur war genervt, weil ich auf eine dringende E-Mail nicht reagiert hatte. »Wusstest du nicht, dass ich im Irak war?«, fragte ich ihn. »Ja, und?« Worauf ich ihm erklären musste, dass man in einem Land, wo die Angst regiert, nicht e-mailen kann.

Es war zwar peinlich, aber ich konnte den Kollegen eigentlich nichts vorwerfen, denn das Bild, das sie sich von der arabischen Welt machten, war teils durch meine Arbeiten geprägt worden. In den zwei Jahren hatte ich es zehnmal auf die Titelseite geschafft, hundert Artikel geschrieben und mindestens zweihundert Hörfunkbeiträge gemacht. Die Diktatur kam jedoch nur in Nebensätzen vor, und der Einfachheit halber hatte ich weiter »Präsident« gesagt und nicht »Räuberhauptmann«,

»Parlament« und nicht »Applausmaschine«, »Kommentator« und nicht »Volksverhetzer« oder »Schleimscheißer«.

Dann war Ägypten wieder mal kurz in den Nachrichten. Europäische und afrikanische Staatschefs kamen nach Kairo zum ersten EU-Afrika-Gipfel, bei dem die ägyptische Führung sich als Brücke zwischen den Kontinenten aufzuspielen versuchte. Die Stadt knirschte unter den ganzen Sicherheitsmaßnahmen, und ich freute mich, denn »mein« Land hatte länger nicht im Brennpunkt des Interesses gestanden. Die Freude war von kurzer Dauer.

Noch vor der Eröffnung wurden alle Journalisten in einen Saal des Kairoer Konferenzzentrums zusammengetrieben. Unsere Mobiltelefone wurden beschlagnahmt, und bis zur Abschlusserklärung durften wir den Raum nicht verlassen. Vor allem die aus Europa eingeflogenen Reporter wehrten sich heftig, aber vergeblich.

Da saßen wir nun, und am liebsten hätte ich lauthals geschrien: Was zum Teufel machen wir hier, während eine Verbrecherbande in aller Ruhe das Land plündert? Gleich würden die europäischen und afrikanischen Staatschefs ihre wunderbaren O-Töne abliefern, und wir würden diese O-Töne schon wieder vergessen haben, noch bevor sie gesendet wurden. Was, wenn dort draußen gleich ein Volksaufstand ausbräche? Dann würden die Journalisten im Chor rufen: »Damit hat keiner gerechnet.« Aber warum hatten wir nicht damit gerechnet? Weil wir zu einer anderen Einschätzung der Lage gekommen waren oder weil wir nur dort buddelten, wo den Presseagenturen zufolge die »Story« vergraben war?

Ich hatte die Illusion verloren, dass man nur die Nachrichten zu verfolgen brauchte, um zu wissen, was in der Welt los war. Im Kairoer Konferenzzentrum wurde mir jedoch bewusst, dass in den Nachrichten über den Nahen Osten das Wichtigste sogar komplett fehlte. Diktatur war kein Störfaktor in derselben Kategorie wie die Reisebüros, die einen mit ihrer Inkompetenz in den Wahnsinn trieben. Die Diktatur an sich war das Wichtigste, was es über die arabische Welt zu berichten gab. In manchen Ländern war durch die Nebelschwaden der Propaganda die Sicht auf das Elend erschwert, aber im Grunde funktionierten die zwanzig arabischen Diktaturen nach demselben Schema. Diese Tatsache auszuklammern war, als würde man 1943 über die Niederlande berichten, ohne auf Schritt und Tritt die Besatzung zu erwähnen. Jede einzelne Reportage oder Analyse, jedes einzelne Interview müsste die Diktatur anschaulich machen, danach könnte man sich dann meinetwegen um das Nicht-Alltägliche kümmern: die Nachrichten.

Als ich so im Konferenzzentrum eingesperrt war, beschloss ich, das Ruder herumzureißen und in meiner Arbeit zukünftig das Alltagsleben in der Diktatur in den Mittelpunkt zu rücken. In den darauffolgenden Monaten musste ich allerdings feststellen, wie schwer das war.

Die Schwierigkeit liegt in den Grundsätzen des Qualitätsjournalismus. Die Menschen verfolgen die Nachrichten in Presse, Funk und Fernsehen, weil sie mehr von der Welt verstehen möchten. Was sie zu hören und sehen bekommen, muss Hand und Fuß haben, und das bedeutet: Wer? Was? Wo? Dazu *check* und *double-check*, Meinung und Gegenmeinung. Kurz: überprüfbare Fakten. Oder, wie die *New York Times* im Motto auf ihrer Titelseite den eigenen Inhalt rühmt: *All the News That's Fit to Print.* Was für ein wunderbarer Grundsatz – in einer Demokratie. In einer Diktatur ist nur ein winziger Teil der Wirklichkeit überprüfbar und *fit to print*, der Rest bleibt in vier großen Filtern hängen.

Der erste Filter ist die Angst, die bewirkt, dass Korrespondenten so gut wie nichts in Erfahrung bringen können. Oder wie ein irakisches Mädchen in einer BBC-Reportage Jahre nach dem Fall Bagdads ihr Leben unter Saddam beschreiben sollte: »Das ist, wie wenn jemand in deinem Kopf sitzt. Bevor du überhaupt ein Wort sagst, kontrolliert der, ob es nicht zu gefährlich ist.«

Die Angst war von Land zu Land verschieden, aber selbst wenn unerschrockene oder couragierte Menschen mir Dinge erzählten, kam ich oft nicht weiter, weil ich nichts von all dem überprüfen konnte, mal ganz abgesehen davon, dass Zahlen und Statistiken fehlten, mit denen ich das eine oder andere in einen größeren Kontext hätte stellen können: der zweite Filter.

Aber in einer Zeitung gibt es doch auch Rubriken für Hintergrundberichte, in denen Korrespondenten auf eigene Rechnung bestimmte Sachen sagen können? Die gibt es zwar, und ich konnte da auch manches loswerden. Allerdings waren diese Möglichkeiten begrenzt, und gerade die besten Geschichten kamen dort nicht unter, wie ich feststellen musste, als ich einen großen Hintergrundartikel über die Verletzlichkeit und Machtlosigkeit der einfachen Leute in einer Diktatur schreiben wollte. Dazu brauchte ich aber unbedingt ein Beispiel, das die Herzen der Leser treffen würde. Ich scrollte durch meine Dateien und landete bei einer Dame aus Enschede, die in Bagdad lebte: Sie würde die Leser *spüren* lassen, was eine Diktatur ist.

Sie war eine der letzten in Bagdad verbliebenen Niederländer, und ich hatte sie auf meiner ersten Irakreise kennengelernt. Aufgrund der Sanktionen unterhielten die Niederlande keine Botschaft in Bagdad, der Repräsentant in Amman hatte mir ihre Telefonnummer gegeben. Er erzählte, sie sei eine steinalte Dame aus Enschede, die Anfang der Fünfziger einen irakischen Christen geheiratet habe. Seit Jahrzehnten hatte sie den Irak nicht mehr verlassen, und sie sprach so gewählt wie die Königin. Zunächst wollte sie mich nicht empfangen. »Wir wollen nichts mit Katholiken zu tun haben«, sagte sie spitz am Telefon, und offensichtlich glaubte sie mir kaum, als ich ihr erklärte, dass die *Volkskrant* ihre katholische Brille bereits vor meiner Geburt gegen eine progressive eingetauscht hatte. Sie willigte ein, und ein paar Stunden später standen wir im Regen vor ihrem Haus. Eine kleine Luke öffnete sich, ich wollte schon auf die Tür zugehen, aber die blieb verschlossen. Mein Aufpasser Maschdi vom Informationsministerium sah mich an und ich ihn. Wir befanden uns in einem Wohnviertel, wo einmal die obere Mittelklasse zu Hause gewesen war: eindrucksvolle Schmiedezäune, ein weitläufiger, aber kahler Garten ... Endlich öffnete sich die Tür, und eine kühle Begrüßung folgte. Wahrscheinlich hatte sie sich nur nicht getraut, Nein zu sagen. Wir bekamen ein Glas Sprudel, und Maschdi begann, in einer Zeitschrift zu blättern. Ich hatte ihm erzählt, dass ich Grüße der Botschaft übermitteln wolle, und es war ihm recht, dass wir uns auf Niederländisch unterhielten. Die Dame fing an zu erzählen: Sie könne das Land nicht verlassen, da die Regierung 20.000 Dollar für ein Ausreisevisum verlange. Ihr Mann sei krank, die nötigen Medikamente seien nicht verfügbar. Ihre Herzbeschwerden wären in den Niederlanden leicht zu behandeln, nur nicht im Irak, also war sie dem Tode geweiht. Weil Saddam sich weigerte, Waffeninspektionen zuzulassen, war gegen den Irak ein Handelsembargo verhängt worden. Damit das Land nicht verhungerte, durfte es zwar Öl exportieren, aber die Einnahmen wurden von den Vereinten Nationen im sogenannten »Öl für Lebensmittel«-Programm verwaltet. Hatte sie genug zu essen? Ohne sichtbare Regung erzählte sie, dass die Leute in der Nachbarschaft bei der Lebensmittelausgabe nur so lange alles ordnungsgemäß entgegennehmen würden, bis der UN-Funktionär wieder verschwunden sei – falls er überhaupt erschien. Danach mussten sie alles wieder rausrücken, und die Regimeangehörigen hatten die erste Wahl. Was übrig blieb, ging an die regimetreuen Familien, bei denen die restlichen Bewohner betteln gehen durften. Ich erzählte ihr etwas über die Niederlande, aber sie wollte uns offensichtlich loswerden. Noch eine Frage: Warum blieb die Eingangstür so lange verschlossen? Sie deutete eisig in Richtung Maschdis. »Sie hatten nicht gesagt, dass sie den da mitbringen würden. Er war neulich im Fernsehen. Geheimdienstler, ein hohes Tier. Meine siebzehnjährige Enkelin wohnt gerade bei mir. Wenn der sie sieht, kommt er heute Abend wieder, um ... Verstehen Sie? Ich musste sie erst durch die Hintertür verschwinden lassen.«

Das war Diktatur, und – bei Allah – wie gerne hätte ich diese Geschichte verwendet. Ich konnte sie auch einigermaßen überprüfen, als Maschdi mich für einen Tag einem anderen Aufpasser anvertraut hatte. Er war als früherer Botschafter beim Informationsministerium gelandet und arbeitete seit Jahren für einen japanischen Korrespondenten. Die beiden vertrauten sich, der japanische Korrespondent vertraute mir, also konnten wir reden. Durch die Blume erzählte ich ihm von der Dame aus Enschede. »Sie hat keinesfalls übertrieben«, reagierte er bestimmt. »Deshalb melden sich viele als Informanten und schickt jeder Vater mindestens einen Sohn zur Berufsarmee. So kommt man an die Beziehungen, die einem nützlich sein können, wenn jemand es auf einen abgesehen hat.«

Ich hatte keinen Grund, dem ehemaligen Botschafter zu misstrauen, und doch schaffte die alte Dame es nicht in meinen Artikel. Ich empfand das Risiko als zu hoch, dass Maschdi über einen niederländischen Iraker oder die irakische Botschaft Wind von meinem Bericht bekäme – die Dame ist inzwischen verstorben.

In Kairo trank ich oft ein Bier mit »Gie«, einem Flamen, der vor Ort eine Bonbonfabrik für einen multinationalen Konzern leitete. »Ich wollte acht Tonnen Spezialöl importieren«, erzählte er mir einmal. »Nirgends konnte ich herausbekommen, welche Anforderungen für einen Container mit Öl erfüllt werden müssen. Das Umweltministerium, das Verkehrs-, das Wirtschafts-, das Gesundheitsministerium – jeder sagt etwas anderes und keiner ruft dich zurück. Aber meine Fabrik ist ohne dieses Öl aufgeschmissen, also importiere ich es einfach. Kaum war der Container im Hafen angekommen, wurde er beschlagnahmt: Das Öl sollte entweder vernichtet oder zurückgeschickt werden. Kostenpunkt: 60.000 Dollar. Ich rufe meinen Anwalt an, der lässt seine Beziehung spielen, die wiederum ihre Beziehung spielen lässt, ich zahle einem ›Berater‹ 600 Dollar für eine ›Rechtsberatung‹, und mein Öl darf durch den Zoll. Ich habe extra einen Mann, der für mich in den Knast geht, wenn wir auffliegen. Westliche Firmen, die behaupten, sie würden in Ägypten keine Schmiergelder zahlen? Die wären längst pleite.«

Gies Probleme veranschaulichten auf eindrucksvolle Weise, wie Korruption und Missstände in der Verwaltung die Entwicklung eines Landes behindern. Doch auch diese Geschichte kam nicht in den Wirtschaftsteil der Zeitung, denn ich wollte Gies Karriere nicht gefährden, und die ägyptische Botschaft in Den Haag liest mit – weshalb Gie in Wirklichkeit auch anders heißt und kein Flame ist.

Die Verletzlichkeit der Quellen war der dritte Filter, der es mir erschwerte, das Alltagsleben in einer Diktatur in die Nachrichten zu bringen. Und es gab noch einen vierten Filter. Manchmal erfuhr ich von einer Sache, konnte sie anschließend überprüfen und hatte namentliche Quellen, nur hatte sie keinen Nachrichtenwert. Ein Beispiel dafür sind die Verkehrstoten im Nahen Osten. Das Risiko eines Arabers, einen tödlichen Unfall zu erleiden, ist wegen des miserablen Zustands der Straßen, der schrottreifen Autos, der korrupten Polizei und der erbärmlichen Krankenhausversorgung fünfzig Mal so groß wie für einen Europäer. Das ist das große Blutbad in der arabischen Welt, das sich Tag für Tag vollzieht. Es kursieren Zahlen dazu, bei den Pressesprechern der UN kann man sich tolle O-Töne »besorgen«, und für den menschlichen Aspekt ist die namentliche Nennung von Opfern oder Hinterbliebenen nicht sonderlich wichtig. Also wartete ich auf einen besonders schlimmen Unfall auf der Autobahn zwischen Kairo und Alexandrien, den ich zum »Aufhänger« für eine Geschichte nehmen konnte.

Damit hatte ich *einen* Artikel, und dabei blieb es. Wie war es möglich, dass das größte Blutbad in der arabischen Welt nicht mehr als *einen* Beitrag rechtfertigte?

Die Antwort lautete erneut: weil die arabischen Länder keine Demokratien sind. Zum Vergleich eine Geschichte aus den Niederlanden: Während ich aus dem Nahen Osten berichtete, fanden immer mehr meiner Landsleute, dass die Masseneinwanderung unterm Strich mehr kostete, als sie einbrachte. Jemand brachte das zur Sprache, kam damit in die Medien, und als seine Botschaft Anklang fand, wurde er immer häufiger eingeladen. Das animierte Gleichgesinnte zu Leserbriefen, Demonstrationen, Spaßaktionen, und so kam der Widerstand gegen weitere Einwanderung auf die »Agenda«, wie man so schön sagt. Das dauert zwar, denn auch in einer Demokratie können die Eliten bestimmte Fragen von der Tagesordnung fernhalten. Aber früher oder später dringen die Themen an die Oberfläche, und das ist der Unterschied zu einem geschlossenen System wie der Diktatur: »Auch heute gingen Tausende Ägypter auf die Straße, um gegen die Ernennung des Bruders des Präsidenten – einem halben Analphabeten – zum Regierungsberater zu demonstrieren«? Fehlanzeige, genauso wie: »Heute hat der Vorsitzende des ägyptischen Bundes für Verkehrssicherheit dem Präsidenten drei Millionen Unterschriften überreicht und ihn aufgefordert, in Zukunft gegen Kinder von Generälen oder Politiker vorzugehen, die mit 200 km/h Leute totfahren.«

So wurde ein weiterer Aspekt der Nachrichten klar. Wenn etwas vom Alltäglichen abweicht und es dazu überprüfbare Informationen gibt, kann daraus eine »Nachricht« werden. Um aber in den Nachrichten zu bleiben, muss eine Angelegenheit in Bewegung sein. »*We're following this story closely*«, sagt man bei CNN, und ohne Entwicklungen lässt sich nichts verfolgen. Deshalb war die Hungersnot im Sudan den Redaktionen keine Story wert: »Bitte, nicht schon wieder so einen aussichtslosen Konflikt.«

•

Im heimischen Hilversum fragte ich mal einen Kollegen, was ihm zufolge eine Nachricht sei. Ich erntete ein etwas verschämtes Grinsen: »*If it bleeds it leads.* Wir machen am liebsten mit Anschlägen, Entführungen, Massakern und Katastrophen auf, denn Blut fesselt das Publikum. Ansonsten muss man die Zahl der Toten durch die Entfernung zum Ort des Geschehens teilen. Tote Weiße sind eher eine Meldung wert als tote Schwarze oder Asiaten, tote Christen eher als tote Nicht-Christen, und, wie die amerikanischen Kollegen reimen: *Jews are news.* Ein Attentat in Jerusalem eignet sich also für einen Aufmacher, eine Bombe in Algier oder Delhi schafft es nicht mal in die Sendung.«

Solche Scherze waren böse, man sollte sie sich merken. Aber sie erfüllen auch eine Funktion, denn sie lenken davon ab, dass keiner genau zu sagen vermag, warum etwas Nachrichtenwert hat. Man kann zwar Kriterien auflisten, die erfüllt sein müssen, damit eine Meldung zustande kommt. Aber die Frage, warum eine Meldung es dann auch tatsächlich in die Nachrichten schafft, bleibt unbeantwortet. Die einzige Gewissheit für Journalisten im Westen ist, dass sich die Bürger schon früher oder später zu Wort melden werden, wenn etwas sehr Wichtiges passiert.

So ist es im Westen, aber in einer Diktatur sind die Menschen Untertanen, sind Proteste und öffentliche Meinungsbildung unmöglich, und so bleibt vieles ausgeblendet. Nicht nur das Alltagsleben, sondern auch Umstände, die den Menschen einen immensen Stempel aufdrücken. In Ägypten leben 75 Millionen Menschen auf einer bewohnbaren Fläche von der Größe der Niederlande, und jedes Jahr wächst die Bevölkerung um 1,5 Millionen. Um diesem Wachstum gerecht zu werden, werden jedes Jahr 500.000 neue Jobs, 100.000 neue Häuser, 10.000 neue Schulen, 1.000 neue Ausbildungsbetriebe, 100 neue Krankenhäuser und eine Handvoll neue Universitäten gebraucht ... So lastet der Bevölkerungszuwachs auf der Gesellschaft, nicht nur in Ägypten, sondern auch in Algerien, dem Jemen, Jordanien, Syrien und den anderen arabischen Staaten. Jährlich werden es sechs Millionen Menschen mehr, und wenn es für die später weder Wasser noch Arbeit gibt, können die ja nach Europa gehen. Bis dahin aber ist das Bevölkerungswachstum keine Meldung wert:

> **Heute wieder 16.000 neue Araber**
> *Von unserem Korrespondenten*
> KAIRO – Heute ist die Bevölkerung in den arabischen Ländern, wie schon gestern und vorgestern, erneut um 16.000 Menschen angestiegen ...

Weder Verkehrstote noch die Bevölkerungsexplosion kommen in die Nachrichten, aber zumindest gibt es noch einschlägige Statistiken. Niemand weiß, wie vielen ägyptischen Mädchen jedes Jahr die Genitalien verstümmelt werden bei einer sogenannten »Frauenbeschneidung«. Oder wie viele Menschen in der arabischen Welt ohne fairen Prozess inhaftiert sind, wie viele Milliarden von Generälen auf Auslandskonten transferiert werden. Geschweige denn, dass man feststellen könnte, wie viele Araber jedes Jahr wegen derartiger krimineller Machenschaften sterben oder zu Krüppeln werden. Niemand weiß es, und niemand wagt es, dagegen aufzubegehren. Ein befreundeter ägyptischer Arzt erzählte mir von dem Chaos und der Korruption an seinem Krankenhaus. Wie Ärzte tödliche Kunstfehler begehen, weil sie ihre Approbation gekauft haben, wie Patienten die Ärzte schmieren müssen, damit sie behandelt werden, wie korrupte Beschaffer gegen fette Provisionen überteuerte oder falsche Medikamente besorgen. Darüber muss ich was schreiben, dachte ich begeistert. Doch nirgends gab es Zahlen über die entstandenen Schäden, die Verschwendung und die Schmiergelder, und den Arzt hätte ich in der Zeitung höchstens anonym zitieren können. Im Westen würden die Geschädigten eine Organisation gründen, doch wie die Gattin des Arztes schon sagte: »Das einzige Mal, dass ich in meinem Leben frei wählen konnte, war bei *Ägypten sucht den Superstar*. Und ich schwöre: Hätte ich einen Fanclub für meinen Favoriten gegründet, ich hätte Ärger mit dem Geheimdienst bekommen.«

Das war Journalismus in einer Diktatur, aber was sollte ich machen? Man kann die Fernsehnachrichten oder die Zeitungen nicht mit persönlichen Eindrücken oder Anekdoten füllen, von denen man nicht einmal selbst sagen kann, ob sie stimmen oder wie repräsentativ sie sind. Deshalb beschränkten sich auch die Korrespondenten, die sehr gut Arabisch sprachen und weitaus mehr Erfahrung und Kontakte hatten als ich, auf die Meldungen der Presseagenturen. Und deshalb warfen sogar die brutalsten Regimes die Presseagenturen nicht aus dem Land. Das war gar nicht nötig, denn die Agenturen hatten sich bereits selber einen Maulkorb verpasst.

Es war eben so, auch wenn auf diese Weise vieles im Verborgenen blieb. Und man musste bei null anfangen, als die Leute plötzlich doch alles Mögliche über Araber wissen wollten. So wie am 11. September 2001.

Der 11. September und die weißen Flecken der Diktatur

Heute kaum vorstellbar, aber wahr: Bis zu meiner Ernennung 1998 debattierte die *Volkskrant* ernsthaft über die Notwendigkeit eines Nahost-Korrespondenten. Ging das nicht auch von Israel aus? Angst vor dem Islam gab es Ende der neunziger kaum, und der Friedensprozess zwischen Israel und den Palästinensern schien auf eine Lösung zuzustolpern. Wenn dort der Frieden einkehrte, würden die Araber wie die restliche Menschheit auf das Trittbrett der Demokratie aufspringen. »Das Ende der Geschichte«, hieß es damals, und die Meinungsmacher murrten: »Die ganze Welt wird ein einziger McDonald's.«

Dumm gelaufen, aber im damaligen Klima zeigten sich meine Vorgesetzten wenig beeindruckt von meinen kritischen Anmerkungen zur verzerrten Berichterstattung über Araber. In ihrer Hackordnung stand die arabische Welt nun einmal nicht höher als Lateinamerika – ab und zu ein seitengroßer Hintergrundartikel, das reichte dann wieder für eine Weile.

Für mich war das ein Problem. Da sich kaum etwas überprüfen lässt, ist eine Diktatur wie eine Landkarte mit weißen Flecken. In nachrichtenschwachen Zeiten kann man als Korrespondent um diese Flecken drumherumreden und ausschließlich über Ereignisse berichten, über die nachprüfbare Informationen verfügbar sind: Gipfelkonferenzen, diplomatische Erfolge, Bombenanschläge. Aber im Fall von weltbewegenden Nachrichten möchte das Publikum Dinge wissen, die Korrespondenten unmöglich in Erfahrung bringen können. Was tun? Auch die Nachrichtenindustrie lebt vom Wettbewerb, nicht nur zwischen Auslands- und Inlandsnachrichten, sondern auch zwischen den verschiedenen Korrespondenten, die jeweils ihre Region auf der Titelseite sehen möchten oder es auf den Job oder das Reisebudget eines anderen abgesehen haben. Wenn die Redaktion fragt, was bei dir in der Region los ist, machst du dich nicht besonders beliebt mit der Antwort: »Wie soll ich das wissen?« Als Zwischenruf geht das vielleicht, aber jedes Mal? Da könnte doch die Redaktionsleitung bei der nächsten Sparrunde fragen: Wofür bezahlen wir dich eigentlich, wenn du nie was weißt?

Mir wurde dieses Dilemma bewusst, als der syrische Diktator Hafez Al-Assad starb. Plötzlich war Syrien die Topstory und die Tore Damaskus' wurden weit geöffnet. Die weltweite Nachrichtenkarawane setzte sich in Bewegung, und kaum hatte ich die Abfertigungshalle am Flughafen verlassen, musste ich mich an die Arbeit machen. »In Damaskus ist unser Korrespondent Joris Luyendijk eingetroffen. Wie ist die Stimmung, Joris?« Keine Ahnung. Also versteckte ich mich wie meine Kollegen hinter einer Wand aus Fakten: Um so und so viel Uhr die Prozession, da und dort die Beisetzung, Präsident A kommt, Staatschef B nicht, so und so viele Tage Staatstrauer ... Ein paar Mal funktionierte das, aber es war ein langweiliges Programm, das man ebenso gut im Studio hätte abspulen können. Beim Tod eines so lange amtierenden Herrschers wollen die Redaktionen mehr wissen: Wie geht es weiter in Syrien?

Und das war der weiße Fleck. Assads Sohn würde die Nachfolge antreten, so viel war sicher, aber sonst? Wie mir schien, war das Regime nicht gerade darauf erpicht, die Macht mit einer Opposition zu teilen, die es die letzten Jahrzehnte mit eiserner Hand unterdrückt hatte. Damaskus erstarrte unter den Sicherheitsmaßnahmen, Lautsprecherwagen dröhnten den ganzen Tag lang »Blut und Seele opfert das syrische Volk für dich, o Assad«, und an den Schwarzen Brettern auf den Fluren des Informationsministeriums hingen A4-Blätter mit dem Text: »Morgen 7.00 Uhr Sammelpunkt vor dem Haupteingang. Kollektivteilnahme an der Beerdigung unseres Ewigen Führers.« Kein wirklich frischer Wind, und die wenigen Syrer mit denen ich sprach, fürchteten vor allem Chaos – lieber ein neuer starker Mann als gewagte Experimente, hieß es.

Wie es weiterging in Syrien? Der Nachfolger hat immer eine schwächere Position, er hat erst wenige Leute hinter sich. Er wird von den Kräften gestützt, auf die sein Vorgänger sich verlassen hat, aber nur so lange, wie sie in die eigene Tasche wirtschaften können, weshalb ihre Machtposition unangetastet bleiben muss. Keine guten Aussichten auf frischen Wind, und warum auch sollte ein Diktator die Macht freiwillig abgeben? Gesetzt den Fall, dass er die Demokratie einführt: Falls das Projekt scheitert und mit einem Putsch endet, wer wird dann wohl als Erstes samt seiner Familie an die Wand gestellt? Ganz zu schweigen vom Risiko, als Exdiktator vor Gericht gestellt zu werden.

Meiner Meinung nach hätten die Korrespondenten einräumen sollen: Wir wissen nicht, was der neue Staatschef oder was das Volk will. Wir können es gar nicht wissen, denn im Land herrscht Diktatur. Sodann hätten sie erklären sollen, was eine Diktatur ist, mit dem Fazit, dass in Syrien der eine Räuberhauptmann durch den nächsten ersetzt wird.

Aber die extra eingeflogenen Spitzenkorrespondenten von CNN und BBC erzählten etwas anderes, und ich auch. Wir zitierten die in fließendem Englisch formulierenden Regierungssprecher, die das Regime plötzlich aus dem Hut gezaubert hatte und die von »Offenheit«, »Tauwetter« und »Damaszener Frühling« palaverten. Wir berichteten, dass Kritiker wie der bereits erwähnte Abgeordnete Riad Sef sich äußern durften, dass der neue Staatschef »Modernisierungen« angekündigt hatte: Internetcafés, Satellitenschüssel, Mobiltelefone …

So ging es weiter in Syrien, mutmaßten wir, und so kam eine Geschichte zustande, die den Geschichten über die Beerdigung des marokkanischen Königs Hassan und des jordanischen Königs Hussein verblüffend ähnelte: »Seit Jahrzehnten wurde das Land vom Verstorbenen mit harter Hand geführt. Er war ein Staatsoberhaupt vom alten Schlag, stand für Stabilität, aber auch für Stagnation. Jetzt hofft die Bevölkerung auf Reformen durch den Sohn, der einer neuen, stärker am Westen orientierten Generation angehört. Die Frage ist nur: Wie mutig ist der neue Mann, denn es gibt Kräfte, die Neuerungen widerstreben.« Als wäre die Diktatur nur ein kleines Missgeschick, mit dem der Nachfolger im Handumdrehen aufräumen würde, so wie man ein versehentlich installiertes Computerprogramm wieder löscht.

Die Beerdigung, »unter großer Anteilnahme der Bevölkerung, die gekommen war, um ihrem Präsidenten die letzte Ehre zu erweisen«, verlief ohne Zwischenfälle, und am nächsten Tag fiel Syrien in der Nachrichtenhackordnung wieder auf das Niveau von Kolumbien zurück.

Dann kam der 11. September 2001. Auf einmal waren Araber, mit den Worten eines saudischen Kommentators, »Suppe des Tages«, und für Korrespondenten ein Fest. Nicht, dass wir uns die Freude darüber anmerken ließen oder sie uns gegenseitig eingestanden, immerhin hat jede Berufssparte ihre Tabus, und man brauchte auch kein Ethnologe zu sein, um zu kapieren, dass man nicht jubelt, wenn ein Krieg ausbricht oder eine Bombe hochgeht – auch wenn sich die meisten von uns ohne Kriege und Bomben nach einem neuen Job umsehen müssten. Die Anschläge bedeuteten für mich Tausende von Euro an Extraberichten für den Sender. Die Zeitung gab mir ein dickes Reisebudget und viel Platz, an prominenter Stelle und mit hübschen Fotos. Fast hätte ich ein Dankeslied auf bin Laden angestimmt.

Meine Aufregung wich aber bald der Frustration, denn jetzt zahlten die Korrespondenten den Preis für ihre Berichterstattung über die arabische Welt in den zurückliegenden Jahrzehnten. Wie konnte mein Publikum ahnen, dass die arabische Welt aus Diktaturen bestand, und dass in einem solchen System alles anders ist? Sicher, die westlichen Medien hatten die Diktatur »behandelt«, allerdings nur in Beilagen und Dokumentationen. Solche »Hintergrundberichte« suggerieren immer, dass man auch ohne sie auskommt, dass man die arabische Welt ebenso gut versteht, wenn man nur die Nachrichten verfolgt. Aber die Nachrichten handelten immer von der arabischen Liga, gewalttätigen Zwischenfällen oder Fototerminen wie auf dem EU-Afrika-Gipfel.

Die erste große Frage am 12. September war: Wie groß ist der Rückhalt von Al-Qaida in der Bevölkerung? Welche Dimension hat der Feind, und wie viel Angst sollten wir im Westen haben? Bin Laden hatte die Anschläge »im Namen des Islam« verübt. Wenn Hunderte Millionen islamische Araber dahinterstanden, drohte dem Westen ein gigantischer Konflikt.

Tja, in westlichen Ländern konnte man auf Umfrageergebnisse zurückgreifen, Anträge im Parlament mitverfolgen und die Meinungsseiten der Zeitungen lesen. Doch arabische »Parlamente« und »Zeitungen« verdienen diese Namen nicht, und Meinungsumfragen gibt es nicht, oder sie sind unzuverlässig – wer in der Diktatur würde schon einer anonymen Stimme am Telefon seine ehrliche Meinung anvertrauen?

Im Namen wie vieler Muslime bin Laden sprach, war ein weißer Fleck. Bloß konnte ein Korrespondent das schwerlich sagen, also tippte ich genau wie meine Kollegen munter drauf los. Ich erzählte, dass es in Talkshows bei Al-Dschasira verständnisvolle Stimmen für Al-Qaida gebe, dass prominente Araber aus der Unterhaltungsindustrie sich oft sehr missfällig über die USA äußerten und dass dies ihrer Popularität offenbar keinen Abbruch täte. USA-kritische Bühnenstücke seien Dauerbrenner, Protestlieder gegen die amerikanische Politik führten die Charts an, und Filme, in denen der Westen negativ dargestellt wurde, ließen die Kinokassen klingeln.

Es waren reine Mutmaßungen, und je öfter ich nach der Beliebtheit bin Ladens gefragt wurde, desto größer wurde mein Bedürfnis, ehrlich zu antworten, im Radio zu rufen und in der Zeitung zu schreiben: »Ich weiß es nicht. Ich kann es nicht wissen. Hier herrscht eine Diktatur.«

Ich habe es nicht getan. Doch welche Vorteile hätte eine größere Offenheit eingebracht! Statt sich als Arabien-Hellseher auszugeben und die weißen Flecken der Diktatur wegzuzaubern, hätte man als Korrespondent klarstellen können, dass in einem solchen System andere Regeln herrschen. Dass man beim Aufruf einer Menschenrechtlerin zur »Verbrüderung zwischen Ost und West« bedenken sollte, dass sie auf der Gehaltsliste einer westlichen Regierung steht. Dass der arabische Wissenschaftler, der den Fundamentalismus als »größten Feind« bezeichnet, vom Geheimdienst beobachtet wird, falls er nicht gleich für ihn arbeitet.

Mit mehr Aufklärung und Offenheit in Sachen Diktatur hätte ein Korrespondent die fabelhaften O-Töne, die nach dem 11. September aus der arabischen Welt kamen, »dekodieren« können. Das galt auch für die Bilder, zum Beispiel von aufgebrachten Männern, die eine Flagge verbrennen und »*America Satan!*« skandieren. Vor allem nach dem 11. September waren das für die Zuschauer im Westen furchterregende Aufnahmen, erst recht, wenn ihnen nicht die passende Erklärung dazu geliefert wurde: »Leute, bei einer Demo denkt ihr wahrscheinlich an Bürger, die ihre Freiheit dazu nutzen, sich für oder gegen etwas auszusprechen. Aber in der Diktatur ist der ›Volkszorn‹ oft inszeniert oder wenigstens kräftig vom Regime gesteuert. Viele Demonstranten arbeiten für den Geheimdienst oder stehen unter strenger Beobachtung des Sicherheitsapparats. Zudem sollte man nie vergessen, dass arabische Regimes mit solch medienwirksamen Bildern des ›Volkszorns‹ zwei Fliegen mit einer Klappe schlagen. Ihrem Volk gegenüber erwecken sie den Anschein, dass sie nicht von ihrem Kurs abweichen und sich gegen das mächtige Amerika aufzulehnen trauen. Gleichzeitig signalisieren sie den westlichen Regierungen: Dieser erhitzte Pöbel könnte auch hier die Macht ergreifen. Wollt ihr nicht lieber mit *uns* verhandeln?«

Wären die Korrespondenten mit ihren Handicaps offener umgegangen, hätten wir auch eine andere Art von Reportage machen können. Dann hätte man in einem Artikel sagen können: »Ich kann es nicht beweisen, vielleicht ist es auch Blödsinn, aber ich glaube, dass die Staatspropaganda im Unterricht und in den Medien stark auf die einfachen Araber abfärbt, sodass sie den Westen noch mehr fürchten als ihre eigenen Führer. Wenn ich jedenfalls einen Durchschnittsägypter nach der Stellung seines Landes in der Welt frage, kommt meistens etwas wie: ›Wir sind die Wiege der Zivilisation, unsere Soldaten gehören zu den besten der Welt, und der Suezkanal ist die wichtigste Wasserstraße überhaupt. Ägypten hat die Azhar-Moschee und bildet die Brücke zwischen Afrika und Asien, zwischen dem östlichen und dem westlichen Teil der arabischen Welt und des Islam. Wer Ägypten beherrscht, beherrscht die Welt, darum werden immer alle Weltmächte versuchen, uns in die Knie zu zwingen.‹ Im Irak bleiben die Leute auch außer Hörweite ihrer Landsleute bei dieser Leier: ›Wir haben die älteste Zivilisation der Welt, den fruchtbarsten Boden des Nahen Ostens und Unmengen Gas und Öl. Wir sind der Angelpunkt zwischen der türkischen, der persischen und der arabischen Welt. Wer uns kontrolliert, hält die Welt in Händen, deshalb haben sich die Großmächte gegen uns verschworen.‹ Und in Syrien höre ich oft: ›Zu unserem Land gehört eigentlich auch das heutige besetzte Palästina, uns gehörte der Libanon, ein Teil Jordaniens und eine Provinz, die sich die Türkei unter den Nagel gerissen hat. Syrien in seiner wahren Größe ist ein Weltreich, deshalb haben die Großmächte es zerschlagen und versuchen uns zu unterjochen.‹

Die Strophen variieren, aber der Refrain geht in allen arabischen Diktaturen gleich: ALLE SIND GEGEN UNS. Das wird den einfachen Arabern über die Medien und den Schulunterricht eingetrichtert, also sollte man nicht erwarten, dass sie prowestlich eingestellt sind. Vielleicht wollen sie ihre Diktatur loswerden, aber ihnen ist nie etwas anderes vorgebetet worden, als dass jenseits der Grenzen eine noch viel größere Gefahr lauert: der Westen.«

Eine größere Offenheit hätte einen weiteren Vorteil gehabt. Gibt man die Existenz von weißen Flecken zu, so kann man auch erläutern, wie man sich behilft, mit welchem Kompass man über die Landkarte der Diktatur navigiert. Ich hätte gerne offen von meinen eigenen Vorurteilen erzählt, oder vornehmer ausgedrückt: von meiner Perspektive. Die hatte ich in dem Jahr als Student in Ägypten entwickelt, als ich meine Altersgenossen mehr oder weniger beiläufig dazu befragt hatte, ob sie den Islam für vereinbar mit Demokratie und Menschenrechten hielten. Die Antworten gingen in alle Richtungen: Geht nicht zusammen, denn der Islam ist östlich, Demokratie westlich. Geht doch zusammen, denn der Islam ist die höchste Form der Demokratie. Geht nicht zusammen, denn ihr habt eure Menschenrechte, wir die unseren. Geht doch zusammen, denn Islam ist ein anderes Wort für Demokratie und Menschenrechte.

Jeder hatte seine eigene Interpretation und konnte sie mit

einer bunten Mischung aus Koranversen, Sprüchen des Propheten und Beispielen aus der Geschichte untermauern. Wer hatte recht? Bei den Kulturanthropologen an der Uni gab es damals die Höchstnote für die Antwort: keiner. Wenn man nicht glaubte, dass eine dieser Interpretationen den Willen Gottes verkörperte (aber wie wollte man das bei Gott überprüfen?), musste man konstatieren, dass es »den Islam« nicht gab. Es gab nur Interpretationen, und die Frage war, wer mächtig genug war, den anderen seine Interpretation als die einzig wahre Lehre aufzuerlegen. Als Korrespondent hatte ich die kulturanthropologische Brille aufbehalten und wurde – rein zufällig – auch jedes Mal darin bestätigt, dass Muslime ihre Religion unterschiedlich auslegen. Keine Ahnung, was ich alles aufgetan hätte, wenn ich davon ausgegangen wäre, der Islam sei grundsätzlich friedfertig – oder eben grundsätzlich intolerant.

•

Hinterher ist man immer klüger, aber zurückblickend finde ich, dass die führenden westlichen Medien die Nachbereitung des 11. September nicht gut gemacht haben. Wir haben es nicht nur verpasst, ehrlich zu sagen, dass niemand wissen konnte, ob bin Laden Rückhalt unter den normalen Muslimen hatte. Die Berichterstattung scheiterte auch an der zweiten große Frage, die sich nach den Anschlägen stellte: Warum hassen sie uns?

Das Wort »hassen« ist eigentlich an sich schon das Problem. Die westlichen Medien führten die Auseinandersetzung *mit* Al-Qaida wie einen Kampf *gegen* Al-Qaida, wie in einem Hollywoodfilm mit einem Helden und einem Schurken. Mit dem Helden kann man sich identifizieren, von ihm erfährt man, wer er ist, wovon er träumt und wovor er sich fürchtet. Der Schurke ist absolut böse, von ihm erfährt man allein etwas über seine bösen Absichten: Macht, Rache, Geld. Nur, warum er diese bösen Absichten hegt ... Der Schurke steht im Weg, und schon hat man ein Happyend, wenn der Held den Schurken tötet. Denn ein Schurke hat keine Motive, Träume oder Zweifel, eigentlich ist er gar kein Mensch, und die Fundamentalisten schienen in den großen westlichen Medien häufig eine ähnliche Rolle zu spielen: Sie hassen uns, also müssen wir sie aus dem Weg räumen. Wie kriegen wir das hin? Schalten sie heute Abend *Inside the Middle East* ein, hier auf CNN.

Die Berichterstattung im Westen über Al-Qaida war in den Monaten nach dem 11. September einseitig, was im Nachhinein verständlich erscheint. Wer hätte denn die Motive des Schurken begreiflich machen sollen? Palästinensische und algerische Terroristen zum Beispiel hatten für das westliche Publikum immer Erklärungen über die von ihnen verübten Massaker abgegeben – von den Palästinensern ist sogar bekannt, dass sie ihre Entführungen und Anschläge zeitlich auf die Abendnachrichten im US-Fernsehen abstimmten, um sich die Topstory zu sichern. Diese Terrororganisationen hatten auch Sympathisanten im Westen und verfügten über einen »politischen Flügel«, der in den Medien Forderungen erläutern, Missverständnisse ausräumen und Diskussionen führen konnte.

Bin Laden jedoch hielt seine Videoansprachen auf Arabisch, gespickt mit fürs westliche Publikum unverständlichen Anspielungen auf die islamische Geschichte und karikaturhaften Metaphern von »zionistischen Kreuzfahrern«. Al-Qaida hat keinen politischen Flügel, und hätte es einen gegeben, so hätte man ihn im Klima der Angst und der Wut nach dem 11. September wahrscheinlich auch nicht zu Wort kommen lassen. Vielmehr werden Al-Qaida-Sympathisanten nach den neuesten Terrorgesetzen in den meisten westlichen Ländern sofort verhaftet.

Das leuchtete ein, Terroristen gibt man schließlich keine

Bühne. Die Folge allerdings war, dass Al-Qaida in der westlichen Öffentlichkeit nicht mitredete und bin Laden dort fast ausschließlich von seinen Gegnern gedeutet und analysiert wurde: von westlichen und israelischen Experten und antifundamentalistischen Arabern und Muslimen. Alle lenkten die Aufmerksamkeit auf zwei Aspekte: bin Laden als islamische Hitler-Variante und bin Laden als eine Art von Extremist, der ähnlich wie Tierschutzaktivisten oder Abtreibungsgegner sagt: Meine Wahrheit ist die *einzige* Wahrheit, und die darf ich anderen mit Gewalt aufzwingen.

Bin Ladens Geschichte hatte aber noch eine dritte Dimension, der die westlichen Medien kaum Aufmerksamkeit schenkten. Seit Jahrzehnten werden die wichtigsten arabischen Diktaturen – vor allem Saudi-Arabien und die Golfstaaten, Ägypten, Jordanien, Tunesien und Algerien – von westlichen Regierungen mit Geld, Waffen und Geheimdienstinformationen gestützt. In jedem seiner Videos nahm bin Laden Bezug auf die Einmischung durch den Westen, seine Botschaft lässt sich in zwei Worten zusammenfassen: Haut ab!

Es gibt auch eine längere Fassung, und die geht etwa so: Wir Muslime sind arm und schwach, weil wir von Diktatoren unterdrückt und ausgebeutet werden. Ihr im Westen unterstützt sie. Wenn wir euch angreifen, treiben wir einen Keil zwischen euch und die Diktatoren. Auf jeden Fall machen wir die einfachen Muslime darauf aufmerksam, dass ihre Unterdrücker Hilfe aus dem Westen erhalten. Dann werden die Diktatoren gestürzt, und wir können den Wiederaufbau unserer Region in Angriff nehmen.

Wortführer im Westen nennen die Anschläge vom 11. September oft »einen Frontalangriff auf die westliche Zivilisation«. Wer sich bin Ladens Geschichte jedoch genauer ansieht, erkennt, dass er sein Programm als Selbstverteidigung präsentiert. Zwar hatte es den Westen – oder besser: die USA – erwischt, Al-Qaidas Pfeile aber zielen auf das saudische

Königshaus, das Regime in Kairo und die anderen arabischen Diktatoren. Bin Laden zufolge befindet sich die islamische Welt in einem Bürgerkrieg, die USA stehen in diesem Krieg auf der Seite der Feinde, und deshalb hat Amerika einen Schlag einstecken müssen. Aber Al-Qaida will nicht die Herrschaft über New York oder London. Das Ziel ist Mekka.

Dieser Teil von bin Ladens Botschaft ging im westlichen Nachrichtenfluss unter, und so erfuhren nur wenige im Westen alle Motive ihres Feindes. Es kam keine Debatte über die Unterstützung von Diktatoren in Gang, stattdessen rief die Politprominenz die Muslime in der islamischen Welt dazu auf, mit »der Diskussion über ihren Glauben« zu beginnen. Doch ein Muslim, der in einem Schlüsselland wie Ägypten oder Saudi-Arabien eine Debatte über die Auslegung des Islam anfängt, wandert auf direktem Wege ins Gefängnis, denn Reden über den Glauben ist Reden über Politik. Und im Gefängnis wird der Muslim von jemandem gefoltert, der dazu von der CIA ausgebildet wurde.

•

Hinterher hat man leicht reden, also kann ich jetzt auch genau benennen, was ich selbst anders gemacht hätte. Denn während Al-Qaida einseitig in den Fokus der Medien rückte, gab es eine Gruppierung, die in der Zeit nach dem 11. September nahezu unsichtbar blieb: der friedliche Zweig des politischen Islam, das heißt all jene Muslime, die sagen, dass sie ihre konservativen oder fundamentalistischen Auslegungen des Islam gewaltfrei verbreiten wollen. Diese friedfertigen Fundamentalisten waren ein weißer Fleck. Nicht nur vermochte niemand zu sagen, wie viele sie eigentlich waren, man konnte nicht einmal wissen, *was* sie eigentlich waren, was ihr Programm wirklich beinhaltete.

Wie bei Kommunisten, Zionisten oder Katholiken trifft

man auch unter Fundamentalisten auf enorme Unterschiede, gegenseitige Konflikte und breit gefächerte Meinungen und Auslegungen. Der Unterschied ist nur, dass Fundamentalisten nicht frei diskutieren können. Ihre Bücher werden verboten, ihre Websites aus dem Netz verbannt und ihre Anführer verfolgt oder ermordet. Es gibt keine Internationale Liga der Fundamentalisten oder so was ähnliches, wo – wie im Vatikan oder beim Zionistischen Weltkongress – Resolutionen eingereicht und verbindliche Ergebnisse formuliert werden. An wen sollte ich mich wenden, um zu erfahren, was die friedlichen Fundamentalisten wirklich wollten? Wenn man im Westen ein Interview mit dem Vertreter einer religiösen oder politischen Organisation führt, lassen seine Antworten Rückschlüsse auf die Haltung der Basis zu. Wenn der Vertreter von diesem Kurs abweicht, wird er zur Rechenschaft gezogen: Wie konnten Sie diesem Journalisten nur erklären, dass der 11. September der verdiente Lohn für die amerikanische Einmischung in der Region sei, wo Sie die Anschläge noch vor einem Monat auf dem Kongress als Angriff auf die Menschheit verurteilt haben? Und dann muss der Vertreter sich verantworten oder seinen Hut nehmen. So funktioniert die Macht in der Demokratie, und so bekommt man nach ein paar solcher Interviews einen ziemlich guten Einblick in das Programm der Gruppierungen, in deren Namen solche Vertreter sprechen. In der Diktatur aber sprechen die Menschen nur für sich selbst.

Nirgends machte sich dieses Problem auf so bedrückende Weise bemerkbar wie bei der halb im Untergrund operierenden Muslimbruderschaft. Es handelt sich dabei um die weltweit größte fundamentalistische Bewegung mit Ablegern in der gesamten arabischen Welt. Ihre Mitglieder sind keine bärtigen Abenteurer, die auf grobkörnigen Videos aufgeregt Drohungen gegen den Westen ausstoßen oder eine Geisel niedermetzeln, sondern Ärzte, Ingenieure, Wissenschaftler und Anwälte. Sie geben sich als friedfertig aus, haben allerdings in der Vergangenheit auch Gewalttaten begangen und Abspaltungen wie Hamas, die algerische GIA und Al-Qaida hervorgebracht. Die Muslimbrüder halten dagegen, dass die europäischen Sozialdemokraten auch nicht verboten werden, bloß weil extremistische linke Splittergruppen Anschläge verüben. Andererseits hört man von prominenten Mitgliedern innerhalb der Bruderschaft regelmäßig undemokratische oder antisemitische Äußerungen. In Stellungnahmen wird später alles widerrufen, dementiert oder differenziert, dann wird der Widerruf wieder dementiert oder differenziert, und so bleibt ihr wahres Programm ein weißer Fleck.

Was tun? Im Nachhinein denke ich, die Korrespondenten hätten auch hier ihre Unwissenheit zugeben müssen. Ich hätte dann gesagt: »Es ist schwer einzuschätzen, was der friedliche Zweig des ›politischen Islam‹ wirklich vorhat. Ich habe nur mit ein paar Dutzend seiner Vertreter eingehender sprechen können. Lauter nette Menschen, die von sich sagen, dass sie ihre Ideale gewaltlos umsetzen wollen, darum auch ihr Engagement im Nachhilfeinstitut, Krankenhaus oder in der Rechtsberatungsstelle. Vielleicht haben mich all diese friedlichen Fundamentalisten auf den Arm genommen, aber ich glaube nicht, dass diese Menschen jeden Morgen mit dem Gedanken aufwachen: Wie können wir den Westen vernichten? Sondern sie werden mit der Frage wach: Wie können wir verhindern, dass der Westen *uns* vernichtet? Wir im Westen halten uns für ›Entwicklungshelfer‹ und ›Aufklärer‹, doch sie sehen eine fremde Macht, die durch *donor darlings* und politischen Druck hinter den Kulissen versucht, alles zu verändern: ihren Glauben, die Umgangsformen zwischen Männern und Frauen, zwischen Heterosexuellen und Homosexuellen, zwischen Jung und Alt. Die Anhänger des politischen Islam fühlen sich durch diese Einmischung bedroht«, würde ich schließen. »Sie wollen ihre eigene Zukunft gestalten, aber das macht sie nicht gleich zu Terroristen.«

Vielleicht hätten Korrespondenten die »friedlichen Fundamentalisten« auf diese Weise in der Presseöffentlichkeit »sichtbar« machen sollen, stattdessen blieb die Berichterstattung Stückwerk. Wir wussten einfach nicht, mit wem wir es zu tun hatten, welchen Stellenwert wir ihnen beimessen sollten. Ein letztes Beispiel dafür, wie sich das in der Berichterstattung auswirkte.

Nach den Anschlägen vom 11. September führte das ägyptische Regime eine Reihe von Schauprozessen gegen Mitglieder der Muslimbruderschaft. Ein Schauprozess ist per Definition öffentlich, also saß ich eines Tages im Militärgericht an der Straße zum Suezkanal neben einem Käfig mit 78 Männern.

Das Ganze erinnerte an einen Zoo, nur dass hier die Menschen hinter Gittern saßen und die Tauben durch Löcher im Dach ein- und ausflogen, gurrend und kackend. Draußen rühmten Schilder die Größe der ägyptischen Streitkräfte, drinnen herrschte Chaos. Frauen hoben Säuglinge hoch, todunglückliche Teenager-Mädchen stellten sich auf die Zehenspitzen, winkten oder steckten Lebensmittel durch die Gitterstäbe. Die Männer wurden bereits seit Monaten ohne Kontakt zur Außenwelt festgehalten, ihre Familien wussten, dass sie sie im Fall einer Verurteilung nur noch alle sechs Monate für drei Minuten sehen würden. Ich notierte das in meinem Notizbuch, denn es war ein »vielsagendes Detail«: alle sechs Monate drei Minuten.

Die Anklage lautete »versuchter Umsturz«, und an diesem Tag sollte der Militärrichter über die Zulassung der Beweismittel entscheiden. Der Ankläger präsentierte den ersten Beweis, die Zuschauer auf der Tribüne skandierten: »Ablehnen! Ablehnen!« Der Richter betrachtete den Baseballschläger, übergab ihn einem Gerichtsdiener und verkündete: »Nicht zugelassen.« Die Anwesenden beklatschten die Entscheidung, diesen Beweis – die einzige aufgefundene Waffe – nicht zu berücksichtigen. *»Allahu akbar«*, klang es aus dem Käfig, und einer der Beschuldigten rief: »Hochwürden! Ich bin 55, ich bin viel zu alt für einen Staatsstreich. Ich bin Opa!« Grinsen bei den Anwälten und einigen Beschuldigten. Zweiter Beweis: Bücher, die an jeder Straßenecke erhältlich waren, und Pappkartons voller Bücher über Technologie und Luftfahrttechnik. Der Richter verkündete mit lauter Stimme: »Nicht zugelassen«, und von Neuem brandete der Beifall auf.

Dann war die Verteidigung an der Reihe, und sie hatte leichtes Spiel nachzuweisen, dass der »Kronzeuge« eine andere Person war, als sie zu sein vorgab, und dass die Polizei in ein anderes Haus eingedrungen war, als behauptet. Die Krönung war das Tonband, auf dem die Beschuldigten angeblich über ihre umstürzlerischen Pläne sprachen. Es war nur Rauschen darauf. Für einen kurzen Moment herrschte in der Kaserne eine geradezu ausgelassene Stimmung. Was bezweckte das Regime?

Die Antwort folgte einige Monate später, als der Richter allen Beschuldigten jahrelange Zwangsarbeit aufbrummte. Die Verurteilten konnten nicht in Berufung gehen, und der Mann war natürlich kein »Richter«. Sein Urteil hatte von vornherein festgestanden, wie das Ergebnis arabischer Wahlen.

So funktionierten die Schauprozesse, und wären Menschenrechtler oder andere *donor darlings* in diesen Käfig gesperrt worden, hätten die westlichen Medien und Politiker Zeter und Mordio geschrien. Aber das waren »Fundamentalisten«, die mit Al-Qaida in einen Topf geschmissen wurden, also sollte das Regime mit ihnen machen, was es wollte. In Wirklichkeit wurden Dutzende Morde verübt, denn für ältere Verurteilte bedeutet Zwangsarbeit in der Hitze Ägyptens den sicheren Tod. Allein in Ägypten sind mindestens 10.000 Menschen nach solchen Schauprozessen ins Gefängnis geworfen worden, und kein Hahn kräht danach. Unterdessen kassiert das ägyptische Regime jedes Jahr zwei Milliarden Dollar an Waffen- und Finanzhilfe von den USA.

Wenn ich die arabische Welt in einem einzigen Bild ausdrücken sollte, würde ich mich für diesen Schauprozess entscheiden: Regimes, die mal mehr, mal weniger heimlich jede Opposition mit dem Argument: »Terroristen!« beseitigen. Der Westen schaut zu oder hilft, wenn nötig, ein wenig nach. Unklar bleibt dabei, ob diese Opposition nun die islamische Variante des Faschismus oder der Christdemokratie ist.

In der Diktatur ist die Wahrheit verschüttgegangen, das macht dieses System so zäh. Doch es gab noch mehr Dinge, die den Nahen Osten undurchschaubar machten. Das sollte ich aber erst im Libanon und im Heiligen Land erfahren.

Teil II

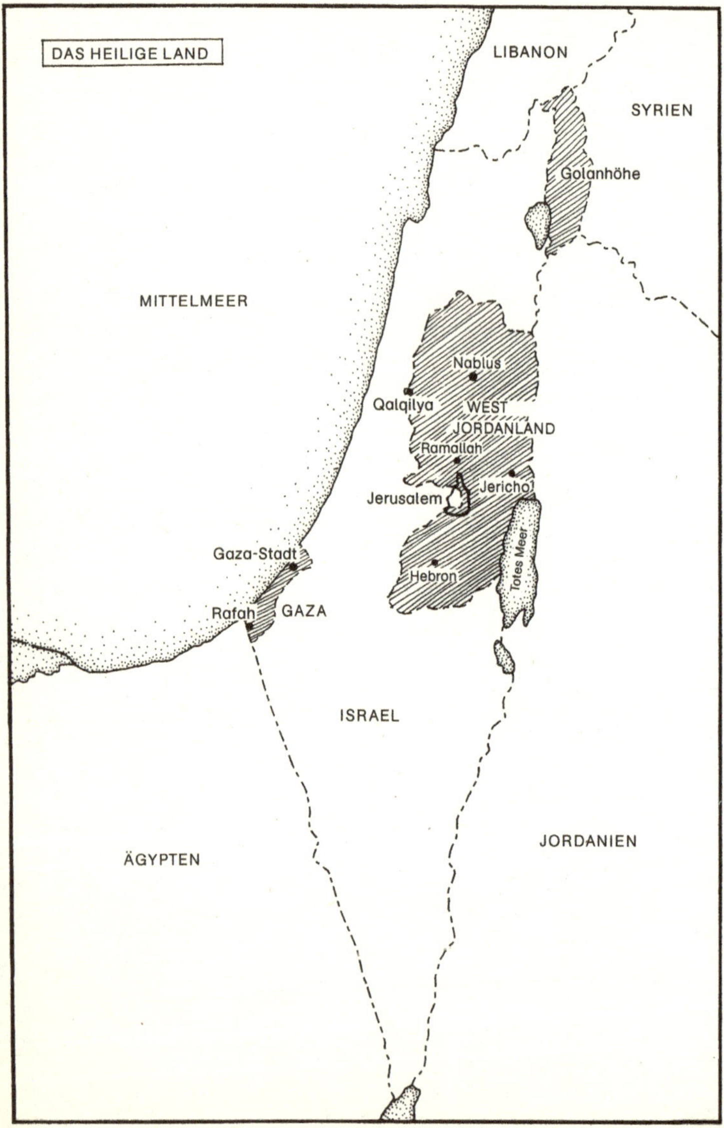
DAS HEILIGE LAND
LIBANON
SYRIEN
Golanhöhe
MITTELMEER
Nablus
Qalqilya
WEST
JORDANLAND
Ramallah
Jericho
Jerusalem
Gaza-Stadt
Hebron
Totes Meer
Rafah
GAZA
ISRAEL
JORDANIEN
ÄGYPTEN

Eine neue Welt

In einem Buch erzählt man große Geschichten der Reihe nach, im Leben laufen sie oft durcheinander. Deshalb muss ich einen Sprung zurück in die Zeit machen, als sich mein Korrespondentenleben ein knappes Jahr vor den Anschlägen vom 11. September tiefgreifend änderte.

Ich wechselte zu der Tageszeitung *NRC Handelsblad*, wo ich mich mehr auf Hintergründe konzentrieren konnte. Gleichzeitig fing ich beim NOS Journaal an, wodurch ich das Medium Fernsehen nun auch von innen mitbekam. Und ich traf die Entscheidung umzuziehen. Ich hatte die Umweltverschmutzung und das Dritte-Welt-Chaos von Kairo satt und hatte gerade ein paar unangenehme Erfahrungen machen müssen.

Über den niederländischen Bekannten eines Häftlings hatte ich mich in einem ägyptisches Gefängnis umsehen können, und mir war sterbenselend, als ich wieder herauskam. In der Gluthitze mit zwanzig Mann in einer Zelle von 15 Quadratmetern, verkrüppelte Füße vom erzwungenen Stehen, Infektionen und Hautgeschwüre, da die Toilette mitten in der Zelle stand ... Auf einmal reichte es mir mit der Herzlosigkeit, mit der manche Ägypter miteinander umgehen. Ich platzte förmlich vor Wut, als ein Taxifahrer einem Krankenwagen mit Blaulicht die Durchfahrt blockierte, und bei einem Zoobesuch einige Wochen später stand fest, dass ich eine Trennung auf Probe von Kairo wollte. Verkümmerte Tiere in rostigen Käfigen, verweste Grünanlagen und überall Müll. Am schlimmsten aber waren die Besucher. Sie schrien so lange wie die Wilden herum, bis ein Affe in erbärmliche Panik ausbrach. Die Elefanten wurden mit Steinen beworfen, eine Giraffe mit Plastik gefüttert. Ich war zusammen mit einer niederländischen Freundin da, und ständig wurden wir von kleinen Jungs mit Steinchen beworfen – offenbar fielen wir in ihren Augen auch in die Kategorie Zootiere. Wie es eben so geht, die Jungs stachelten sich gegenseitig an, bis einer den Mut hatte, zu uns herüberzurennen: *»Fuckyouwoman!«* Daraufhin brannte bei mir die Sicherung durch, und als ich wieder zu mir kam, lag der Junge am Boden. Zoobesucher kamen herbeigeeilt, ich fing schon an, mich zu entschuldigen. Doch alle reagierten mit Verständnis, der Junge bat um Verzeihung. Bisher hatte ich mich solchen Rotzbengeln gegenüber zusammengenommen, aber nie war mir so viel Respekt entgegengebracht worden wie jetzt, wo ich mit Gewalt die Grenzen aufzeigte. Nichts wie weg hier, beschloss ich in dem Moment.

Ein Blick auf die Landkarte, und ich dachte: Warum nicht Libanon? In den Reiseführerklischees war das die Schweiz des Nahen Ostens, mit schneebedeckten Berggipfeln und einer gebildeten und kosmopolitischen Bevölkerung. Auf zum Libanon also, und ich war kaum umgezogen, da änderte sich noch mehr. Der Friedensprozess zwischen Israel und den Palästinensern hatte sich in einem neuerlichen bewaffneten Konflikt, der zweiten Intifada, festgefahren. Bis dahin hatten meine Kollegen in Tel Aviv und Jerusalem sowohl über die Israelis als auch die Palästinenser berichtet. Aber als die Gewalt eskalierte, wurde ich mobilisiert.

So bekam ich neben der arabischen Welt noch eine große Geschichte, und was für eine. Wegen der Anschläge vom 11. September war die arabische Welt für die Europäer zwar näher herangerückt, doch wie ein niederländischer Diplomat bemerkte: »Araber und Palästinenser sind immer noch eine auswärtige Angelegenheit, Israel eine innere.«

Ich traf den Diplomaten auf einem Empfang der niederländischen Botschaft in Tel Aviv am *Koninginnedag*. Es war mein erster Empfang dieser Art hier, in Kairo und Beirut hatte ich schon vier erlebt. Wenn dort die Nationalhymne erklang, alberten alle typisch holländisch herum. In Tel Aviv war das genauso, aber als dann die israelische Hymne gespielt wurde, stimmten alle Anwesenden aus voller Brust mit ein. Das war beides neu – nüchterne Niederländer, die mit Tränen in den Augen eine Nationalhymne anstimmen, und eine niederländische Botschaft, die die Hymne des Gastlandes spielt. Später am Abend erzählte mir einer der Gäste, dass er dabei sei, Apartments in Tel Aviv für niederländische Juden anzukaufen, die Amsterdam wegen der marokkanischen Jugendbanden langsam zu unsicher fänden. Ein anderer erzählte, dass er niederländischen Juden Wohnungen in Amsterdam vermittele, weil sie Tel Aviv wegen der ganzen palästinensischen Anschläge langsam zu unsicher fänden.

Auch an den Reaktionen aus der Heimat merkte ich, dass meine Landsleute viel mehr emotionales Kapital in Israel und die Palästinenser investierten als in Araber. Ich bekam ganz selten Leserbriefe zu meinen Artikeln über die arabische Welt. Vereinzelt kritisierte jemand mit einem arabischen Nachnamen die einseitige Darstellung seiner Herkunftsregion, und ab und an versuchte eine arabische Botschaft eine Menschenrechtsverletzung wegzuwischen. Ansonsten blieb es aber ruhig, und wenn mal Briefe kamen, waren sie zum Lachen. Für die Reisebeilage hatte ich, wie das Volk Israel in der Bibel, einen Fußmarsch durch die Wüste Sinai unternommen. Die Juden waren damals jahrelang umhergeirrt, und ich nur drei Tage, aber ebenso wenig wie sie konnte ich mich waschen. Das schrieb ich dann, worauf ein bibelfester Briefschreiber anmerkte, das Volk Israel habe nie und nimmer stinken können, in der Bibel stehe schließlich, dass es sehr reinlich war. Solche Briefe wurden gerahmt, über seltene Abokündigungen setzte ich mich lachend hinweg: »Lassen Sie mich in Ruhe mit Ihren Geschichten! Ihre Zeitung können Sie behalten!«

Aber bei Israel und den Palästinensern verging mir das Lachen schon bald. Gleich die ersten Artikel und Fernsehinterviews lösten eine nicht enden wollende Flut aus. Faxe mit Hakenkreuzen, Drohungen, Verdächtigungen. Wenn mir in Bezug auf die arabische Welt ein faktischer Fehler unterlief, waren solche Leserbriefe an die Redaktionsleitung eher die Ausnahme: »Ihr Korrespondent hat die Fakten falsch dargestellt.« Im Fall falscher Fakten in Bezug auf Israel kamen gleich fünf Briefe: »Ihr Korrespondent ist ein Antisemit.« Einmal ging ich ans Telefon und jemand sagte: »Du bist tot!« Sogar mein Kollege in Tel Aviv wurde von einem Israeli, der holländisch konnte, angeschnauzt: »Wir machen dich kalt, wenn der Luyendijk nicht aufhört!«

Es war eine neue Welt, nicht nur weil sie in der Heimat mehr Beachtung fand. Ich hatte in einem Artikel einmal vom »Medienkrieg« gesprochen. Aber erst mit Israel und den Palästinensern begann ich zu verstehen, was das Wort eigentlich bedeutet. In einem Medienkrieg ist alles anders, das bekam ich gleich auf meiner ersten Reise zu spüren.

Die zweite Intifada war gerade zwei Wochen alt. Anfangs gab es vor allem auf palästinensischer Seite Tote, aber dann wurden in Ramallah zwei israelische Reservisten gelyncht, in Gegenwart mehrerer Kamerateams, die sich zufällig in der Stadt aufhielten. Am selben Abend flog Israel zum ersten Mal seit 1967 Luftangriffe auf palästinensische Städte – für die Weltpresse das Signal, um massenhaft im Heiligen Land einzufallen, und für *NRC* und NOS das Signal, um mich loszuschicken.

Da lief ich nun mit großen Augen durch das in Windeseile errichtete, aber exzellent ausgestattete Pressezentrum im Fünfsterne-Isrotel im israelischen Teil Jerusalems. Bei der Hisbollah und den arabischen Diktaturen hatte ich schon einige Pressezentren gesehen, aber das hier übertraf alles. Während ich die Qual der Wahl zwischen gratis Kaffee, acht Teesorten, drei verschiedenen Fruchtsäften und Bergen von belegten Brötchen hatte, verteilten junge israelische Männer und Frauen in olivgrüner Uniform Handzettel mit fabelhaften Zitaten. Effizient, freundlich und in fließendem Englisch wiesen sie auf die anstehende Pressekonferenz hin und auf ein späteres Briefing durch einen Verteidigungsexperten.

Was für eine Professionalität. Bilder von der Lynchung, eine Wegbeschreibung zum Grab der Reservisten ... Routiniert wurden die Medienanstalten aus aller Welt mit allem Nötigen versorgt, und mehr noch: rechtefreie Archivbilder von israelischen Soldaten, die Palästinensern Erste Hilfe leisten, Telefonnummern von Pressesprechern, die den Regierungsstandpunkt in allen wichtigen Fremdsprachen in jeder gewünschten Länge darlegen konnten, Informationsmappen, Ausdrucke von Websites und stapelweise Broschüren: »Die Wurzeln des Konflikts: Terror oder Besatzung?«

Überall liefen Kollegen herum, die das alles vollkommen normal zu finden schienen, während sie mit dem Mobiltelefon am Ohr das Was, Wo und Wann klärten. Die Jerusalem Capital Studios mit der Satellitenverbindung, die von den Korrespondenten für Liveschaltungen genutzt wurde, lagen direkt neben dem Hotel. Das traf sich gut, denn von vielen Reportern wurde noch am selben Abend ein Schaltgespräch erwartet, auch wenn sie kaum einen Fuß auf israelischen Boden gesetzt hatten, geschweige denn auf palästinensischen.

Im Isrotel ist es mir wie Schuppen von den Augen gefallen, und ich sollte noch oft daran zurückdenken. Wo war ich hier nur gelandet? Die Intifada eskalierte, ich pendelte zwischen dem Libanon und dem Heiligen Land und kam aus dem Staunen gar nicht mehr heraus. Den Korrespondenten wurde ein Stapel »hoffnungsvoller Geschichten« serviert, von A bis Z vorgekaut: Jüdische, christliche und islamische Kinder vereint auf einer Schule, solidarische Olivenernte mit Israelis und Palästinensern, gemeinsames Musizieren ... Es reichte ein Anruf bei den palästinensischen oder israelischen Organisatoren dieser hoffnungsvollen Projekte, und schon konnte man wunderbare O-Töne, nachprüfbare Informationen und vielsagende Details eintüten, im wahrsten Sinne des Wortes.

Einmal meldete sich das israelische Government Press Office: »Wir hätten da ein Exklusivinterview für Sie mit einer niederländischsprachigen Jüdin, die freiwillig in die Armee eingetreten ist, weil sie erkannt hat, dass Israel in Gefahr ist. Dann hätten wir einen englisch sprechenden Terrorexperten, der erläutern kann, worin die Gefahr genau besteht, und einen Siedler, dessen Sohn bei einem Anschlag umgekommen ist.« Ein amerikanischer Kollege erzählte, dass die Reporter seines Senders immer nur für wenige Wochen eingeflogen würden. »Die müssen liefern, liefern, liefern. Wenn dann jemand mit einem vorgefertigten Skript kommt, greifen die zu.« Daran musste ich denken, als ich im Fernsehen einen Siedler herzzerreißend weinen sah: Wie viele Kamerateams er wohl schon an das Grab seines Sohnes geführt hatte? Und wie läuft so etwas? »Hier spricht das Government Press Office, wir möchten Ihnen unsere aufrichtige Anteilnahme am Tod ihres Kindes versichern. Wir haben hier drei Journalisten – es ist Ihre patriotische Pflicht, mit denen über Ihren Verlust zu reden«?

In Gaza besichtigte ich ein sechsstöckiges Haus, das gerade von Israel zerbombt worden war. Ich sprach mit Anwohnern und Hinterbliebenen und suchte nach Bildern, die Klischees wie »Verzweiflung« und »Entsetzen« illustrierten. Eine Frau erzählte, ihr fiele immer wieder ein, dass sie die Waschmaschine noch reparieren lassen müsse. »Aber dann wird mir klar: Die ist unter dem Schutt begraben. Genau wie mein Mann.« Bingo! Ein genialer O-Ton. Ich wollte gerade gehen, da sah ich noch, wie jemand für die anrückenden Kamerateams nagelneue Babyklamotten im Schutt verteilte.

Alle paar Tage erlebte ich so etwas, aber am meisten überraschte mich die Offenheit, mit der in Israel über die Manipulation der Medien gesprochen wurde. Darüber, dass die israelische Regierung nach einem Anschlag mit vielen zivilen Toten künftig immer 24 Stunden mit Vergeltungsaktionen warten würde. Erst sollte die Weltöffentlichkeit das israelische Leid würdigen, sobald Israel zurückschlug, würde *das* die Schlagzeilen beherrschen. Das Hassadah-Krankenhaus in Jerusalem ließ irgendwann Kamerateams zu den Terroropfern, um – in den Worten eines israelischen Pressesprechers – »möglichst viel Blut, Schmerz und Tränen zu zeigen«. Nach einem besonders schweren palästinensischen Anschlag wurden einmal die sterblichen Überreste der Opfer mit einiger Verzögerung abtransportiert, da der Premierminister seine Erklärung vor einer Kulisse mit achtzehn Leichensäcken und einem ausgebrannten Bus abgeben wollte. Ein israelischer Minister lobte aus vollem Herzen die Kamerateams, die unmittelbar nach den Anschlägen vom 11. September ein paar jubelnde Palästinenser gefilmt hatten. In Nahaufnahme schienen es ganz viele zu sein, und die Bilder waren in den USA ständig wiederholt worden. Das israelische Government Press Office meldete stolz, dass es CNN zu einer Serie über Opfer von Terrorakten gezwungen hatte – als Wiedergutmachung dafür, dass der Sender nach einem Anschlag ein Interview mit den Hinterbliebenen des Täters gemacht hatte. Ein jüdisch-amerikanischer Geschäftsmann brüstete sich in den israelischen Medien damit, dass er den kritischen Korrespondenten der

Miami Herald abgesägt hatte, indem er drohte, seine Werbeanzeigen zurückzuziehen.

•

Bevor ich Korrespondent wurde, dachte ich immer: Es gibt die Wirklichkeit, und es gibt die Berichterstattung darüber. Ein Journalist war für mich eine *fly on the wall*, ein unsichtbares Mikro, das lediglich aufzeichnete, was vor sich ging, so wie ein Fußballreporter irgendwo im Stadion und für die Spieler unsichtbar den Spielverlauf verfolgt. Doch Fußball mag zwar Krieg sein, Krieg ist aber kein Fußball, weder in Israel noch bei den Palästinensern. Die Medien wurden durch die Konfliktparteien ständig manipuliert und beeinflusst.

Für mich war es eine neue Welt, in die mich Kollegen einweihten. Ich war überzeugt, ein Medienkrieg sei ein Krieg, der in den Medien viel Beachtung fand. Es war aber viel tiefgreifender. Vergleich die zweite Intifada doch mal mit dem Grenzkrieg, der momentan zwischen Äthiopien und Eritrea wütet, sagten Kollegen. Das ist ein klassischer Konflikt. Zwei Seiten bekämpfen sich mit allen zur Verfügung stehenden militärischen Mitteln, der Stärkste gewinnt, und darüber berichten die Medien. Der Konflikt zwischen Israel und den Palästinensern aber funktioniert ganz anders. Wenn die sich mit allen Mitteln bekämpfen würden, wäre die Sache schnell entschieden. Israel mit seinen Atomwaffen, »intelligenten« Bomben, hoch entwickelten Panzern, Kampfjets, Hubschraubern, Schlachtschiffen, Spionagesatelliten und U-Booten ist haushoch überlegen. Binnen 24 Stunden könnten sie alle Palästinenser in die Flucht jagen – und bei Bedarf die Nachbarn gleich mit. In den israelischen Medien wird regelmäßig dafür plädiert. Trotzdem kommt es nicht dazu, was mit der enormen Medienaufmerksamkeit für diese Region und mit dem Interesse der Weltöffentlichkeit zu tun hat. Die öffentliche Meinung wiederum wird maßgeblich durch die Bilder geprägt, die die Menschen in den Medien zu sehen bekommen.

Hello everybody! Im Heiligen Land waren Zeitungsseiten und Fernsehbildschirme keineswegs nur Fenster, die einen Blick auf das Geschehen boten. Sie waren selbst Bühnen, auf denen der Konflikt ausgetragen wurde. Ein israelischer Presseamtsleiter hat das mal so ausgedrückt: »Es geht nicht darum, was passiert ist, es geht darum, wie es auf CNN rüberkommt.«

Das Gesetz der Schere

Am Anfang hatte ich im Heiligen Land oft das Gefühl, als Korrespondent bei null anzufangen, schon weil ich kaum Ahnung vom Fernsehen hatte und der Medienkrieg in erster Linie dort tobte – als Krieg der Bilder.

Welche Wirkung TV-Bilder haben können, bekam ich schon auf meiner ersten Reise ins Heilige Land zu spüren. Eine palästinensische Menschenmenge hatte die beiden Reservisten gelyncht, woraufhin Israel zum ersten Mal seit 1967 palästinensische Städte bombardiert hatte. Nach meinem Besuch im luxuriösen Pressezentrum im Isrotel musste ich nach Rahmallah, und was hatte ich für eine Angst! Die Bilder, die ich auf allen Sendern gesehen hatte! Zuerst Palästinenser, die jubelnd ein Stück einer israelischen Leiche hochhalten, und danach der Luftangriff: Menschen, die seelenruhig über die Straße gingen, überrascht zum Himmel schauten, dann ein Riesenknall, Staubwolken und Menschen, die in alle Richtungen wegrannten.

Als ich aber in Rahmallah eintraf, herrschte wieder *business as usual.* Der Markt war aufgebaut, Taxis hupten nach Kundschaft, und ja, dort rechts die Straße hinunter und bei der Persil-Werbetafel wieder rechts, dort stand diese eine Polizeiwache, die Israel, auf den Millimeter genau, bombardiert hatte. »Ach wissen Sie, ich begleite Sie einfach dorthin.« Das war die Stimmung am Tag nach der Lynchung und dem Luftangriff. Auf den arabischen und westlichen Sendern herrschte viel Aufregung über die »angespannte Situation auf den Straßen Rahmallahs«, die »überschäumende Wut« und die insgesamt »besorgniserregende Situation«. Gefolgt von Bildern vom Lynchmord und vom Luftangriff.

In Ramallah kapierte ich zum ersten Mal, wie das Fernsehen das Bild bestimmt, das man von der Wirklichkeit hat. Man weiß ja nie, was man *nicht* zu sehen bekommt, und was man zu sehen bekommt, hinterlässt einen viel größeren Eindruck als Zeitungsartikel oder Hörfunkreportagen. Oder wie ein Kollege es auf den Punkt brachte: Worte berühren den Kopf, Bilder treffen in die Magengrube. In einem Schaltgespräch auf NOS erwähnte ich einmal, dass bei jungen Mädchen in Gaza durch die israelischen Luftangriffe die Menstruation ausblieb. Die Mädchen zogen sich sozusagen aus der Pubertät zurück, vor lauter Angst. Ich wusste davon, weil ich gerade zwei große Reportagen über die psychologischen Folgen der israelischen Gewalt auf palästinensische Kinder publiziert hatte. Die Artikel waren an prominenter Stelle im *NRC Handelsblad* erschienen, aber in den Tagen nach der Nachrichtensendung meldeten sich verschiedene Redakteure bei mir, ob ich nicht eine Geschichte über die psychologischen Folgen der israelischen Gewalt auf palästinensische Kinder machen könne. Hast du meine Artikel denn nicht gelesen, wunderte ich mich. Und oft lautete die Antwort: »Ja, stimmt, jetzt wo du es sagst.«

Das Fernsehen war das Allergrößte im Medienkrieg im Heiligen Land, aber es hatte auch seine Schwachstellen. Bevor ich selbst Fernsehleuten über die Schulter blickte, war ich ein ziemlich naiver Nachrichtenzuschauer. Ich konnte nicht ahnen, was alles aus dem Bild ausgeblendet wurde, wenn eine Palästinenserin auf den Trümmern ihres zerbombten Hauses die Arme gen Himmel hob und rief: »Meine Kinder!« Das Gefühl mochte authentisch sein, doch als ich in Gaza mitbekam, wie so eine Aufnahme gedreht wurde, realisierte ich, dass die Zuschauer etwas anderes sahen als einen Privatheulkrampf. Die Frau rief »Meine Kinder«, während einen halben Meter von ihrem Gesicht entfernt ein muskulöser Typ seine Kamera so auszurichten versuchte, dass die gen Himmel gereckten Arme die Nahaufnahme ihres Gesichts nicht störten. Über dem Kopf der weinenden Frau baumelte an einer Tonangel ein Mikro so groß wie ein Karpfen, und um sie herum standen der Interviewer, sein Dolmetscher und häufig auch eine Menschentraube – Kameras wirken auf Leute wie Brot auf Enten. Wo hatte das Fernsehteam die Frau aufgegabelt? Es kann natürlich sein, dass der Kameramann sie irgendwo hatte sitzen sehen und seine Kamera, Erlaubnis hin oder her, einfach draufhielt. Wahrscheinlicher war aber, dass der Interviewer eine Frau aus einer Gruppe gegriffen hatte, dass sie kurz geredet hatten, während das Licht gemessen wurde, dass sie so positioniert wurde, dass sie nicht im Gegenlicht stand und die Trümmerhaufen zwar sichtbar waren, aber nicht das Bild beherrschten, und dass die Lausbengel aus der Gegend bequatscht wurden, damit sie keinen Lärm machten, und dass dann auf ein Zeichen des Tonmanns der Interviewer über den Dolmetscher die Frage stellte: »Was ist mit Ihren Kindern geschehen?«

An der Uni hatte ich viele Dinge auswendig gelernt über die These *The medium is the message*, nach der im Fernsehen die Form den Inhalt bedingt. Doch wie sehr die Umstände darüber entscheiden, was in der Glotze kommt und was nicht, ging mir erst auf, als ich im Libanon selbst eine Reportage machen durfte.

Thema waren die palästinensischen Reaktionen auf das Comeback des ehemaligen Generals Ariel Sharon in die israelische Politik. Sharon war zwanzig Jahre zuvor der führende Kopf hinter der israelischen Invasion im Libanon gewesen. Als israelische Truppen die palästinensischen Flüchtlingslager

Sabra und Shatila umstellt hatten, hatte eine libanesische Christenmiliz dort rund 1.200 Menschen abgeschlachtet. Die Miliz war unter anderem durch Israel bewaffnet, finanziert und ausgebildet worden und hatte zwei Tage und Nächte unbehelligt gewütet, im Licht israelischer Leuchtraketen. Das Blutbad hatte Sabra und Shatila zu einem weltberüchtigten Schauplatz gemacht und Sharon politisch den Kopf gekostet, doch nun war er zurück. Mit den Worten eines palästinensischen Eisverkäufers: »Im ehemaligen Jugoslawien verschwinden die Kriegsverbrecher hinter Gittern, in Israel werden sie Premierminister.«

Der Sender schickte aus Hilversum einen Kollegen, um mich einzuweisen. Wir heuerten ein örtliches Kamerateam an, zogen in die Lager, und dann passierte mir ein Fehler, für den ich mich noch immer schäme. Im Gespräch mit Lagerbewohnern stieß ich auf etwas, was Ethnologen *inconvenient data* nennen, Informationen, die einfach nicht zu deiner Geschichte passen wollen. Einige Palästinenser erzählten mir, dass der sogenannte Krieg um die Lager ein paar Jahre später viel schlimmer gewesen sei als das berüchtigte Blutbad. »Das war entsetzlich«, sagten manche. »Aber es war nach zwei Tagen vorbei.« Der Kampf um die Kontrolle über die Lager hatte Monate gedauert, die Menschen sprachen von einer Hungersnot und beschrieben abscheuliche Gräueltaten, die von Syrern und der schiitischen Miliz Amal (Hoffnung) verübt worden waren.

In der Situation versagte ich als Journalist. Ich hätte der Reportage eine andere Richtung geben können, oder wenigstens diese Seite der Geschichte berücksichtigen sollen. Aber ich war gekommen, um eine Geschichte über Sharons Comeback einzutüten, und hatte noch keinen Sinn für die Doppelmoral, keinen Sinn dafür, dass eine indirekte Schuld Israels an 1.200 Toten zwanzig Jahre lang nachrichtenträchtig bleibt, während ein noch viel größeres Massaker durch Syrer oder Libanesen in Vergessenheit gerät.

Wir suchten weiter nach Menschen, die beim richtigen Blutbad Angehörige verloren hatten. Der Tonmann hatte einen Kerl ausfindig gemacht, der zwei Cousins verloren hatte. Reichte das? In einem schwierigen Gespräch stellte sich heraus, dass der Mann beim Massaker nicht dabei gewesen war. Ein direkter Augenzeuge wäre uns lieber gewesen, nur: Wie sollten wir ihm das höflich beibringen? Dann trafen wir Soha, eine junge Frau Mitte zwanzig. Sie war damals wegen der israelischen Soldaten losgegangen: »Alle sagten, die Juden haben Hörner, das wollte ich mal sehen.« Da Soha nicht im Lager war, kam sie ungeschoren davon. Ihre Familie hatte weniger Glück. Handys aus, Kamera läuft ... *Action!* – und Soha brach in Tränen aus. Schluchzend erzählte sie ihre Geschichte, dann wurde die Kamera ausgeschaltet, und sie war wieder die Alte. »Soll ich jetzt vorspielen, wie ich mich vor der Miliz versteckt habe?« Sie machte ein unschuldiges Gesicht und tat so, als würde sie vorsichtig hinter einer Mauer hervorgucken. »So habe ich's auch für das französische Fernsehen gemacht.«

Hello everybody! Deshalb also plauderte der Kameramann so entspannt mit Soha, er kannte sie längst von früheren Drehs. Wir suchten weiter und machten auf gut Glück noch ein paar Interviews. Dann ging es ab in den Schneideraum, und da kapierte ich den Unterschied zwischen Fernsehen und Printmedien. Für das *NRC Handelsblad* schrieb ich damals auch einen Artikel über die palästinensischen Flüchtlinge in Sabra und Shatila, der Anfang ging so:

> Meryam Abdelhadi hat es immer noch, das schwere Radio, das ihr Vater mitnahm, als er damals samt der elfköpfigen Familie aus ihrem Haus im jetzigen Nordisrael fliehen musste. Nach der Gründung Israels im Jahr 1948 war ein Krieg ausgebrochen und es kursierten Gerüchte über Massaker durch jüdische Kämpfer. »Wir dachten damals, es wäre nur für einige Tage«, erzählt Abdelhabi

in ihrem Haus in Shatila. »Wir nahmen das Radio und einen Akku mit, um zu hören, wann wir zurückkonnten. Die Juden ließen uns aber nicht.« Und so wartet Meryam Abdelhadi, mittlerweile Mutter von acht Kindern, fünfzig Jahre später immer noch auf ihre Rückkehr.[11]

Meryam Abdelhadi war der ansprechendste »Fall« im Lager, und das alte Radio war ein guter Auftakt. Dieses ganz alltägliche Beispiel veranschaulichte sehr gut, dass die Palästinenser damals nicht geahnt haben, was auf sie zukam – das alte Radio symbolisierte ihr Beharrlichkeit.

In die Fernsehnachrichten schaffte Abdelhadi es aber nicht. Das Radio stand nämlich bei einem Bekannten, der gerade nicht zu Hause war. Die Geschichte über ihre ermordeten Schwestern wollte sie zwar erzählen, aber sie schweifte immer wieder ab und verlor sich in Einzelheiten. Aus dem Laden im Erdgeschoss klang ein störendes Brummen, und in ihrer Wohnung war es viel zu dunkel. Als sie begriff, dass wir sie nur filmen konnten, wenn wir zuerst den Schrank, die Stühle, den Fernseher und das Sofa umstellen würden, sagte sie uns höflich: Sucht lieber jemand anderes.

Das war's mit unserer Story fürs Fernsehen. Für den Artikel reichten ihre Geschichte und die Telefonnummer des Bekannten, wo das alte Gerät stand, damit ich überprüfen konnte, ob alles stimmte. Das Fernsehen muss so ein Radio jedoch zeigen. In der Zeitung konnte ich den wunderbaren O-Ton des Eisverkäufers über den Unterschied zwischen jugoslawischen und israelischen Kriegsverbrechern verwenden. Fürs Fernsehen hätte er das direkt in die Kamera sprechen müssen, aber er war nirgends wieder aufzutreiben.

Abdelhadis chaotische Erzählweise war für den Zeitungsartikel auch kein Problem, denn ich konnte ihre Aussagen kürzen, zusammenfassen und abstrahieren. Ich erzählte eine Geschichte mit Worten, am PC kann ich die formulieren wie ich will. Für einen Fernsehbeitrag steht im Schneideraum jedoch nur das fertige Drehmaterial zur Verfügung. Man erzählt schließlich eine Geschichte in Bildern, und dabei gilt logischerweise: Ohne Bilder keine Story. Kann man denn bestimmte Dinge nicht einfach nacherzählen?, fragte ich einen Kollegen. Aber das war im Fernsehen sehr schwierig, es herrschte das Gesetz der Schere.

Mein Kollege musste mir das alles erklären, denn ich hatte in der Schule zwar gelernt, Texte zu analysieren, aber nicht Bilder. Das Gesetz der Schere beschreibt die Wirkung des Bildes auf das menschliche Gehirn. Bild geht über Ton, und wenn der Text von etwas anderem handelt als das Bild, konzentriert sich der Zuschauer nur noch auf das Bild. Wenn man im Off erzählt: »Die Hinweise verdichten sich, dass es bei der Gründung Israels zu groß angelegten ethnischen Säuberungen gegen Palästinenser gekommen ist«, und man zeigt währenddessen die Tore aus dem letzten Spiel vom FC Maccabi Tel Aviv, dann dringt die Geschichte nicht wirklich durch. Die Schere geht auf, sagen die Fernsehmacher. Ersetzt man die Tore durch Bilder von palästinensischen Flüchtlingen, schließt sich die Schere. Das Bild unterstützt den Ton und umgekehrt. Das ist Fernsehen im besten Sinne, aussagekräftiger als jeder Zeitungsartikel. Das Problem dabei ist nur, dass sich viele Dinge auf der Welt nicht abfilmen lassen. Den Bildschirm einfach auf Schwarz schalten geht natürlich nicht, aber jedes Bild, mit dem man den Text »unterlegt«, wird die Geschichte erschlagen. Bild geht eben über Ton.

Das Gesetz der Schere reduziert die Wirklichkeit im Fernsehen auf das filmisch Darstellbare, und welche Konsequenzen das hat, erfuhr ich, als eine Medienschlacht über Selbstmordanschläge entbrannte. Es ließen sich zwei sehr unterschiedliche Geschichten erzählen. Man konnte sagen: Offenbar ist das Leben dieser Freiheitskämpfer so aussichtslos, dass sie bereit sind, für ihre Sache zu sterben. Die Besatzung muss schrecklich sein! Man konnte aber auch sagen: Offenbar ist der Hass dieser Terroristen auf die Israelis stärker als ihre Liebe zum Leben. Das müssen schreckliche Leute sein, diese Palästinenser!

Die israelische PR-Maschine verbreitete selbstverständlich die letztere Lesart und wurde darin von den Eltern der Selbstmordattentäter mächtig unterstützt. Sobald jemand sich in die Luft gesprengt hatte, düsten nämlich Kamerateams der Presseagenturen zu den Eltern, die durchweg erklärten: Wir sind stolz und stehen unseren anderen Kindern bei, sollten sie dasselbe vorhaben.

Auch ich war in Gaza bei so einer Familie zu Besuch, den Abu Kweiks. Ihr 21-jähriger Sohn Arafat, der an der Universität von Gaza im letzten Semester Pädagogik studierte, war vier Tage zuvor bepackt mit Sprengstoff auf israelische Soldaten losgestürmt. Jetzt saßen die Abu Kweiks vor ihrer stinkenden Betonhütte im Flüchtlingslager »Am Strand« und nahmen die Glückwünsche der Nachbarschaft in Empfang. Vater Qassam erzählte, dass Arafat sich noch von ihm verabschiedet habe. »Ich habe noch halb geschlafen. Er schaute kurz rein und sagte: *›ma'a issalama ya baba‹*, tschüss Vater.« Er hielt kurz inne. »Ich habe nicht geschaltet, sonst hätte ich ihn umarmt.« Ein Nachbar kam vorbei, und Qassam sagte: »Mein Sohn ist nicht tot. Märtyrer kommen direkt in den Himmel, sie leben dort weiter. Mögen meine anderen Söhne auch Märtyrer werden, möge ich selbst zum Märtyrer werden. Tod den Juden!« Er erzählte, dass er die 10.000 Dollar, die Saddam Hussein jeder »Märtyrerfamilie« zukommen ließ, der Moschee spenden würde. »Wenn es meinem Sohn ums Geld gegangen wäre, wäre er Kollaborateur geworden«, sagte er allen. »Mein Sohn ist ein Held, er ist im Himmel.« Ein Hamas-Funktionär brachte das Plakat von Arafat vorbei, das nun überall verteilt wurde. Höflich nahm der Vater das Plakat entgegen – eben hatte er noch einen Sohn, jetzt einen Märtyrer. Datteln wurden umhergereicht, Coca Cola, Kopien von Arafats Abschiedsbrief und Tee – mit Zucker, denn dieser Tod war nicht bitter.

Nach einem Vortrag darüber, wie kreativ, fromm und gebildet sein Sohn gewesen sei, zeigte Qassam mir die Bruchbude, in der er wohnte. Arafats Bruder Yasser begleitete uns. Er war nun der älteste Sohn, eine ganz schöne Verantwortung bei so einer großen Familie. »Ich möchte dir was zeigen«, flüsterte er, »mein Vater darf es aber nicht mitkriegen.« Wir betraten sein Zimmer, und sein Vater wollte uns folgen, doch Yasser bedeutete ihm »Nein!«. Das hatte ich noch nicht viele palästinensische Söhne machen sehen. Yasser schloss die Tür, nahm eine Plastiktüte und holte Kleidungsstücke daraus hervor. »Die habe ich von der Hamas bekommen«, sagte er. Es waren die Kleider, die Arafat bei dem Anschlag getragen hatte. Ein stechender Geruch erfüllte das Zimmer. Yassers Finger glitten über Dutzende von Einschusslöchern in der Hose. Der obere Teil der Jacke fehlte, denn Arafats Körper war von einer Granate zerfetzt worden, bevor er auch nur in die Nähe der israelischen Soldaten hatte kommen können. »Keine Ahnung, was ich damit anfangen soll«, flüsterte Yasser. »Es war Arafats eigene Entscheidung.« Wir schwiegen, und ich starrte auf die Plakate einer ägyptischen Fußballmannschaft und eines libanesischen Sängers. Yasser steckte die Tüte weg, und wir wollten schon wieder zu den anderen gehen, als ich ihn doch noch fragte, wieso sein Vater nicht mit hereinkommen durfte. Yasser blinzelte. »Mein Vater verkraftet das alles kaum. Wenn er diese Kleider sieht, und die Einschusslöcher, die zerrissene Jacke … das wäre sein Tod.«

Hello everybody! Im Internet fand ich den Namen eines der wenigen Psychiater in Gaza, des international bekannten Menschenrechtlers Iyad Serraj. Er war kurz zuvor von Gorillas der Palästinensischen Autonomiebehörde zusammengeschlagen worden, weil er den Präsidenten kritisiert hatte, aber er wollte mich trotzdem empfangen. »Ich habe oft mit der Freien Universität Amsterdam zu tun«, sagte er am Telefon. Serraj hielt das Verhalten von Arafats Eltern für eine typische Reaktion auf ein traumatisches Ereignis: Leugnung. »Natürlich rufen sie, dass sie sich freuen. So schiebt man die Trauer von sich, das ist normal. Wenn aber die Kameras weg sind, kommt die Wut und die Depression. Dann kommen sie hierher. Manchmal, denn psychische Probleme sind tabu.« Mit einer Routine, die keinen Zweifel daran ließ, dass er diese Geschichte öfter zum Besten gab, schilderte Serraj, dass die Hamas ein Abschiedsvideo drehe, sobald sich jemand für ein Selbstmordkommando melde, und dass niemand davon erfahren dürfe. »Es kann Monate dauern, bis die Hamas den Freiwilligen zum Einsatz ruft«, sagte Serraj. »Das Video ist eine Art Vertrag, von dem man nicht mehr so leicht einen Rückzieher machen kann. Warum aber setzt die Hamas die Freiwilligen so unter Druck? Warum dürfen sie mit niemandem darüber sprechen? Wenn die Eltern sich wirklich freuten, würden sie solch eine Entscheidung doch begrüßen?«

Ich versuchte, die Geschichte zu überprüfen. Psychische Probleme bei Palästinensern waren tatsächlich tabu, es gab keine Daten darüber und so gut wie keine psychologische Unterstützung. Ich besuchte einige Familien, die in den Monaten zuvor jemanden verloren hatten. Ein Vater zeigte, wie er mit dem Geld Saddam Husseins das Haus verschönert hatte, ein anderer erzählte, dass die Hamas ihm erst nach Monaten gesagt habe, dass sein Sohn sich in die Luft gesprengt hatte. Nirgends Begeisterung oder Stolz, und eine Mutter nannte den Selbstmord ihres Sohnes »eine Katastrophe zu viel«.

Serraj hatte also offensichtlich recht, und er war gerne zu einem Fernsehinterview bereit. Manchmal sah ich ihn auch auf westlichen und arabischen Sendern. Doch leider kam seine Geschichte nicht so gut an wie die Bilder begeisterter, stolzer

Eltern. Man wünscht sich eben lieber todunglückliche Eltern vor die Kamera, oder besser noch: dass der Bruder von Arafat Abu Kweik schildert, was wirklich Sache ist. Aber diese Geschichten wurden nur erzählt, wenn die Kamera abgeschaltet war – und ohne Bilder keine Geschichte.

•

Fernsehbeiträge waren sehr zeitaufwendig und nicht mein Ding. Ich fühlte mich in meinen Möglichkeiten total eingeschränkt, denn nicht ich, sondern die Umstände bestimmten darüber, was ich erzählen konnte und was nicht. Die Palästinenser waren offensichtlich kein Fernsehen gewohnt, bei jeder Frage brauchten sie für die Antwort mindestens fünf Minuten – obwohl die ganze Reportage nur drei Minuten und zwölf Sekunden dauern durfte. »Wir können das doch zusammenschneiden, oder?«, fragte ich beim ersten Mal, aber das würde zu ruckartigen Bildsprüngen führen, was sehr störend wirkte und die Zuschauer verprellen würde. Oft trauten sich die Palästinenser die interessanten Dinge nur dann zu erzählen, wenn die Kamera nicht lief, zum Beispiel die Sache mit der Korruption bei der Autonomiebehörde. Hin und wieder löste ich das Problem und berichtete selbst vor der Kamera, im Jargon ein »Aufsager« genannt. Aber das hatte weit weniger Wirkung als die Worte eines Palästinensers, und was tun, wenn man noch drei Dinge mitteilen wollte, die die Leute nur *off the record* loswerden wollten? Ohne Bilder keine Geschichte.

Es war zum Verrücktwerden. Ich verstand immer besser, warum westliche Korrespondenten auf *fixer* zurückgriffen. Die Korrespondenten kamen aus ihrem Wohnort in Israel für einen Tag in die Palästinensergebiete, der *fixer* wartete mit einer Liste auf sie: »Ich habe einen Kollaborateur, der hingerichtet werden soll, die Mutter von einem erschossenen Steinewerfer, eine Frau, die an einem Checkpoint eine Fehlgeburt erlitten hat, einen Bauern, dem sein Land weggenommen wurde, einen gefolterten Häftling, vier Schwestern, die ein Nähatelier eröffnet haben, nachdem ihr Haus verwüstet wurde …«

Fixer bekamen locker hundert Dollar am Tag, und man konnte sich vorstellen, dass die Leute auf ihren Listen nicht leer ausgingen. Wer garantierte dafür, dass sie nicht einfach das wiederholten, was schon beim letzten Kamerateam aus dem Westen so gut angekommen war? Die meisten *fixer* arbeiteten im täglichen Leben für die Palästinensische Autonomiebehörde, wo sie folglich fehlten, wenn sie am nötigsten gebraucht wurden. So als wenn bei uns nach einer Katastrophe die Beamten aller wichtigen Ministerien erst mal ihren Nebenjobs bei CNN nachgehen würden.

Als ich zum ersten Mal von solchen *fixer* erfuhr, dachte ich nur: »Pfui!« Doch nach meinen ersten eigenen TV-Versuchen legte sich das wieder. Fürs Fernsehen musste man die Umstände seinen Bedürfnissen anpassen, sei's auch nur, weil alle Beteiligten das taten. Auch sie kannten das Gesetz der Schere und wussten, dass sie am längeren Hebel saßen, solange ich mit der Kamera nur festhalten konnte, was ihnen in den Kram passte. Und je größer der Zeitdruck, umso einfacher die Manipulation, auch da musste ich eine ernüchternde Erfahrung machen.

Israel hatte den Anführer einer palästinensischen Splittergruppe ermordet, aus Rache ermordeten Mitglieder dieser Gruppe einen israelischen Minister, anschließend forderte Israel die Auslieferung der Mörder, was der damalige Präsident Arafat ablehnte, woraufhin sein Hauptquartier von israelischen Panzern belagert wurde. Filmteams wurden noch durchgelassen, und Arafat erklärte bei Kerzenschein, dass er nicht nachgebe, selbst wenn er sein Quartier als »Märtyrer« verlassen müsste – ein starkes Bild, das auf allen arabischen Sendern endlos wiederholt wurde.

Die Pattsituation hielt an, bis Israel und Arafat einen komplizierten Kompromiss vereinbarten, nach dem die Mitglieder der Splittergruppe zwar verhaftet, aber in ein palästinensisches Gefängnis unter britischer Aufsicht gesteckt werden sollten. Die Panzer zogen sich zurück, die palästinensischen Wortführer triumphierten. »Die demütigende Belagerung ist zu Ende, Arafat ist ein Volksheld.« Daraus wurden Agenturmeldungen, und die Opposition in Israel rief: »Seht ihr, wie blöd unsere Regierung ist, jetzt ist Arafat ein Volksheld.« Auch das machte Schlagzeilen, genauso wie der Triumphzug Arafats durch Ramallah, begleitet von einer jubelnden Menschenmenge am Straßenrand und Schulkindern, die sangen: »Mit Blut und Seele stehen wir dir bei, o Arafat.« CNN und BBC hatten diese Bilder übernommen, dazu das Triumphgeschrei der palästinensischen Wortführer. Meine Redaktion in Hilversum hatte die Bilder gesichtet und hielt folgende Geschichte für mich in petto: Belagerung beendet, Überlebenskünstler Arafat landet Coup. Klang wie eine klare Sache, und ich eilte nach Ramallah. Der Plan war, so schnell wie möglich ein paar O-Töne bei einfachen Palästinensern zu beschaffen, das Ganze in einem Aufsager zusammenzufassen und dann schnellstens ins Studio nach Westjerusalem für den Schnitt.

In Ramallah wollte sich aber niemand vor der Kamera äußern. Keine Spur von Festgetümmel oder spontanen Demos, die Stimmung war eher gedrückt. Ich telefonierte herum, besuchte meine festen Saft-, Zeitungs- und Schawarma-Typen, und alles deutete darauf hin, dass die normalen Leute in Ramallah überhaupt nicht stolz und froh waren. Sie waren enttäuscht, weil sie fanden, ihr Präsident sei zum x-ten Mal unter dem Druck Israels eingeknickt. Der Triumphzug Arafats war allein für die Kameras inszeniert worden, die »jubelnde Menge« bestand vielleicht aus hundert zusammengetrommelten Mitarbeitern der Palästinensischen Autonomiebehörde.

Als Zeitungsjournalist kann man in so einem Moment einfach eine andere Geschichte schreiben. Aber woher sollte ich die Bilder nehmen, um diese andere Geschichte fürs Fernsehen zu erzählen? Meine Reportage war für die Abendsendung eingeplant, wir hatten Zigtausend Euro in ein Kamerateam, einen Schnittplatz und Satellitenverbindungen investiert. Außerdem konkurrierte ich mit anderen Reportern, die jetzt sagen würden: Für den Luyendijk ist das eine Nummer zu groß, aber trotzdem frech behaupten, CNN sei auf dem falschen Dampfer. Am Ende machte ich eine möglichst nichtssagende Reportage – wie ein Politiker, der nicht lügt, indem er die Unwahrheit sagt, sondern indem er wichtige Zusammenhänge verschweigt.

They are killing innocent Jews

Das Heilige Land war eine neue Welt, und ich nahm mir vor, auf der Hut zu sein und immer unparteiisch zu bleiben – im Wissen, wie viel Beachtung dieser Welt überall geschenkt wurde, wie sehr die Konfliktparteien die Medien zu manipulieren suchten und wie anfällig gerade das Fernsehen dafür war.

Aber ging das überhaupt, unparteiisch sein? Anfangs war ich blauäugig, denn wie hieß es so schön beim amerikanischen Nachrichtensender Fox News: *»We report, you decide«*? Warb nicht Al-Dschasira für seine Sendeformate mit dem Slogan »Mehr als nur eine Meinung?«, und versprach nicht mein eigenes *NRC Handelsblad* eine »strenge Trennung von Fakten und Meinungen«? War das nicht der erste Grundsatz des Qualitätsjournalismus: die Fakten wiedergeben, so wie sie sind, Meinungen und Gegenmeinungen einholen? So war eine objektive Darstellung von Konflikten möglich. Dachte ich.

Doch schon bald beschlichen mich Zweifel, die in den darauffolgenden Jahren nur noch größer werden sollten. Das fing schon bei der Wortwahl an. In der arabischen Welt hatte ich es bereits mit einer parteiischen Sprache zu tun bekommen: Muslime, die ihre politischen Überzeugungen mit ihrem Glauben begründen, gelten als »Fundamentalisten«, ein US-amerikanischer Präsidentschaftskandidat, der mit seiner Religion genauso umgeht, heißt in den westlichen Medien

»evangelikal« oder »tief gläubig«. Wenn dieser Amerikaner die Wahlen gewinnt, redet keiner davon, dass das Christentum »sich ausbreitet«, aber wenn Muslime, die ihre politischen Ansichten aus dem Koran herleiten, sich durchsetzen, schreibt im Westen gleich jeder, der Islam sei »auf dem Vormarsch«. Gerät ein arabischer Staatschef in einen Konflikt mit einer westlichen Regierung, gilt er als »antiwestlich«. Westliche Regierungen werden nie als »antiarabisch« verschrien.

In Kairo hatte ich etliche Beispiele dafür gesammelt, im Heiligen Land wurde die Liste immer länger: Anhänger der Hamas sind »antiisraelisch«, jüdische Siedler nicht »antipalästinensisch«. Palästinenser, die gewaltsam gegen israelische Bürger vorgehen, sind »Terroristen«, Israelis, die gewaltsam gegen Palästinenser vorgehen, »Falken« oder »Hardliner«. Israelische Politiker, die eine friedliche Lösung anstreben, sind »Tauben«, ihre palästinensischen Pendants »gemäßigt« – womit impliziert wird, dass alle Palästinenser Fanatiker seien. Mit welchen unterschiedlichen Maßstäben gemessen wird, erkennt man am besten, wenn man den Spieß umdreht: »Mit seinen antiislamischen Äußerungen hat der gemäßigte Jude Schimon Peres die palästinensischen Tauben aufgeschreckt.«

So war man schon parteiisch, indem man vergleichbare Dinge je nach Lager mit anderen Etiketten versah. Im Heiligen Land blieb es aber nicht bei diesem »asymmetrischen Wortgebrauch«.

In arabischen Diktaturen gibt es für alles eine eindeutige Bezeichnung, was der Übersichtlichkeit zugute kommt. Ägypten heißt überall einfach Ägypten. Aber Israel heißt auch die »zionistische Entität« und »besetztes Palästina«. Waren es die »besetzten«, die »umstrittenen« oder die »befreiten« Gebiete, oder doch Westjordanland oder Judäa und Samaria oder die Palästinensergebiete? Lagen dort jüdische Dörfer, jüdische Siedlungen oder illegale jüdische Siedlungen? Sollte ich von

Juden, Zionisten oder Israelis sprechen? Nicht alle Zionisten sind jüdisch, nicht alle Juden sind israelisch, und nicht alle Israelis sind jüdisch. Waren es Araber, Palästinenser oder Muslime? Nicht alle Araber sind palästinensisch, nicht alle Palästinenser sind muslimisch, und nicht alle Muslime sind palästinensisch.

Das war im Heiligen Land – um lieber diesen Begriff zu verwenden – das erste Problem, wenn man unparteiisch sein wollte: Es gab keine unparteiischen Wörter. Und es war natürlich nicht möglich, alle Begriffe nebeneinanderzustellen: »Heute sind in Ramallah im besetzten beziehungsweise umstrittenen beziehungsweise befreiten Westjordanland beziehungsweise in Samaria zwei Palästinenser beziehungsweise Muslime beziehungsweise arabische Neuankömmlinge beziehungsweise Terroristen beziehungsweise Freiheitskämpfer von israelischen Soldaten beziehungsweise der Israelischen Verteidigungsarmee beziehungsweise den zionistischen Besatzungstruppen getötet beziehungsweise massakriert worden …«

Als ich nur aus der arabischen Welt berichtete und die Entwicklungen im Heiligen Land über die Medien verfolgte, war mir zwar schon aufgefallen, dass es für alles mehr als ein Wort gab. Ich hatte das für Folklore gehalten, Stoff für die Medienseite: Sogar *darüber* streiten die sich. Aber als ich mittendrin steckte, wurde mir klar, dass sie sich *gerade* darüber stritten. Aus diesen Wörtern setzte sich ein Standpunkt zusammen, und es gab so viele Wörter, weil es so viele Standpunkte gab.

Auch das machte das Heilige Land für mich zu einer neuen Welt: Für Korrespondenten gab es dort Arbeitsbedingungen, die es zuließen, einen Überblick über die Vielfalt der Standpunkte zu bekommen. Ich spreche zwar nicht Hebräisch, aber es gab englischsprachige Zeitungen, und manche Sendungen im israelischen Fernsehen waren arabisch untertitelt – immerhin die zweitwichtigste Sprache des Landes. Die Palästinenser wiederum lebten in einem seltsamen Zustand zwischen israelischer Besatzung und quasidiktatorischer Herrschaft durch die Palästinensische Autonomiebehörde. Die Behörde verfügte über Ministerien, Polizeikräfte und Sicherheitsdienste und regierte mit eingeschränkter Souveränität über eine Handvoll Enklaven. Für die Palästinenser bedeutete das eine je nach Enklave unterschiedlich ausfallende Mischung zweier Unterdrückungsstile, aber immerhin gab es so viel Luft zum Atmen, dass die meisten Palästinenser zu Interviews bereit waren, erst recht, wenn ich ohne Dolmetscher kam und viel Zeit mitbrachte.

Ich konnte also Standpunkte erforschen und vergleichen, und schon bald schämte ich mich für die Art und Weise, wie ich den Konflikt zwischen Israel und den Palästinensern bis dahin gesehen hatte: Es gibt Anhänger und Gegner des Friedens, die spannende Frage ist nur, wer am Ende gewinnt.

Nun lernte ich die »Gegner des Friedens« kennen, und keiner sagte: »Frieden? Bist du wahnsinnig, nicht mit mir!« Auch diese Menschen träumten von einem Ende des Konflikts, sie hatten bloß andere Vorstellungen davon, welche Bedingungen erfüllt sein müssten und wer Schuld daran hatte, dass der Frieden nicht einkehrte.

Der Frieden könne nur währen, wenn er gerecht sei, sagten die Vertreter der Hamas und des Islamischen Dschihad. Gerecht bedeute, dass allen palästinensischen Flüchtlingen gestattet würde, in die Häuser zurückzukehren, aus denen sie nach der Gründung Israels geflohen oder vertrieben worden waren. Israel sei kein Land, so die Anhänger der Hamas, sondern eine künstliche Festung, eine »zionistische Entität«. Der Friedensprozess würde in einem machtlosen Reservat enden, die Welt würde die Palästinenser vergessen und Israel sie hinterher doch noch erledigen. Die Hamas sprach daher nicht von *amaliyit issalam*, einem Friedensprozess, sondern von *amaliyit al-istislam*, einem Kapitulationsprozess.

Wenn Hamas und Islamischer Dschihad das Wort Friedensprozess benutzten, dann nur in Anführungszeichen – eine Neigung, die sie mit rechten Israelis teilten, auch wenn die das überhaupt nicht lustig fanden, wenn ich sie darauf hinwies. Likud fand, der »Friedensprozess« sei ein lebensgefährlicher Irrtum der Israelis. Die Araber würden auch in Zukunft versuchen, den jüdischen Staat zu vernichten. Man sprach bei Likud eher vom *piece process* statt vom *peace process*: Israel wurde Stück *(piece)* für Stück an den Feind verhökert.

Doch die erbittertsten Gegner des »Friedensprozesses« waren vielleicht die fundamentalistischen jüdischen Siedler. Sie glaubten, Gott habe ihnen das Gelobte Land gegeben, nicht nur Israel, sondern auch Gaza, Ostjerusalem sowie Judäa und Samaria – das »Westjordanland«. In ihren Augen waren die Gebiete nicht »besetzt«, sondern »befreit«, und ein »Friedensprozess«, in dessen Verlauf auch nur ein einziger Quadratmeter Land den »arabischen Neuankömmlingen« abgetreten würde, beschwöre nicht den Frieden, sondern den Zorn Gottes herauf. Um das zu verhindern, war alles erlaubt, selbst, den eigenen Premierminister zu erschießen – wie der Siedler Yigal Amir 1995 mit dem Mord an Yitzak Rabin bewies.

Das war die verwirrende Realität hinter der einfältigen Vorstellung von den »Gegnern des Friedens«. Und je länger ich dabei war, desto mehr Sichtweisen begegneten mir. Die christlichen Fundamentalisten, dreißig Millionen an der Zahl in den USA, glauben, dass das Ende der Zeiten kommen werde, wenn das Westjordanland ausschließlich von Juden bewohnt sei. Der atheistische Flügel der palästinensisch-israelischen Friedensbewegung kämpft für einen einzigen Staat für Juden, Muslime und Christen. Die arabischen Nationalisten wollen eine Arabische Union vom Irak bis nach Marokko für arabische Muslime, Christen und Juden. Die Befürworter eines Groß-

Israels träumen von einem jüdischen Staat von Tigris im Irak bis zum Nil in Ägypten. Und schließlich gibt es die ultraorthodoxen Juden der Schas, der drittgrößten Partei des Landes. Sie verweigern den Wehrdienst und betrachten den Holocaust als Strafe Gottes für die europäischen Juden, da diese ihren Glauben geleugnet hätten.

In der arabischen Welt waren die Meinungen der Menschen und Ansichten der Parteien weiße Flecke auf der Landkarte, so wie in jeder Diktatur, und ich konnte immer nur Mutmaßungen darüber anstellen. Im Fall Israels und der Palästinenser saß ich mit sieben oder acht verschiedenen Landkarten da, einschließlich der jeweiligen Sprachregelungen. Dort die Mutmaßungen, hier das totale Wirrwarr. Wie sollte man nach einem Anschlag, dem angekündigten Bau neuer Siedlungen oder einem diplomatischen Durchbruch bloß die Reaktion der jüdischen, christlichen und islamischen Fundamentalisten *und* die der israelischen Regierung *und* die der israelischen Opposition *und* die der Palästinensischen Autonomiebehörde *und* die der ultraorthodoxen Juden *und* die des atheistischen Flügels der Friedensbewegung schildern?

Das war unmöglich, und dass das Problem an der Stelle nicht aufhörte, davon konnte man sich abends beim Zappen überzeugen. Was die einen Nachrichtensender groß rausbrachten, wurde bei den anderen einfach unter den Tisch gekehrt oder anders dargestellt. Nehmen wir ein Attentat in Israel, damit konnte man die Sendung eröffnen: »Das ganze Land reagiert entsetzt auf den Mordanschlag, dem acht Landsleute zum Opfer fielen«, danach fürchterliche Bilder, verzweifelte Angehörige und ein professionell empörter Regierungssprecher: *»They are killing innocent Jews!«* Man konnte die Meldung aber auch in den »Kurznachrichten« platzieren: »Heute flammte der Widerstand gegen die israelische Besatzung auf. In Tel Aviv starben dabei acht Israelis.« Wenn die israelische Regierung neue jüdische Siedlungen ankündigte, konnte man eine sachliche Meldung bringen: eine Karte, auf der das fragliche Gebiet schraffiert war, und allenfalls einen Satz wie: »Die Palästinensische Autonomiebehörde wertet die Erweiterung als neuen Anschlag auf den Friedensprozess.« Man konnte die Geschichte aber auch groß aufmachen mit verzweifelten Palästinensern, denen das Land weggenommen wird, und einem professionell empörten palästinensischen Sprecher: »Wie denkt Israel, Land gegen Frieden tauschen zu können, wenn es dieses Land mit Siedlungen zubaut, in denen nur Juden leben dürfen?«

Ein und derselbe Tag und viele verschiedene Geschichten. Die Auswahl lag bei den westlichen Medien, und damals fiel die Entscheidung auf die Perspektiven und Themen der beiden Parteien am Verhandlungstisch. Ihre Prioritäten beherrschten die Nachrichten, und ihre Standpunkte wurden gegenübergestellt: »Der israelischen Regierung zufolge ist der Anschlag ein weiterer Beweis dafür, dass die Palästinenser den Frieden ablehnen, der Palästinensischen Autonomiebehörde zufolge stellt die Besatzung das Problem dar.«

So vermieden die internationalen Medien, dass sie im Wirrwarr untergingen, und mit ihnen die Zuschauer, Leser und Hörer. Genau diese Blickverengung zeigte jedoch ein weiteres Problem mit der journalistischen Neutralität. Klar kann man fest daran glauben, »die Fakten, und nur die Fakten« wiederzugeben, nur welche? Klar kann man sich damit brüsten, Meinungen und Gegenmeinungen darzustellen, nur wessen Meinung und wessen nicht? Und dann gab es noch das Problem mit den parteiischen Wörtern, selbst wenn man nur zwei Parteien ins Rampenlicht rückte. Die Geschichte der Stunde war die Entgleisung des Friedensprozesses. Ein Sprecher der Palästinensischen Autonomiebehörde dazu: »Das Verhandlungsprinzip heißt: Land gegen Frieden. Wir fordern also, dass die ›illegalen jüdischen Siedlungen‹ geräumt werden und die *besetzten* Gebiete von Israel ›zurückgegeben‹ werden. Wie kann Israel über Land ›verhandeln‹, das Israel nicht gehört?« Und der israelische Sprecher: »Das Verhandlungsprinzip heißt: Land gegen Frieden. Darüber verhandeln wir. In einem zweiten Schritt wird Israel im Tausch gegen palästinensische Zugeständnisse einen Teil der *umstrittenen* Gebiete ›aufgeben‹. Andere unserer ›jüdischen Siedlungen‹ bleiben bestehen und werden Israel angegliedert. Verhandlungen sind ein Geben und Nehmen.« Beides klang vernünftig, und je nachdem, wessen Begriffe von den Medien übernommen wurden, kam die eine oder die andere Partei besser weg.

Es gab noch mehr Probleme, die eine unparteiische Berichterstattung erschwerten, viel mehr sogar. Der Medienkrieg drehte sich auch um die *sympathy vote*, die Publikumsgunst. Das Publikum identifiziert sich meistens mit dem Schwächeren, also versuchten alle Seiten, sich in die Position des Underdog zu manövrieren. Hauptsache war, das Blut ihrer eigenen Toten und Verletzten so wirkungsvoll wie möglich in Szene zu setzen und den Gegner möglichst schlecht zu machen. Klingt logisch, brachte aber für Korrespondenten, die unparteiisch bleiben wollten, ein neues Problem. Konnte ja sein, dass eine Partei ihr Leid viel besser inszenierte. Was dann? Gleich auf meiner ersten Reise ins Heilige Land sprang mir das ins Auge, auch wenn ich erst später begriff, was ich eigentlich gesehen hatte.

Wegen der Lynchmorde in Ramallah war ich also zusammen mit Hunderten von Kollegen aus aller Welt Hals über Kopf ins Heilige Land gereist. Gleich nach der Ankunft musste ich meinen Presseausweis in jenem Pressezentrum im Jerusalemer Isrotel abholen, wo schon eine mundgerechte Darstellung der Ereignisse zubereitet worden war: Diese beiden Menschen sind von einem durchgedrehten Mob in Stücke gerissen worden, ein Beispiel für den blinden Hass, dessen sich

Israel erwehren muss. Die Bilder, die fabelhaften O-Töne, die Dokumentationsmappen … Alles mehr oder weniger dieselbe Botschaft: *They are killing innocent Jews*, das Problem sind die Palästinenser mit ihrem Hass und Terror.

Danach ging es nach Ramallah, wo es kein Pressezentrum und keine Akkreditierung gab. Im Informationsministerium ging niemand ans Telefon, oder man wurde nach langem Tut-Tut-Tut weiterverbunden. Die gelynchten Israelis waren Reservisten. Was hatten die beiden Soldaten der womöglich am besten ausgebildeten Armee der Welt bloß mitten in einer Stadt verloren, wo ein Aufstand tobte? Nimm dir Zeit, und find es heraus!, könnte man meinen. Aber die Nachrichten sind zu schnelllebig, es fehlte eine fundierte palästinensische Version der Geschichte, so dass sich die israelische von ganz alleine durchsetzte.

Die israelischen Regierungen verfügten über erheblich mehr Mittel für den Einsatz im Medienkrieg als die Palästinensische Autonomiebehörde. Und als ich erlebte, wie die israelischen Regierungen mit PR-Pannen umgingen, wurde mir klar, was dieser Unterschied für die Berichterstattung hieß.

Hin und wieder tauchten Bilder auf von palästinensischen Kindern, Frauen oder Alten, die durch israelische Kugeln umgekommen waren. Aus palästinensischer Sicht zeigten diese Vorfälle die Essenz des Konflikts: Das Problem ist die Besatzung; unglaublich, mit welch brutaler Gewalt die israelische Armee gegen unschuldige palästinensische Bürger vorgeht, um die Besatzung aufrechtzuerhalten.

Aber wo die Palästinensische Autonomiebehörde nach den Lynchmorden apathisch darauf wartete, dass der Sturm sich legte, holten die Israelis bei negativen Ereignissen zum Gegenschlag aus. Prominente Vertreter Israels beeilten sich, im westlichen Fernsehen und in der Presse zu erklären, dass sie sich für ihr Land schämten, und forderten eine gründliche

Untersuchung dieses unzulässigen Vorfalls. Die Regierungssprecher brachten ihr Bedauern zum Ausdruck und betonten, dass Israel niemals die Absicht gehabt habe, unschuldige Kinder, Frauen oder Alte zu töten: Welches Interesse sollte der jüdische Staat damit verfolgen? Und ob die Opfer tatsächlich durch israelische Kugeln ums Leben gekommen waren, sei noch zu klären. Und zwar mit äußerster Sorgfalt, was allerdings etwas dauern würde. Dann wurde auf die unübersichtlichen »Gefechtssituationen« in den »umstrittenen« Gebieten hingewiesen und auf die Tatsache, dass solch eine Tragödie hinter jeder Straßenecke lauern konnte, da »Terroristen« sich absichtlich in Wohnvierteln versteckten und hofften, dass Israel versehentlich palästinensische Bürger tötete. Uns müsse also klar sein, dass unsere Empörung Wasser auf die Mühlen der Terroristen sei.

Die israelischen Regierungen bemühen sich um sofortige Schadensbegrenzung: die Besatzung ausklammern, sich vom Geschehenen distanzieren, es zur Ausnahme erklären, Zweifel am tatsächlichen Hergang säen und die Schuldfrage umkehren … Ich musste das ein paar Mal miterleben, um zu kapieren, wie schlecht die Palästinenser sich nach den Lynchmorden aus der Affäre gezogen hatten. Nur mal angenommen, sie hätten über eine ebenso professionelle PR-Maschinerie wie die Israelis verfügt: Im Westen anerkannte palästinensische Politiker, Menschenrechtler oder Schriftsteller hätten auf CNN und den Meinungsseiten US-amerikanischer Zeitungen ihre Betroffenheit zum Ausdruck gebracht und den Hinterbliebenen ihr Beileid ausgesprochen. Sprecher der Behörde hätten vom ersten Moment an erklärt, was erst nach drei Tagen ans Licht kam: Am Tag vor den Lynchmorden war bei einer nahegelegenen jüdischen Siedlung die verstümmelte Leiche eines jungen Palästinensers gefunden worden. Dieses »Opfer der israelischen Besatzung« wurde gerade von einer großen Menschenmenge an seine letzte Ruhestätte begleitet – daher die vielen Kameras in Ramallah –, als sich das Gerücht verbreitete, dass zwei israelische Soldaten einer Spezialeinheit in die Stadt vorgedrungen seien, um weitere Morde zu begehen. Die Gemüter waren ohnehin erhitzt, Israel hatte in den vorangegangenen Wochen mehr als fünfzig Zivilisten getötet. Dann die Klarstellung, diese Gräueltat sei durch nichts zu rechtfertigen. Und welches Interesse sollte die Palästinensische Autonomiebehörde mit solchen Lynchmorden verfolgen? Die Palästinenser wollten doch nur, was ihnen nach Ansicht der Vereinigten Nationen rechtmäßig zusteht: einen eigenen Staat und ein Ende der über drei Jahrzehnte dauernden israelische Besatzung.

Israel hätte es so gemacht, nicht aber die Palästinensische Autonomiebehörde. Stattdessen versuchte sie unmittelbar nach den Lynchmorden, alle Aufnahmen des Geschehens zu beschlagnahmen, was bei den arabischen Kamerateams auch klappte. Nur ein italienischer Reporter publizierte seine Aufnahmen trotzdem und wurde noch nach Wochen von der Palästinensischen Autonomiebehörde schikaniert und bedroht.

Die »Israellobby« war mir zwar schon ein Begriff, bevor ich im Heiligen Land ankam. Ich wusste, dass israelische Regierungen in Europa und den USA die teuersten Anwälte und PR-Agenturen engagieren und in allen westlichen Ländern auf gut ausgebildete Sympathisanten zählen können, die zum Teil in Informationszentren und Freundschaftorganisationen, Ortsverbänden des Likud und der Arbeitspartei, dem Zionistischen Weltkongress und kleineren zionistischen Organisationen zusammengeschlossen sind. Es gibt sehr aktive Synagogen und eine ganze Batterie von christlich-fundamentalistischen Bewegungen mit einem großen Einfluss auf die konservativen US-Medien.

Trotzdem ist mir nie bewusst gewesen, wie ausgeklügelt die israelische Medienpolitik deshalb ist. Israelische Botschafter und Lobbyisten gehen auch in den Niederlanden bei den Redaktionsleitungen der öffentlich-rechtlichen Rundfunkanstalten, den privaten Sendern und den großen Tages- und Wochenzeitungen ein und aus. Proisraelische und christlich-fundamentalistische Vereine in den USA laden gegen ein sehr verlockendes Honorar »gute« Korrespondenten und Kommentatoren zu Vorträgen ein. Frühere Mossad-Mitarbeiter haben in den Staaten ein Medienzentrum gegründet, das die palästinensische und arabische Presse nach antisemitischer, antiamerikanischer und antiwestlicher Propaganda durchforstet. Ihre Berichte tauchen in den Niederlanden in Kolumnen, Artikeln und Parlamentsanfragen wieder auf, wortwörtlich, immer ohne Quellenangabe.

Ein Getränkehersteller erzählte auf einer Party, dass er in Israel gerade eine Lückenanalyse durchführen lasse. Mit dieser Marketingmethode kann man die Kluft zwischen der Beliebtheit eines Produkts im Allgemeinen und der eigenen Marke im Besonderen messen. Erste Frage: Magst du Erfrischungsgetränke? Zweite Frage: Magst du Pepsi? Wer zuerst mit Ja antwortet und anschließend mit Nein, könnte für eine Werbekampagne empfänglich sein. Der Geschäftsmann erwähnte, dass einer der Auftraggeber im Portfolio des Marketingbüros anonym bleiben wollte. Nach einigem Drängen war ihm verraten worden, wer dahintersteckte: Der israelische PR-Apparat führte unter genau definierten Zielgruppen Untersuchungen durch: Was halten Sie vom Staat Israel? Und was halten Sie von der jetzigen Regierung? Die Ergebnisse flossen in Kampagnen ein, zum Beispiel in Form von Einladungen zu Studienreisen nach Israel an ausgewählte Abgeordnete, Redaktionsleiter, Meinungsmacher, Kommentatoren, Gewerkschaftsbonzen oder Studentenführer.

So lief das, und die Investitionen lohnten sich durchaus. Wafa, die palästinensische Presseagentur – oder was dafür durchging –, brachte einmal die Meldung, dass israelische Flugzeuge über den Palästinensergebieten vergiftete Kinderbonbons abwarfen. Beweise gab es keine, dafür wurde postwendend die israelische PR-Maschinerie in Gang gesetzt. Im ganzen westlichen Ausland wurden Korrespondenten, aber auch Abgeordnete, Kommentatoren und Redaktionen mit »Schwarzbüchern« versorgt, aus denen hervorging, dass diese Agitation kein Einzelfall sei: Es habe von offizieller palästinensischer Seite bereits »Warnungen« gegeben, dass die israelische Armee »angereichertes Uran, Giftgas und radioaktives Waffenmaterial« verwende, das palästinensische Fernsehen habe Predigten ausgestrahlt, in denen Juden mit »Affen und Schweinen« verglichen wurden, und die palästinensischen Schulbücher seien voll von antiisraelischen Passagen.

Offensichtlich hatte die israelische Regierung dieses Material schon vorher gesammelt und nur auf eine geeignete Gelegenheit zur Veröffentlichung gewartet. Und die bot sich prompt mit der Meldung der Wafa über die vergifteten Bonbons. Ein wunderbarer Aufhänger für westliche Journalisten, Kommentatoren und Abgeordnete, um nicht nur über diesen einen Fall von Agitation zu berichten, sondern zu verallgemeinern: Seht doch, wie die Palästinenser gegen Israel aufgehetzt werden!

Es war ein richtiger Coup, zumal die Gegenseite nicht nachlegte. Etliche israelische Schulbücher tun so, als hätten vor der Gründung Israels keine Palästinenser dort gelebt. Manche Rabbiner wollen die Al-Aqsa-Moschee in die Luft sprengen, israelische Generäle bezeichnen Palästina als Krebsgeschwür, und die Partei der ultraorthodoxen Juden befürwortet die »Ausrottung der Araber«. Das Material hätte gereicht für eine lang anhaltende Kampagne, um diese Agitation zu hinterfragen: Erschießen ihre Soldaten deshalb so viele Palästinenser? Ist Israel überhaupt am Frieden interessiert?

Doch die Palästinensische Autonomiebehörde gab keine

Schwarzbücher heraus, und gelegentliche Korrespondentenberichte über die israelische Agitation galten höchstens als »interessante Gegentöne«. Medienkrieg ist Marketing. Mindestens so wichtig wie die Botschaft ist die Häufigkeit, mit der man sie der Zielgruppe eintrichtern kann.

Die israelischen Regierungen beherrschten das Spiel einfach besser. Während der zweiten Intifada wurde »die Gewalt« regelmäßig von Waffenstillständen unterbrochen. Ein paar Mal sprengte die Hamas die Waffenruhe buchstäblich in die Luft. Dann wieder hielt der Waffenstillstand mehrere Wochen an, bis Israel auf einmal einen hochrangigen Palästinenser liquidierte. Unmittelbar nach einem derartigen Mordanschlag folgte eine Flut von Presseberichten über »erhöhte Wachsamkeit« und »verschärfte Sicherheitsmaßnahmen«. Manchmal ging die Rechnung auf, die Schlagzeilen lauteten dann »Israel nach gezielter Tötung in Angst« statt »Israel bricht Waffenruhe mit Mordanschlag«.

Manchmal machte der allseits beliebte Schimon Peres eine Medientour. Er klapperte dann nicht die elf niederländischen Korrespondenten in Israel ab, sondern flog zu einem Besuch in die Niederlande. Dort wurden die Interviews von Politikredakteuren geführt, denen das nötige Wissen für scharfe Fragen abging. Nachhaken war so gut wie unmöglich, denn Peres gewährte jedem Medium zehn Minuten.

Am Anfang der Intifada schoss die israelische Armee oft mit scharfer Munition gezielt auf die Oberkörper von Steinewerfern. Dutzende Kinder wurden ermordet, Hunderte verletzt. Mit einer israelischen PR-Operation wurde die Frage »Mit welchem Recht wendet Israel derart brachiale Gewalt gegen pubertierende Steinewerfer an, die gegen die Besatzer protestieren?« einfach zurechtgebogen: »Was ist mit den palästinensischen Eltern los, dass sie ihre Kinder einer solchen Gefahr aussetzen?« Die Antwort stand in den mitgelieferten Schwarzbüchern: Sie hassen uns, seht nur, wie sie gegen uns aufgehetzt werden.

•

Palästinenser beschwerten sich häufig über die westlichen Medien, und ich verstand immer besser, warum. Ich sah aber einen anderen Grund für die verzerrte Berichterstattung als sie. Viele Palästinenser glaubten an eine jüdische Verschwörung, an dunkle Mächte, die hinter den Kulissen die Medien beherrschten. Das führte manchmal zu erhitzten Diskussionen, und es gelang mir nur selten, den Streit mit einem Scherz zu beenden, indem ich zum Beispiel mit demonstrativem Blick auf die Uhr sagte: »Kann ich kurz mal telefonieren, mein geheimer Boss in Israel wird mir gleich meinen Artikel für morgen diktieren.«

Ich sah kein Komplott, vielmehr spielten israelische Regierungen eine Reihe von Trümpfen aus. Sie verfügten über deutlich mehr Mittel und profitierten davon, dass die Menschen in Westeuropa, ungeachtet ihrer politischen Präferenzen, Israel in der Regel näher stehen. Nicht weil sie jüdisch sind, sondern, weil sie dem Westen angehören. Aus Israel kommen westliche Literatur und Filme, berühmte Klassikinterpreten. Israel kickt in der Champions League und singt beim Eurovision Song Contest. Wir sind den Israelis einfach ähnlicher als den Palästinensern, deshalb berührt uns das israelische Leiden mehr. Die *New York Times* veröffentlichte auf ihrer Meinungsseite regelmäßig Schilderungen von jüdischen Siedlern über ihr Leben im Schatten des Terrors: »Alle machen hier eine Schlankheitskur, denn unser Gewicht ist das Einzige, was wir noch kontrollieren können«, so eine Siedlerin. Für westliche Leser hat so eine Geschichte Wiedererkennungswert: Wer musste denn nicht schon mal auf die schlanke Linie achten?

Palästinenser äußern ihre Angst anders. Eine Hilfsorganisation in Gaza hat einmal einige Palästinenser und westliche Ausländer gebeten, Fotos auszuwählen, die für sie die Intifada symbolisierten. Die westlichen Ausländer entschieden sich für trauernde Mütter, weinende Kinder und Bilder der Zerstörung, die Palästinenser suchten marschierende Männer und hochgereckte Fäuste aus. Ich habe viele palästinensische Demonstrationen gesehen, die nach westlichen PR-Standards das reinste Drama waren. Ein Vater, der aufgebracht schreit: »Ist das Gerechtigkeit? Ist das Gerechtigkeit? Meine Tochter war erst elf! Ist das Gerechtigkeit?« Das Leichengeschleppe, Salven in die Luft, skandierte Parolen …

Jüdische Israelis begraben ihre Toten meist in einer stillen Zeremonie, schluchzende Trauergäste, gefasste Worte eines Angehörigen. Solche Bilder versteht man im Westen. Aber wie kann man als Korrespondent zeigen, dass sich hinter dem hysterischen Chaos auf vielen palästinensischen Beerdigungen Trauer verbirgt? Verletzlichkeit ist tabu, die Trauer findet bei den Arabern zu Hause statt. Nur stehen da keine Kameras.

Israel hatte noch einen weiteren Trumpf, stellte ich immer wieder fest, wenn ich, zurück in den Niederlanden, mit Kollegen »die Lage« durchsprach. Ein einziges Wort, und schon war in solchen Diskussionen eine Lanze für Israel gebrochen: Holocaust. Dann verstanden die meisten schon, sonst fügte ich noch zwei, drei Sätze hinzu: »Seit mehr als zweitausend Jahren werden Juden von Nicht-Juden diskriminiert, verfolgt, ermordet. Die Gaskammern stehen am Ende dieser Geschichte. Sie haben für alle Zeiten deutlich gemacht, dass das jüdische Volk erst sicher ist, wenn es einen eigenen Staat hat, und welches Land käme dafür mehr in Frage als das Gebiet, wo es nach dem Alten Testament bereits vor zweitausend Jahren einen jüdischen Staat gab?«

Wenn ich versuchte, die palästinensische Sicht rüberzubringen, waren selbst zehn Sätze zu wenig. Hier stand nicht der Holocaust im Mittelpunkt, sondern die westliche Einmischung in ihre Region, angefangen mit den Kreuzzügen, später gefolgt von der Kolonialzeit und gipfelnd in der Gründung eines fremden, westlichen Landes, Israel, mitten im Herzen der arabischen Welt, auf Kosten der Menschen, die dort bereits lebten.

Die Palästinenser haben den Nachteil, dass in der Erinnerung der meisten Europäer die Kreuzzüge und die Kolonialzeit weit weniger präsent sind als der Holocaust. Dabei stellte ich fest, dass ich die palästinensische Sicht nur vermitteln konnte, wenn ich den Spieß umdrehte: Mal angenommen, in den USA ergreift ein Verrückter die Macht, der alle Menschen mit friesischen Vorfahren verhaften und umbringen lässt. Es kommt zu einem nie dagewesenen Gemetzel, und wenn das antifriesische Regime schließlich gestürzt wird, ist klar, dass die friesischen Überlebenden nicht mehr in den USA bleiben wollen. Ein Plan entsteht: Die Friesen sollen einen eigenen Staat bekommen, und welcher Ort käme dafür besser in Frage als das Land, das laut alter Überlieferung friesisch ist? Protesten der Niederländer zum Trotz stimmen die Vereinten Nationen dem Plan zu, und aus aller Welt ziehen Menschen friesischer Herkunft in den neuen friesischen Staat, der großzügig von den USA unterstützt wird. Die übrigen Niederländer protestieren: Wir hatten doch noch nie Probleme mit den Friesen! In der internationalen Öffentlichkeit überwiegt jedoch das Mitleid mit den Friesen. Ein neuer Vorschlag kommt auf den Tisch: Die Hälfte der Niederlande wird Frisia, in der anderen Hälfte können die Niederländer wohnen bleiben. Die Niederländer nehmen das nicht hin, ein Krieg bricht aus, dank US-amerikanischer Unterstützung gewinnen die Friesen, und ein noch größerer Teil der Niederlande fällt in friesische Hände. Millionen nicht-friesischer Flüchtlinge überschwemmen die niederländischen Städte, die Spannungen verschärfen sich, da vor allem kleine Gruppen Niederländer einen Guerillakampf gegen die Friesen angefangen haben. »Terroristen!«, rufen friesische Regierungssprecher auf CNN: *They are killing innocent Frisians!* Inzwischen fragt sich das niederländische Volk, was haben wir überhaupt für eine Führung? Ein Militärputsch folgt, und als die Niederlande versuchen, im Ausland Waffen zu kaufen, erobert der junge friesische Staat in einem »Präventivschlag« den Rest der Niederlande, einschließlich Teilen Deutschlands und Belgiens. Nicht-friesische Niederländer flüchten über die Grenze in diese Nachbarstaaten, auch dort kommt es zu Staatsstreichen »zum Schutz gegen die Friesen«. Die friesische Armee regiert unterdessen mit harter Hand über die besetzten niederländischen Provinzen, würgt die Wirtschaft ab und konfisziert die schönsten Landstriche, um dort Siedlungen zu errichten und Straßen zwischen den Siedlungen und Frisia zu bauen. Dann kommt ein Friedensprozess in Gang, und die Niederländer bekommen die Provinz Limburg, ein Stückchen Brabant und eine zu Zeeland gehörige Insel angeboten. Diese Restgebiete dürfen nicht den Namen Niederlande tragen, die Niederlande dürfen keine Armee unterhalten und die Grenzen werden von friesischen Truppen komplett bewacht.

Zynismus ist eine Falle, die ein Auslandskorrespondent im Heiligen Land möglichst meiden sollte, also strich ich im Entwurf für einen Artikel über die palästinensische Sicht auf den Konflikt lieber gleich den Satz: »Nach PR-Standards ist der Holocaust für Israel Gold wert.« So kann man das in der Zeitung nicht schreiben; wenn Überlebende der Judenverfolgung das lesen, könnten sie es falsch verstehen. Doch die historische Verbundenheit mit dem Westen liefert Israel einen Ansatzpunkt für seine Medienkampagnen, und fast jede Woche fiel mir ein neues Beispiel dafür auf. Ab und an kaufte ein arabisches Land ein Raketensystem in China oder Russland. Sofort wurden Pressekonferenzen und -briefings einberufen: »Diese

Raketen können Tel Aviv gefährden!« Damit wird impliziert: Es droht ein neuer Holocaust. Währenddessen kassiert Israel jährlich »Militärhilfen« in Milliardenhöhe und erlangt so eine Zerstörungskraft, die diejenige der gesamten Nachbarländer um ein Vielfaches übertrifft. Darüber gab es jedoch keine Pressebriefings.

Mit Hinweis auf den Judenhass vergangener Zeiten kann Israel sich auch als Underdog darstellen, als verwundbares Land, das den Frieden will, aber von »Arabermassen« umzingelt ist, die »nichts lieber wollen« als die Juden »ins Meer zu treiben«. Nach dieser Darstellung sind Palästinenser und Araber von demselben Hass geprägt wie die Nazis. Israel möchte einfach nur »einen Platz an der Sonne«, und die Nachbarn sollen erst einmal beweisen, dass sie die Juden nicht länger hassen. Das alles bringt das Zitat *they are killing innocent Jews* brillant auf den Punkt. *They:* Alle Palästinenser sind schuldig. *Innocent:* Das Motiv ist Hass. *Jews:* Es geht nicht um Israelis oder Zionisten, es geht um ein weiteres Massaker an den Juden.

Es war eine starke Botschaft, und in den westlichen Medien hörte ich oft das israelische Image des friedfertigen Underdogs heraus. Während der kolonialen Besatzung durch die Briten, im Krieg von 1948 und danach, verübten jüdische Gruppen blutige Terroranschläge. Sie ermordeten einen UN-Vermittler, versuchten den britischen Außenminister in die Luft zu sprengen und vertrieben im großen Stil und manchmal mit brutaler Gewalt Palästinenser aus ihren Dörfern. Westliche Medien bezeichnen diese Gruppierungen meist als »jüdische Untergrundorganisationen«. Israel griff 1956, 1967 und 1982 ein Nachbarland an, doch oft heißen diese Invasionen »Präventivschläge«. Die besetzten Gebiete im Südlibanon waren eine »Sicherheitszone«, in der die israelische Verteidigungsarmee »Präsenz« zeigte. Die Armee greift nicht an, sondern »kommt zum Einsatz« oder »greift ein«. »Sicherheitskräfte« führen »Operationen« durch, bei denen »Elemente« »ausgeschaltet« werden. Mordanschläge sind »präventive Militäraktionen«, zivile Opfer ein »Versehen«.

Unter Kollegen wurde oft darüber genörgelt, wie die israelischen Regierungen den Holocaust instrumentalisierten. Doch wie kann man von Israel verlangen, die größte Katastrophe in der Geschichte des jüdischen Volkes links liegen zu lassen? Wenn man einen Trumpf hat, mit dem man sich in einem *soundbite* von nur 10 Sekunden als verletzlichen Underdog präsentieren kann, mit dem man Kritiker, die das anders sehen, als größtmögliche Schurken abservieren kann, spielt man diesen Trumpf doch wohl aus – vor allem, wenn man glaubt, in einen Konflikt auf Leben und Tod verwickelt zu sein?

Das klingt alles logisch, doch die kulturelle und historische Verbundenheit zwischen Israel und dem Westen macht eine neue Schwachstelle sichtbar, was das Prinzip von Meinung und Gegenmeinung angeht: Was, wenn, mal abgesehen von allen Manipulationen, eine israelische Fernsehminute das Publikum viel mehr bewegt als eine palästinensische Fernsehminute?

•

Im Heiligen Land berichtete ich also über die Palästinenser, vor allem in einer Reihe von Reportagen. Ich besuchte eine palästinensische Familie, deren zurückgebliebener Sohn von israelischen Scharfschützen erschossen worden war. Es war ein Ausgehverbot in Kraft, aber erklär das mal einem geistig Behinderten. Ich war bei Familien, deren Häuser mit Planierraupen niedergewalzt worden waren, weil aus ihrer Nachbarschaft auf eine jüdische Siedlung geschossen worden war. Die Hausherrin sagte: »Du solltest mal mit den Nachbarn reden! Uns haben die Juden fünf Minuten gegeben, um unsere Sachen aus dem Haus zu holen, also haben wir nur noch unser Gold und die Medikamente für Opa.« In Ramallah traf ich die

Computerfreaks, die die Plakate entwarfen, mit denen Märtyrer und Opfer der Intifada geehrt werden. An ihrem Rechner hantierten sie mit den Fotos der Verstorbenen und der Al-Aqsa-Moschee herum, entwarfen Schriftbalken mit Datum und Todesursache, dazu oft einen Koranvers: »Wenn wir die Al-Aqsa-Moschee ein bisschen kleiner machen, dann passt der Koranvers noch.«

In Qalgilya war ich mit ein paar palästinensischen Informatikstudenten unterwegs. Die Stadt war durch die Israelis abgeriegelt, sie konnten nicht nach Ramallah an die Uni, also schlugen sie die Zeit tot. Sie knackten im Internet die Kreditkartendaten von Siedlern und bestellten damit abartige Mengen Pornos. In Jerusalem sprach ich mit Palästinensern, die von Siedlern Autos aufkauften, die bei der Versicherung als gestohlen gemeldet waren. Die Wagen wurden über Schleichwege in eine palästinensische Stadt geschleust, wo die israelische Polizei keinen Zutritt hatte, und dort mit neuen Nummernschildern weiterverkauft. In Bethlehem erzählte ein Totengräber, dass er mit seiner Arbeit kaum hinterherkomme, und in Gaza betrank ich mich mit einem palästinensischen Geschäftsmann, dessen Fabrik von Siedlern geplündert und anschließend von Armeebulldozern plattgemacht worden war. Ebenso wie sein Reitstall, mitsamt seinem Pferd.

Solche Geschichten über die »menschliche Seite« kamen gut an, aber die politischen Nachrichten standen bei dem Konflikt im Vordergrund. Dabei galt das Prinzip von Meinung und Gegenmeinung. Wenn ich mir das aber auf CNN zu Gemüte führte, bekam ich den Eindruck, dass die palästinensischen Sprecher reihenweise ihre Chance verpassten. Immer derselbe Ablauf, egal bei welchem diplomatischen Anlass: ob bei der periodischen »visionären Rede« aus Washington, israelischen Wahlen, bei Abbruch oder Wiederaufnahme des Friedensprozesses … Ein versierter Sprecher, der Israels Position auf den

Punkt brachte: Israel will den Frieden, aber *they are killing innocent Jews.* Dann der palästinensische Sprecher: »*Clearly ... the Palestinian Nation ... will never accept the barbaric Israeli crimes ... which are of course totally rejected.*« Ein Wortschwall, vorbei an der Frage des Moderators, verworrene Stammeleien und nebulöse O-Töne über *international legitimacy.*

Erst dachte ich: Offenbar können's die Palästinenser nicht besser. Für die »menschliche Seite« sprach ich jedoch oft mit prominenten Nicht-Offiziellen unter den Palästinensern: Ärzten, Menschenrechtlern, Geschäftsleuten, Akademikern. Welch ein Talent versammelte sich dort, was für eine Belesenheit, Differenziertheit und Selbstironie, und was für ein ausgezeichnetes Englisch. Warum wurden die nicht auf CNN gezeigt? Irgendwann fragte ich sie geradeheraus: Kapiert ihr denn eigentlich nicht, wie miserabel eure Medienstrategie ist? Warum ändert ihr nichts daran?

Sie sprachen bereitwillig darüber, und fast immer listeten sie zunächst drei Punkte auf: Wir haben viel weniger Geld als Israel. Ihr im Westen seid Rassisten, für euch ist ein israelischer Toter schlimmer als ein palästinensischer. Ihr lasst euch mit dem Holocaust erpressen. Geduldig ließ ich diese Aufzählung über mich ergehen, merkte aber an, dass diese Punkte nicht erklärten, warum die Palästinenser die Chancen, die sie bekamen, auch noch versiebten. Und dann fragte ich: Warum sehe ich nicht Leute wie euch bei CNN, sondern immer nur die Sprecher der Autonomiebehörde?

Häufig kam erst ein tiefer Seufzer, gefolgt von einer Welle der Empörung: Unsere Mächtigen wissen es nicht besser und wollen es nicht besser. »Sie wissen es nicht besser«, beinahe jeder prominente Palästinenser sagte das, denn Arafat hatte nur Vertraute aus seiner PLO-Zeit auf hohe Posten gehievt. Diese Leute hatten jahrzehntelang wie Nomaden gelebt und kaum Erfahrungen mit westlichen Demokratien. Also fingen Palästinensersprecher auf CNN immer von Resolution Vier Sieben

Soundso und *international legitimacy* an. Entscheidungsträger im Westen hielten das für ein Friedensangebot im Tausch gegen die Ausführung von UN-Resolutionen, und die Palästinensersprecher konzentrierten sich auf diese westlichen Entscheidungsträger. Dass man in der Demokratie seinen Willen auch durchsetzen kann, indem man die Massen überzeugt, denen die Entscheidungsträger Rechenschaft schuldig sind, darunter konnten sich die hochrangigen Funktionäre um Arafat nichts vorstellen.

Das sei aber gar nicht das eigentliche Problem, betonten meine Gesprächspartner. Die verfehlte Medienstrategie war eine direkte Folge der autoritären Organisation der Palästinensischen Autonomiebehörde. Ein israelischer Politiker möchte an die Macht kommen und dann in die Geschichte eingehen. Also versucht er, es möglichst vielen Menschen recht zu machen, eine gute Medienstrategie wirkt dabei Wunder. Für Arafat bestand die erste und einzige Priorität darin, nicht gestürzt zu werden. Wenn eine sympathische, fließend englisch sprechende Palästinenserin gut ankommt auf CNN, möchte das westliche Publikum sie kennenlernen. Presse und Fernsehen bitten um Interviews, linke Politiker wollen sich mit ihr ablichten lassen. Sie gewinnt an Einfluss und wird so zur Bedrohung für den Anführer. Aus diesem Grund wurde die charismatische Hanan Ashrawi, die Frau, die den palästinensischen Standpunkt Anfang der neunziger so eloquent vertreten hatte, ins Abseits gedrängt. Aus demselben Grund torpedierte die Palästinensische Autonomiebehörde medienwirksame, friedliche Massendemonstrationen gegen die Besatzung: Sie könnten in Proteste gegen die eigene Führung umschlagen.

Unsere Wortführer bemühen sich nicht um einen wirkungsvollen Medienauftritt, gaben Palästinenser außerhalb der Palästinensischen Autonomiebehörde zähneknirschend zu, sondern um die Gunst Arafats. Zur Belohnung studieren ihre Kinder auf Staatskosten an den besten amerikanischen Universitäten, ihre Angehörigen werden in den besten Krankenhäusern behandelt, sie genießen zig Privilegien und werden weltberühmt. Auf all das müssen sie verzichten, wenn sie zu gut werden, zu einer Bedrohung für den Führer werden. In der Führungsetage der Autonomiebehörde zählte nicht Talent, sondern Loyalität.

Wie schon bei den Arabern war es mir auch hier wieder völlig entgangen: Die Palästinenser hatten eine Diktatur! Die Unterdrückung war zwar nicht so schlimm wie bei den Nachbarn, aber Arafat und seine Vertrauten standen über dem Gesetz und wollten nur den Machterhalt.

Im Anschluss an das Osloer Friedensabkommen von 1993 war die Palästinensische Autonomiebehörde mit europäischem Geld und amerikanischem Know-how aufgebaut worden. Israel hatte auch dabei geholfen, verständlicherweise. Alle paar Jahre bekam Israel eine neue Regierung, die bestehende Verträge auf Eis legen, uminterpretieren oder um neue Bedingungen erweitern konnte. Aber ein Diktator bleibt ein Diktator, und wenn er einmal Ja sagt, ist er an sein Wort gebunden. Der Friedensprozess drehte sich oft um die Frage nach der Zumutbarkeit. In Israel konnte die Arbeitspartei auf Likud zeigen und sagen: Die palästinensische Forderung ist einfach nicht realistisch, schaut doch, wie wir von der Opposition unter Druck gesetzt werden; wenn es nach denen geht, kriegen die Palästinenser noch weniger. Der Likud-Chef wiederum konnte mit dem Hinweis auf seine Anhängerschaft sagen, dass er keinen Zentimeter weiter nachgeben könne, ohne einen Parteiaufstand zu riskieren.

Die Palästinensische Autonomiebehörde dagegen konnte israelische Forderungen nicht auf diese Weise vom Tisch fegen, denn es gab keine offizielle Opposition. Es hatte alles seine Logik, und ich verstand wieder einmal besser, warum Israel und die westlichen Regierungen, aller Rhetorik zum Trotz, gerne Geschäfte mit Diktatoren machten: Ein starker Mann lässt sich leichter kontrollieren und unter Druck setzen als ein demokratisch gewählter Regierungschef. Und in einem möglichen Medienkrieg gegen einen selbst schickt ein Diktator bestimmt nicht seine besten Leute an die Front.

Blutige Besatzung

Es war großartig, im Heiligen Land zu arbeiten, denn die Aufmerksamkeit in der Heimat war gigantisch. Das hatte aber auch eine Kehrseite, und sollte ich das mal kurz vergessen, dann reichte ein Blick auf die Leserbriefseite, oder besser noch: das Online-Forum auf der Website der Zeitung oder des Senders.

Dort taten die Leute sich keinen Zwang an, und es war nie abzusehen, wer als Nächstes durchdrehte. Normalerweise berichtete ich über die Palästinenser in den besetzten Gebieten, mein Kollege in Tel Aviv über die jüdischen Israelis und die Millionen in Israel lebenden Palästinenser – die sogenannten israelischen Araber. Wir hielten uns gegenseitig die Waage, doch irgendwann war der Kollege im Urlaub. Ich hatte gerade drei rührende Reportagen über palästinensische Schicksale gebracht, und zwei davon hatten es dank des Sommerlochs auf die Titelseite geschafft. Ich dachte mir: Die Balance darf nicht verloren gehen. Ich warf daher mein Leben in die Waagschale, und daraus entstand dieser Artikel:

> Wer wissen möchte, was der Terror in Israel anrichtet, sollte mal in Jerusalem den Bus nehmen, der am schwersten getroffenen Stadt. Mit einem Zischen öffnet sich die hydraulische Tür, man wuchtet sich hinein, spürt sofort die Blicke: Ist das ein Araber? Trägt der einen langen Mantel, eine Tasche? Der Busfahrer fragt gleich etwas,

nur um zu hören, ob man einen arabischen Akzent hat. Über dem Sitzplatz ein Schild: »Rauchen verboten. Bitte keine Abfälle aus dem Fenster werfen«, und ein Plakat: »In den Zoo? Fahr doch mal wieder Bus!« Der Bus fährt los, die Gesichter entspannen sich. Noch ein paar Stunden bis zum Sabbat, alle erledigen noch schnell ihre Einkäufe – ein idealer Zeitpunkt für ein Attentat. Wir fahren am Mahane-Jehuda-Markt vorbei, der schon früher Ziel von Anschlägen war, jetzt überwachen Polizisten mit Metalldetektoren gelangweilt den Platz. Vorbei an der Straße, wo Anfang März eine Gruppe orthodoxer Juden in die Luft gesprengt wurde. Über die Kreuzung zur Ben-Jehuda-Straße; hier explodierten an einem kühlen Ausgehabend kurz nacheinander zwei Bomben inmitten einer Gruppe Jugendlicher.

Nächster Halt. Während der Intifada sind schon zwölf Busse in die Luft gejagt worden. Achtzig Tote, fünfhundert Verletzte, Tausende traumatisierte Augenzeugen. »Ununterbrochen«, antwortet der Soldat Menachim auf die Frage, ob er auf die Einsteigenden achtet. »Ich achte darauf, ob die Person sich verdächtig verhält, nervös um sich blickt oder abseits steht.« Eine Bombe bleibt aber eine Bombe, und auch Menachim räumt ein, dass ein Terrorist in den Sekunden, die man bräuchte, um ihn zu überwältigen, in aller Ruhe auf den Knopf drücken könnte. Die Terroristen lassen sich immer mehr einfallen, verkleiden sich als ultraorthodoxer Jude, Soldat oder Hippie, stilecht mit blondiertem Haar und Gitarre – in der die Bombe versteckt ist. Und seit es die *shahidas* gibt, die Selbstmordterroristinnen, muss man sogar auf Frauen achten. Wenn man bedenkt, dass die israelischen Juden mindestens zu einem Viertel aus dem Nahen Osten stammen und äußerlich nur schwer von Arabern zu unterscheiden sind, wird verständlich, welche Todesängste die Fahrgäste ausstehen müssen. Warum fährt eigentlich überhaupt noch jemand mit dem Bus? Menachim sagt, die Armee zwinge ihn dazu. »Wir dürfen nicht per Anhalter fahren, das Leben soll weitergehen, als gäbe es keine Anschläge. Sonst gewinnen die Terroristen.« Doch viele Israelis nehmen den Bus aus einem anderen Grund. Das Land erlebt momentan eine beispiellose Wirtschaftskrise. Die Reichen kaufen ihren Kindern ein Auto und erhöhen das Taschengeld, damit sie nicht in Pizzerien oder an anderen gefährlichen Orten jobben müssen. Kürzlich enthüllte die israelische Presse, welche Politiker ihre Kinder an Universitäten in den USA in Sicherheit gebracht hatten. Die Liste war lang.

Das ist der einzig wirksame Schutz: abhauen. »Die palästinensischen Operationen sind eine Botschaft an die Juden in aller Welt: ›Bleib wo du bist, komm nicht nach Israel‹«, wiederholt die Hisbollah nach fast jedem Anschlag über ihren Satellitensender. Hamas-Führer Mahmud Zahar sagt es unverhohlen: »Die Bomben sollen den Israelis so viel Angst einjagen, dass sie verschwinden.«

Die wenigsten Israelis verlassen das Land, aber sie leben in Angst. »Ich fühle mich schuldig, wenn ich aussteige, weil ein Araber einsteigt«, sagt ein Junge, der seinen Namen nicht nennen will. »Aber was soll ich machen?« Kurz vor der Endstation fragt Menachim: »Hast du Angst?« Als ich bejahe, nickt er langsam, streichelt sein Gewehr und sagt tröstend: »Du brauchst keine Angst zu haben.« Er lächelt verständnisvoll, aber seine Augen fixieren immer noch den Eingang.[12]

Auch dieser Artikel kam auf die Titelseite, und ich glaubte, die Ausgewogenheit in der Berichterstattung sei wiederhergestellt. Der pro-israelische Briefeschreiberklub *take-a-pen.org* sah das allerdings anders. Diese Organisation beobachtet alle Medien und ermutigt ihre Mitglieder, »wütende Briefe« an die Redaktionen zu schicken.

> Take A Pen Freunde! […] Was haltet ihr von dem Satz: »Das ist der einzig wirksame Schutz: abhauen«? Da es sich hier nicht um das Zitat eines Fahrgasts handelt, gibt er wohl seine eigene Meinung wieder, die sich im Grunde mit den Zielen der Hisbollah und der Hamas deckt. Adresse des *NRC Handelsblad*: opinie@nrc.nl. MFG,

Darunter der Name des Lobbyisten. Ein anderes Mitglied schickte anschließend folgende Reaktion:

> Schalom, ich habe gesehen, dass du dich auch über das schwachsinnige Gefasel aufgeregt hast. Die Juden müssen einfach ABHAUEN. Klingelt's endlich bei euch? Wieso kapieren die Scheißjuden das nicht? WEG MIT IHNEN. Ist das denn die Möglichkeit, dass die das immer noch nicht raffen – nach 4.000 Jahren voller Joris-Typen, die mit dem Zaunpfahl winken.

Manche Leserbriefe waren ähnlich heftig. Es fiel mir immer schwerer, mir überhaupt noch vorzustellen, dass da auch mal vernünftige Kritik kommen könnte. Die Argumente erinnerten an die der arabischen Regimes: Kritik an unserer Gruppe ist tabu, denn unsere Feinde werden uns daraus einen Strick drehen, wer Kritik äußert, zählt also zu den Feinden. Hin und wieder habe ich in den Niederlanden einen Vortrag gehalten, hinterher kamen manchmal Leute auf mich zu, tadellos gekleidet, eloquent. Sie warteten geduldig, inmitten von Jüngeren, die wissen wollten, was einem bei so einem Bombenanschlag durch den Kopf geht, und: »Wir machen bald Urlaub in Jordanien, hast du einen Tipp?« Dann waren sie an der Reihe: »Vielen Dank für Ihren Vortrag, aber mein Mann und ich tun uns manchmal schwer mit dem, was Sie über Israel schreiben.« Irgendwann entwickelt man seine Standardantworten, meine lautete: »Finden Sie es schlimm, was Israel macht oder dass ich darüber schreibe?« Dann bekamen sie einen glasigen Blick: Er gehört zu »ihnen«.

Auch die Tiraden von Sympathisanten der palästinensischen Sache überging ich immer öfter, erst recht, wenn sie von Leuten kamen, die kein Arabisch konnten. Wenn es hochkommt, kriegen vielleicht fünf Prozent der Palästinenser auf Englisch gerade mal ein *»Israel very bad«* über die Lippen. Ich finde: Wenn ihr schon so interessiert seid an »den Palästinensern«, dann lernt doch mal ihre Sprache, damit ihr wisst, für wen ihr euch eigentlich einsetzt. Aber es gibt nicht eben viele Palästina-Aktivisten, die sich mit den Leuten, über die sie reden, auch unterhalten können.

Die Reaktionen blieben heftig, und was mein Chef in einem Radiointerview dazu sagte, wird die Sache auch nicht besser gemacht haben: »Beim Thema Israel und Palästinensern kann man eigentlich nur alles falsch machen. Wenn sich die kritischen Reaktionen einigermaßen die Waage halten, haben wir unseren Job gut gemacht.« Ist ja schön, dass er das so offenherzig zugab, dass er sich nicht für den einen oder anderen Standpunkt, sondern für eine Mittelposition entschied. Bloß ermutigte er mit seiner Freimütigkeit die Lobbyisten, noch lauter rumzuschreien, sich noch extremer aufzuführen. Je weiter sie an den Rand rückten, desto mehr würde sich die Mitte vielleicht in ihre Richtung verschieben.

Es gab eigentlich nur eine einzige Gruppierung, die mich nie im Stich gelassen hat, die immer hinter mir stand und alle meine Arbeiten begrüßte – egal ob der Inhalt eher gegen »die« Araber oder gegen »die« Juden ging. Und das waren die Neonazis.

•

Unredliche Kritik macht leider auch taub gegen wohldurchdachte Einwände. Wenigstens erkläre ich mir so, dass ich fast zwei Jahre gebraucht habe, bis ich etwas mit der Kritik der israelischen Friedensbewegung und anderer Vorkämpfer der palästinensischen Sache anfangen konnte. Ihre Kritik an den Medien war nicht, dass der palästinensische Standpunkt in der Gegenüberstellung von Meinung und Gegenmeinung weniger zur Geltung käme. Sie gingen einen Schritt weiter und kritisierten die zugrunde liegende Haltung: »Zu einem Streit gehören immer zwei.« Sie wollten den Konflikt folglich genauso behandelt sehen wie das südafrikanische Apartheidsregime der achtziger Jahre. Damals wäre niemand auf die Idee gekommen, einem schwarzen Opfer ein weißes Opfer des ANC-Terrors gegenüberzustellen. Dem Apartheidsregime wurde auch nicht bei jeder Kontroverse dieselbe Sprechzeit eingeräumt wie dem ANC. Wir müssen die Gewalt verurteilen, sagten die Friedensaktivisten, erst recht den Terrorismus. Wenn aber ein militärisch überlegenes Volk ein machtloses Volk niederhält, muss diese Tatsache in den Mittelpunkt gerückt werden. Als es um die Apartheid ging, hat doch auch keiner gesagt: Zu einem Streit gehören immer zwei?

Dieses Argument habe ich seit meinem ersten Besuch im Heiligen Land immer wieder gehört, trotzdem hatte ich es nie ernst genommen, und zwar aus einem einfachem Grund: Ich wusste nicht, was ich mir unter einer Besatzung vorstellen sollte. Das änderte sich jedoch im letzten Jahr meiner Korrespondententätigkeit, denn ich zog um nach Ostjerusalem.

Befreundete Kollegen, die wie nahezu alle Auslandskorrespondenten in Israel wohnten, warnten: »Tu's nicht, das stehst du nicht durch.« Aber ich dachte mir einfach: Wenn ich umziehe, erübrigt sich die ewige Fahrerei zwischen Israel und dem Libanon. Ich fand es außerdem aufregend – und konsequent –, unter den Leuten zu leben, über die ich berichtete.

Auf nach Jerusalem also. Wie leichtsinnig ich war, schwingt auch in einem Artikel mit, in dem ich meinem Frust über das logistische Desaster des Umzugs Luft machte:

> Manchmal dauert es, bis man kapiert, dass man nicht mehr ganz dicht ist. So wie letzte Woche, als ich nach drei höllisch anstrengenden Umzugstagen in einem edlen Café in Amman eine Verschnaufpause einlegte. Mein Umzugshelfer und ich hatten eine Suppe bestellt, die lauwarm auf den Tisch kam. Zurückgeschickt, probiert, lauwarm. Zurückgeschickt, wieder lauwarm. Zurückgeschickt, immer noch lauwarm. Komm mal her, winkte ich dem Kellner. Ich schaufelte Suppe auf den Löffel und tauchte seinen Daumen hinein. Fühl doch mal, lauwarm. Ich zeigte auf die Teekanne. So heiß, bitte schön!
>
> Nicht nur, dass ich auch noch den Löffel ableckte (wegschmeißen wäre schade gewesen). Was mich vor allem an meinem Geisteszustand zweifeln ließ, war, dass ich erst nach fünf Minuten bemerkte: Das war schon komisch von dir. Der Kellner stand jetzt in der Küche und dachte: Ich habe die aus dem Westen immer verteidigt, aber das bringt das Fass zum Überlaufen. Wenn es irgendwann mal freie Wahlen gibt, wähle ich fundamentalistisch.
>
> Drei Tage waren wir schon mit meinem Umzug von Beirut nach Jerusalem beschäftigt. Luftlinie sind das vier Autostunden, aber die Grenze ist zu, und ein Umzugsunternehmen zu beauftragen ist so eine Sache, denn im Libanon und in Israel steht jeder direkte Kontakt unter Spionageverdacht. Über Zypern geht es, von dort werden die Sachen dann in neuen Kartons weitergeschickt. Doch der schwindelerregend korrupte libanesische Zoll verlangt für jede ausgeführte CD zehn Dollar, und wenn in Israel auch nur irgendetwas beim immensen Papierkram nicht stimmt, bleiben die Sachen im Hafen, und man be-

zahlt siebzig Dollar am Tag für die Lagerung. Auch weigerte sich das israelische Umzugsunternehmen, meine Sachen vom Hafen nach Ostjerusalem zu verfrachten, weil dort Palästinenser leben. Willkommen in Nahost. Also stopften wir in Beirut ein Taxi voll, um über Syrien nach Jordanien zu fahren. Von dort wollten wir am nächsten Tag über den meist eher laxen Grenzübergang an der Allenby-Brücke nach Israel einreisen. Ich stellte mir schon vor, wie ich vor einem strengen Grenzbeamten stand, samt Satellitentelefon, Gasmaske, zehntausend Dollar und einem Pass voller Stempel aus verdächtigen Ländern. *Mister bin Laden, I presume?*
Die erste Hürde war die syrische Grenze. Als Tourist kann man dort ein Visum kaufen, nicht aber als Journalist, und dummerweise enthielt mein Pass abgelaufene Pressevisa für Syrien.
»Transit?«, fragte ich so treuherzig wie möglich.
»Sie brauchen eine Genehmigung vom Ministerium. Und das Ministerium ist geschlossen.«
»Zwanzig Dollar«, ließ ich über meinen Fahrer mitteilen.
»Mal sehen, was wir tun können.«
Vierzig Dollar ärmer und vier Stunden später fuhren wir mit einem Transitvisum weiter zum richtigen Zoll. Das war spannend, denn offiziell mussten sie den Wert meiner Sachen schätzen und den entsprechenden Betrag in Verwahrung nehmen. Der Zoll an der Grenze zu Jordanien würde den Betrag zurückerstatten. Dass ich nicht lache, als hätten die solche Summen vorrätig – und als würden sie das Geld jemals wieder rausrücken. Wir entschieden uns für eine alternative Strategie und fuhren kurz darauf unkontrolliert, aber um hundert Dollar leichter an den schneebedeckten Gipfeln der Golanhöhen entlang. Die Ausreise aus Syrien machte wieder hundert Dollar, dann konnten wir aufatmen, denn Jordanien ist ein relativ an-

ständiges Land. Dann ein Streit mit dem Fahrer über sein Honorar, um ein Haar landeten wir im Abgrund, weil der Autofahrer hinter uns zu spinnen anfing, und dann war die Grenze dicht. Zwei palästinensische Eindringlinge waren geschnappt worden. Wir wollten schon umkehren, als die Grenze wieder geöffnet wurde.

In Ostjerusalem ein neuer Rückschlag: Die palästinensischen Maler, Klempner und Zimmerleute, die meine Wohnung renovieren sollten, waren eine Woche lang in ihren Dörfern eingesperrt gewesen. Wir stellten die Sachen bei Freunden unter und kehrten am nächsten Tag nach Beirut zurück: Im Taxi zur Grenze, dreißig Dollar »Ausreisesteuer« für Israel, anderthalb Stunden warten auf den Bus, acht Dollar für Jordanien, Verhandlungen mit dem neuen Fahrer über die Fahrt zum Flughafen, von wo aus wir nach Beirut fliegen wollten. Es war kalt, und wir waren ausgehungert. Weißt du was, sagten wir uns, auf der Durchfahrt halten wir in Amman für einen Teller dampfend heißer Suppe. Die haben wir uns schließlich verdient.«[13]

Fortan war es aus mit der Ruheoase Beirut, wo ich mich immer wieder hatte erholen können. Das würde sich noch rächen, aber nach dem Umzug war ich erst einmal die Fröhlichkeit in Person. Wie interessant alles war! Da stand ich in der Schlange bei IKEA hinter einem jüdischen Siedler mit gigantischem Bart, einer Kinderschar, einer Babytragetasche in der Rechten und über der linken Schulter ein Automatikgewehr. Siedler dürfen in Israel schwerbewaffnet herumlaufen. In Ostjerusalem, im besetzten Gebiet, wurde keine Post zugestellt, also musste ich ein Postfach anmelden, ausgerechnet in der jüdischen Siedlung um die Ecke. Die israelische Telefongesellschaft wollte und wollte nicht kommen, um den ISDN-Anschluss zu legen: zu gefährlich bei all den Terroristen.

Hier war das Auge des Orkans, das merkte man sogar an den Witzen: Der Oberrabbiner von Jerusalem ist zu Besuch beim Papst und muss mal mit Gott telefonieren. Der Papst zeigt ihm das Telefon und sagt: »Lass bitte deine Anschrift da, damit wir dir die Rechnung schicken können.« Einen Monat später kommt eine saftige Rechnung, die der Rabbiner stöhnend begleicht. Dann kommt der Papst zu einem Gegenbesuch nach Jerusalem. Auch er muss mal mit Gott telefonieren. Es ist ein langes Gespräch, und nachdem er aufgelegt hat, fragt der Papst, ob der Rabbiner seine Anschrift brauche wegen der Rechnung. Der Rabbiner überlegt kurz, zuckt dann aber mit den Achseln und sagt: »Ach lass mal, ist ja ein Ortsgespräch.«

Die wichtigste palästinensische Buchhandlung in der Saladinstraße in Jerusalem hatte folgenden Cartoon aufgehängt: Auf dem ersten Bild sagt ein Eskimo erbost: »Mein Name ist Menachim und Jerusalem GEHÖRT MIR!« Dann ein wütender Schwarzer: »Mein Name ist David und Jerusalem GEHÖRT MIR!« Ein Cowboyhut, darunter ein tobender Amerikaner: »Mein Name ist Schimon und Jerusalem GEHÖRT MIR!« Ein wutschnaubender Russe: »Mein Name ist Shlomo und Jerusalem GEHÖRT MIR!«, und ein empörter Indianer: »Mein Name ist Benjamin und Jerusalem GEHÖRT MIR!« Auf dem letzten Bild ein verwirrter Palästinenser: »Mein Name ist Mohammed. Ich bin in Jerusalem geboren, aber das war wohl ein Versehen.«

Die Menschen im Heiligen Land hatten durchaus einen Hang zur Selbstironie, nur, wann sah man das in den Nachrichten? Mein israelischer Techniker – ein großer Ajax-Fan – jammerte mal darüber, dass sein Hund Läuse habe. »Muss ein Bekämpfungsmittel besorgen, deutsches Zeug. Denn das muss man ihnen lassen, aufs Ausrotten von Ungeziefer verstehen die Deutschen sich.« Er erzählte mir auch diesen: Ein Amerikaner, ein Russe und ein Israeli stehen vor einem Schild mit der Aufschrift ENTSCHULDIGUNG HEUTE WEGEN ENG-

PÄSSEN KEIN FLEISCH. Fragt der Amerikaner: »Was sind Engpässe?« Fragt der Russe: »Was ist Fleisch?« Worauf der Israeli wissen möchte: »Was ist eine Entschuldigung?«

•

Es war, abermals, eine ganz neue Welt, die ich so genoss, dass ich eine Einzugsparty gab. Unter den Gästen waren mein Vermieter und seine Schwester, meine Nachbarin. Mit von der Partie war auch ein niederländischer Diplomat aus Tel Aviv, der einen schwedischen Kollegen namens Sven mitgebracht hatte. Schwer beeindruckt kam Sven auf mich zu: »Dein Vermieter und diese Schwester, das sind … nette Leute.« Ich stieß mit ihm an. Was hatte er denn sonst erwartet? »Na ja, ist ja auch völlig daneben. Aber das sind doch … *You know?*« Sven hatte zum ersten Mal in seinem Leben mit einem ganz normalen Palästinenser gesprochen. Es sind nur neunundfünfzig Kilometer Fahrt von Tel Aviv nach Ostjerusalem, und unterwegs passiert man keinen einzigen Grenzposten, denn Israel hat Ostjerusalem annektiert und zum Teil des Landes erklärt. Aber in drei Jahren Tel Aviv war Sven nicht dazu gekommen. Stattdessen hatte er die israelische PR-Story geschluckt, ohne zu kauen.

Der Vermieter und seine Schwester sollten auch mir die Augen öffnen, und zwar in Bezug auf die Besatzung. Von da an war es aus mit meiner Fröhlichkeit. Am meisten lernte ich von der neuen Nachbarin. Sie war eine steinalte katholische Jungfer, die bis 1948 in Haifa gelebt hatte. Ihre Familie war in der Zeit der Gründung Israels nach Ostjerusalem geflohen und durfte seitdem nicht mehr zurückkehren. Ostjerusalem war damals in jordanischer Hand, wurde aber 1967 von Israel erobert, jetzt lebte die Nachbarin unter der Herrschaft des Landes, das ihre Familie um alles gebracht hatte.

Und wieder wurde ihr nachgestellt. Sie bekam um drei Uhr

nachts Anrufe, und immer wenn sie abnahm, wurde nach ein paar Sekunden aufgelegt. So ging das tagelang, die Nachbarin war völlig fertig mit den Nerven. Einbrecher? Ich fragte, warum sie nicht zur Polizei ginge, sie wich aus. Ich verlängerte das Telefonkabel, damit ich ans Telefon gehen und den Anrufer mit meiner Männerstimme einschüchtern konnte. »Ich bin eine wehrlose alte Frau«, wiederholte sie immer wieder, und auf Dauer machte es mich wahnsinnig. Tatsächlich klingelte in der Nacht das Telefon. Keiner sagte etwas. Fünf Minuten später klingelte es wieder, wieder kein Ton, woraufhin ich alle hässlichen Sachen sagte, die mir auf Englisch einfielen. Beim dritten Mal begann der Anrufer jedoch in abgehackten englischen Sätzen zu reden. Er wollte nicht sagen, wer er war, noch von wo er anrief, aber er gab sich als »Freund der Familie aus Jordanien« aus. Er legte auf, und plötzlich schoss mir durch den Kopf, dass er »Jordan« nicht mit dem arabischen Zungenspitzen-R, sondern mit dem hebräischen Rachen-R ausgesprochen hatte. Das war ein Israeli! Die Anrufe hörten auf.

»Wir bekommen oft solche Anrufe«, sagte der Vermieter einmal, als ich ihm die Miete brachte. Er war ein braver, ängstlicher Mann, Arzt, Ende fünfzig. »Zuerst schüchtern die Siedler die älteren Palästinenser ein, dann tauchen Strohmänner mit einem Angebot für ihr Haus auf. Das Zwei- oder Dreifache des Wertes, und man kann bis zu seinem Tod darin wohnen bleiben. Danach wird daraus Wohnraum für Siedler. Sie bieten auch israelische Pässe, woran man sehen kann, dass sie mit den israelischen Behörden zusammenarbeiten.«

So sah also die »Judaisierungspolitik« aus, mit der Israel versuchte, alle Nicht-Juden aus Ostjerusalem zu vertreiben. Der Vermieter behauptete, »keine Sekunde« über das Angebot der nächtlichen Anrufer nachzudenken. Aber mit einem israelischen Pass könnte er ins Ausland reisen. Seine Kinder könnten in Amerika studieren und einen Partner finden. Wie viele katholische Palästinenser gab es wohl noch in Jerusalem?

Die Schlacht um das Haus, in dem ich wohnte, würde Israel irgendwann gewinnen, das zeichnete sich immer deutlicher ab.

Zum Beispiel, als die Nachbarin wieder einmal völlig außer sich vor meiner Tür stand. An dem Abend war Ausgangssperre. Israel feierte den Unabhängigkeitstag, und alle Palästinenser mussten zu Hause bleiben, zum ersten Mal auch in Ostjerusalem. Aus »Sicherheitsgründen«. Die Nachbarin zitterte am ganzen Leib, sie war überzeugt, ihr stehe Ähnliches bevor wie 1948. Ich sagte meine Termine ab (»tut mir leid, ich darf morgen das Haus nicht verlassen«) und ging zum Krämerladen, um Lebensmittel zu hamstern. Leider waren schon viele vor mir da gewesen. Ich schaute auf die Uhr: Schaffte ich es noch, zum Supermarkt zu gehen? Nur was, wenn ich irgendwo stecken blieb? Dann müsste ich in einem Hotel übernachten. Also bräuchte ich auch meinen Pass und mein Notebook, denn ich hatte eine Deadline.

Ich blieb lieber zu Hause. Eine Stunde später stand meine Nachbarin wieder vor der Tür. Es gab Hausdurchsuchungen, sie wollte mich warnen, riet mir, meine Wertsachen zu verstecken: Beweis erst mal, dass die Soldaten deinen Schmuck haben mitgehen lassen, während sie dich mit der Waffe in Schach halten. Die Ausgangssperre trat in Kraft. Draußen raste ein Auto vorbei. Ein waghalsiger Palästinenser oder ein Siedler? Für die Juden galt kein Ausgehverbot. Plötzlich knallte es, und einen Moment lang fürchtete ich, dass die Nachbarin vor Schreck tot umfallen würde. Es war das Feuerwerk, mit dem Israel seinen Geburtstag feierte.

Dann wurde bei mir eingebrochen. Auto weg, Wohnung leer geräumt und die Nachbarin außer sich. Zur Polizei? »Ich würde dir ja gerne helfen«, sagte der Vermieter, »aber regelst du das alleine mit der Anzeige? Das ist mir lieber.« Als ich daraufhin stöhnte, führte er widerwillig aus: Wenn er auf die Polizeiwache ginge, rechnete er damit, dass ein Beamter ihn fragte: »Sie wohnen also dort? Über diese Gegend wollten wir gerade einiges wissen. Sie wollen nichts sagen? Vielleicht sollten wir uns Ihren Führerschein mal genauer angucken, Ihre Praxiszulassung, die restlichen Papiere. Das kann ein Weilchen dauern. Die nächsten vier Wochen melden Sie sich hier täglich. Und wir gehen mal auf Streife durch Ihr Viertel, damit die Leute sehen, was für gute Freunde Sie bei der israelischen Polizei haben.«

Ich ging alleine auf die Wache in der nahegelegenen Siedlung Neve Yaqov. Niemand konnte oder wollte englisch sprechen, und ich wurde an einen Beamten verwiesen, der arabisch konnte. Er war mit einem Palästinenser beschäftigt, der direkt an einem Checkpoint wohnte und jeden Tag in derselben Warteschlange stand, zwei Stunden hin, zwei Stunden zurück. Er war gekommen, um einen Ausweis zu beantragen, damit er in Zukunft den ausschließlich für Juden reservierten Weg benutzen könnte. Seltsam, wie rasch ich mich an solche Ausdrücke gewöhnte: »ausschließlich für Juden reservierter Weg«.

»Komm morgen wieder«, bellte der Polizist.

»Aber das haben Sie schon gestern gesagt, und vorgestern auch. Ich bin schon zum zehnten Mal hier.«

»Dann komm halt noch zehnmal.«

Mehr Angst zu haben vor der Polizei als vor Einbrechern. War es das, was die Besatzung ausmachte? Ich nahm mir vor, in allen Interviews die Frage zu stellen: Wie ist das denn so mit der Besatzung? Und dann kamen solche Geschichten:

Der Friedensprozess hatte noch nicht begonnen. Ich war sechzehn und verliebt, so wie man es nur einmal im Leben ist. In das Mädchen von nebenan. Dann wurden an unserer Hauswand Parolen gegen Israel geschmiert, und eine PLO-Fahne. Am nächsten Tag zwangen Soldaten meinen Vater, die Parolen abzuschrubben. Ich verlor die Selbstbeherrschung und wurde verhaftet. Sechs Monate später wurde ich freigelassen, aber mein Name war bei den Juden bekannt, eine Genehmigung, um in Israel arbeiten zu gehen, konnte ich also vergessen. Ich hatte keine Zukunft. Mittlerweile hat sie einen anderen geheiratet.

Mein Sohn ist acht Jahre, er ist taub. Wir leben in Jerusalem, und nur in Ramallah gibt es eine spezielle Gehörlosenschule. Für die zehn Kilometer nach Ramallah brauche ich aber einen speziellen Ausweis. Dafür wollen die Juden natürlich eine Gegenleistung. Mein Cousin ist bei der Hamas, aber den werde ich nicht verraten. Jetzt ist mein Sohn unter der Woche in Ramallah. Jedes Wochenende hole ich ihn ab und bringe ihn wieder hin, heimlich, durch die Felder. Wir können ihm nicht einmal am Telefon »Gute Nacht« sagen, dabei hat er immer so viel Angst.

Mein Vater ist Bürgermeister, und das Geld reichte, um mich zum Studium nach Paris schicken zu können. Wein, Literatur, Proteste … Aber immer lag dieser finstere Schatten über meinem Leben: Ohne meinen Originalausweis würde Israel mich nie wieder ins Land lassen. Manchmal, wenn ich gerade mit einem Mädchen am Rummachen war, bekam ich plötzlich eine *entsetzliche* Panik. Ich musste dann erst auf mein Zimmer und nachsehen, ob mein Ausweis noch da war.

Vor dem Friedensprozess hatte mein Bruder eine geschäftliche Auseinandersetzung mit einer mächtigen Familie, die Verbindungen zur PLO hatte. Eines Tages haben sie ihn hinaus aufs Feld gelockt und erschlagen. Danach haben sie an die Häuserfassaden geschrieben, dass er mit Israel kollaboriert hätte. Was sollten wir tun?

Mein Vater hatte einen Herzfehler, der in Gaza nicht behandelt werden konnte. Wir baten um Erlaubnis, nach Jordanien reisen zu dürfen, aber die bekamen wir nicht. Wir hatten ein Formular falsch ausgefüllt, und jetzt ist mein Vater tot.

Ich hatte gestern einen Riesenkrach mit meinem jüngsten Sohn. Ich fragte, was er werden will, und er antwortete: Märtyrer. Ich sagte, ein unterdrücktes Volk braucht zwar Soldaten, aber auch Denker, Erfinder, Wissenschaftler. Er lachte mich aus: Warum soll ich mich denn in der Schule anstrengen, ich komme später ja doch nicht aus Nablus raus, um an einer guten Universität zu studieren! Und er hat ja recht.

Tagelang spukten mir diese Geschichten im Kopf herum, eben weil sie nicht von bösen Männern mit Bärten, unfähigen Sprechern oder tränenüberströmten Opfern erzählt wurden. Das alles waren ganz ruhige Männer und Frauen, Väter und Mütter, die versuchten, ihre Familie zusammenzuhalten, Omas und Opas, denen klar wurde, dass der nächsten Generation ein ähnliches Schicksal bevorstand wie ihnen. Was ich daraus lernte? Besatzung bedeutet Terror, Dauerterror, nicht durch Terroristen, sondern durch Soldaten und den Geheimdienst. Eine Besatzung ist wie eine Diktatur, denn man hat keine Rechte. Jeden Moment kann der israelische »Sicherheitsdienst« in dein Haus eindringen, dich foltern oder ohne Prozess für Jahre hinter Gitter bringen. Jeden Moment kann eine Planierraupe dein Haus dem Erdboden gleichmachen, als kollektive Bestrafung oder um einer jüdischen Siedlung Platz zu machen.

Seit 1967 lebten die Palästinenser unter diesen Bedingungen, auch der Friedensprozess hatte daran nicht wirklich etwas ändern können, denn im Grunde genommen war die »Palästinensische Autonomiebehörde« nichts anderes als eine zusätzliche Instanz zwischen den israelischen Besatzern und der Bevölkerung. Vor dem Friedensprozess mussten die Palästinenser für alles eine Genehmigung von den Israelis einholen, danach mussten sie für alles zur Palästinensischen Autonomiebehörde, die dann bei den Israelis eine Genehmigung einholen musste.

Solange ich noch eins hatte, fuhr ich ein importiertes Auto mit griechischem Kennzeichen. Alle paar Kilometer wurde ich von speziellen Antiterroreinheiten, manchmal in Zivil, manchmal in Uniform, zum Anhalten gezwungen. *»From where this car?«* In solchen Momenten gefror mir immer wieder das Blut in den Adern, und ich dankte Gott für meine weiße Hautfarbe, denn ich verstand kein Wort Hebräisch, wusste also nicht, was die riefen: »Raus aus dem Wagen, oder wir schießen!« oder »Keine Bewegung, oder wir schießen!« Auch die Polizisten waren extrem nervös – ein Terrorist würde erst darauf warten, dass sie näher kämen und dann *Wumm!* Aber dieses Gefühl der Machtlosigkeit, wenn ich mit erhobenen Händen zu einem dieser blutjungen Polizisten herüberlaufen musste …

Direkt vor meinem Haus bauten Soldaten hin und wieder eine Straßensperre auf, um alle palästinensischen Männer zwischen achtzehn und vierzig aus ihren Wagen zu holen und die Papiere zu überprüfen. Sie ließen die Männer in der heißen Sonne stehen, manchmal stundenlang, und wer meckerte, bekam eins übergezogen. Es sei denn, ich stellte mich mit meinem weißen Gesicht daneben, um zuzusehen, dann hörten sie fast immer sofort auf zu prügeln.

Das also meinten israelische Friedensaktivisten, wenn sie von Besatzung sprachen, und als ich darüber nachdachte, wie ich davon etwas vermitteln konnte, begriff ich, warum so wenige Leute verstanden, was diese Aktivisten meinten. Mit der Besatzung verhielt es sich ähnlich wie mit den arabischen Diktaturen. Das Thema hatte keinen Nachrichtenwert, man konnte es als Korrespondent höchstens in irgendwelchen Glossen anschneiden, der Nachrichtenfluss wurde von Zwischenfällen beherrscht. Oder anders gesagt: Die Besatzung war nie eine Nachricht, aber jeder einzelne Anschlag schon. Ich konnte die Besatzung zwar in einem Schaltgespräch oder einer Analyse erwähnen, doch sie blieb dabei abstrakt. Was sollte sich denn ein Publikum darunter vorstellen, das an Bürgertelefone und Härtefallregelungen gewöhnt ist?

Was die Besatzung bedeutete, müsste man anhand von Beispielen *zeigen*, im Fernsehen. Vor der zweiten Intifada gingen viele palästinensische Homosexuelle heimlich in Bars in Tel Aviv. Der israelische Geheimdienst schoss Fotos und sagte: Die verteilen wir in deinem Dorf, wenn du nicht für uns arbeitest. So eine Geschichte veranschaulicht, wie erbarmungslos eine Besatzungsmacht Menschen zermalmt; aber wie ließ sich das in Bildern einfangen? Der Schwule möchte nicht vor die Kamera, denn wenn seine Veranlagung oder seine Spitzelei für die Israelis herauskommt, ist es aus mit ihm. Der Geheimdienst streitet alles ab oder beruft sich auf ein »Staatsgeheimnis«. Höchstens ein israelischer Menschenrechtler würde sich dann noch bereit erklären, etwas zu erzählen. Nicht gerade prickelnd.

Jede Bombe stand stellvertretend für die ganze Situation, fanden die Israelis. Ein ausgebrannter Bus, ein ausgebombtes Restaurant, diese Bilder konnte man endlos wiederholen, und jedes Mal wurde blitzartig klar, dass es um Terror ging. Aber eine Besatzung … Was konnte man da schon zeigen? Panzer, Soldaten, die Papiere überprüfen, endlose Warteschlangen. Wie konnte man als Korrespondent vermitteln, welches Elend, welche Unterdrückung und Ungerechtigkeit sich hinter solchen Szenen verbarg? Davon konnte man allenfalls *erzählen*, und bekanntlich lässt sich mit Worten höchstens etwas im Kopf der Zuschauer bewegen. Mit Bildern eines Anschlags trifft man sie in die Magengrube.

In den ersten drei Jahren der zweiten Intifada starben mehr als dreimal so viele palästinensische Bürger durch israelische Gewalt als israelische Bürger durch palästinensische Gewalt. Trotzdem war die Rede von den »blutigen Anschlägen«, und nicht von der »blutigen Besatzung«. Nach einem palästinensischen Attentat, das sechs israelische Opfer forderte, haben sich die »Spannungen wieder verschärft«, eine Woche, in der fünfzehn palästinensische Bürger durch israelische Gewalt umkamen, fand indessen als »relative Ruhephase« kaum Beachtung. Ständig musste die Palästinensische Autonomiebehörde erklären, dass sie genug »gegen den palästinensischen Terror« unternahm, israelische Politiker brauchten dagegen nicht zu erklären, dass sie genug »gegen die Besatzung« unternahmen. Und auf der Website der BBC diskutierten Internetsurfer die Frage: *Was tun gegen den Terror?* Nirgends ein Forum zur Frage: *Was tun gegen die Besatzung?*

So unausgewogen war also die Gewichtung zwischen Terror und Besatzung – daran ließ sich auch in der Zeitung nichts ändern. Gut, ich konnte »Demütigung« schreiben, aber ich persönlich konnte mit so einem Wort gar nichts anfangen. Bis ich am eigenen Leib zu spüren bekam, was eine Demütigung bedeutet. Und daraus entstand folgender Artikel. Ein Leser schrieb wütend, dass ich mit diesem Text »die Grenzen des Journalismus« überschritten hätte. Das stimmte, denn innerhalb der Grenzen des Journalismus lässt sich »Demütigung« nicht erklären:

> Ich kniete vor einer vollen Toilettenschüssel. Eine Hand reichte mir eine Gabel, und unter lautem Gelächter musste ich die Haufen aus dem Wasser angeln und aufessen. Vor einem Jahr hatte ich diesen Albtraum, und wie es eben so ist mit Träumen, ich hatte ihn wieder vergessen. Als ich jedoch gestern vor einer Straßensperre ange-

halten wurde, fiel er mir in allen Einzelheiten wieder ein. Es war eine stinknormale Straßensperre. Auf der einen Seite Dutzende palästinensische Pkws, auf der anderen israelische Soldaten, vielleicht erst 18 Jahre alt, mit modischer Frisur und den neuesten Handys. Es dämmerte schon, einer der Soldaten winkte die Fahrzeuge mit einer ellenlangen Taschenlampe einzeln heran. Alle männlichen Insassen mussten aussteigen und im kalten Wind den Bauch entblößen, um zu zeigen, dass sie keine Bombe am Körper versteckten. Die übrigen Soldaten hielten die anderen Insassen, kleine Kinder und Frauen, mit ihren hypermodernen Waffen in Schach.

Dann drehte einer der Palästinenser durch. Erst hob er brav seinen Pulli hoch, aber als er sich umgedreht hatte, ließ er zur großen Heiterkeit der wartenden Palästinenser die Hosen runter. Als er wieder im Auto saß, forderte der israelische Soldat ihn auf, die Scheibe runterzukurbeln, verpasste dem Mann drei Hiebe mit der riesigen Taschenlampe auf den Kopf und bedeutete ihm: Weiterfahren!

In dem Moment erinnerte ich mich an meinen Albtraum. Am Vortag war ich mit einem palästinensischen Kollegen nach Jenin gefahren. Als wir auf dem Rückweg die Stadt verlassen wollten, landeten wir an einer israelischen Straßensperre. Es stellte sich heraus, dass man den Kollegen gar nicht erst hätte passieren lassen dürfen. Wir waren ausgehungert und mussten dringend auf die Toilette, aber die Soldaten ließen uns noch zwei Stunden warten. Danach durften wir – ohne ein Wort der Erklärung – weiterfahren. Dachten wir. Denn 200 Meter weiter war schon die nächste Straßensperre, diesmal Grenzpolizei. »Aber die Armee hat uns gerade durchgelassen«, sagten wir, »rufen Sie doch an. Oder kommen Sie kurz mit.« Der Polizist verschwand, und in der bitteren Dezemberkälte schlotterten wir wieder zwei Stunden lang, die Hände auf dem Rücken. Was macht man in so einem Moment? Sich nichts anmerken lassen, Witze reißen oder randalieren vielleicht, allerdings mit dem Risiko, dass mein Kollege für sechs Monate oder länger in »Administrativgewahrsam« genommen würde – so heißt im israelischen PR-Jargon eine Inhaftierung ohne Prozess. Du kannst gehen, gab mir der Beamte mit einem Kopfnicken zu verstehen. Schließlich konnten wir, erneut ohne ein Wort der Erklärung, weiterfahren. Auf der ganzen Rückfahrt schwieg mein ansonsten eher lebhafter Kollege, und ich versuchte, meine Gefühle zu sortieren.

Gestern an der Straßensperre begriff ich, was ich empfunden hatte und wie mein Unterbewusstsein dem Gefühl einen Namen gegeben hatte: Demütigung. Jenin war für mich eine einmalige Erfahrung, doch wie muss es sich erst anfühlen, wenn man fünfunddreißig Jahre lang von israelischen Jüngelchen schikaniert wird? Dann bleibt es irgendwann nicht mehr bei einem bösen Traum.[14]

•

Jetzt mal wieder einen Witz: Zwei Israelis sitzen am Strand von Tel Aviv und lesen, einer eine Qualitätszeitung, der andere ein antisemitisches Schmierenblatt. »Warum liest du so was?«, fragt der eine. »Früher habe ich auch eine Qualitätszeitung gelesen«, sagt der andere, »aber ich hab's nicht mehr ertragen. Die Selbstmordanschläge und Massenvernichtungswaffen, die Wirtschaftskrise und die Demonstrationen gegen Israel in Europa.« Er zeigt auf das antisemitische Blättchen. »Jetzt lese ich das hier und fühle mich viel besser. Die hier sagen, dass es eine jüdische Weltverschwörung gibt und dass wir in Wirklichkeit die ganze Welt beherrschen.«

In der Brotfabrik

Sogar das Heilige Land hatte seine nachrichtenarmen Zeiten, und zur Überbrückung waren Human-Interest-Geschichten gut. Zum Beispiel über das Jerusalem-Syndrom, eine Erkrankung, über die schon in seriösen medizinischen Fachzeitschriften geschrieben wurde. Jedes Jahr werden Dutzende Touristen in der Altstadt Jerusalems von der Vorstellung gepackt, dass die Ankunft des Messias unmittelbar bevorstehe. Die meisten können nach einigen Behandlungstagen wieder abreisen, aber andere wohnen manchmal jahrelang in Herbergen in der Nähe des Ortes, wo der Messias erscheinen soll. Ich war neugierig, was für Leute das waren, und sprach mit einem Herbergsbesitzer. »Ganz einfach«, sagte er. »Meine Gäste haben ein Problem. Sie können das nicht selber lösen, also setzen sie ihre Hoffnungen auf eine äußere Instanz, den Messias.« Er war ein nüchterner Mensch, der auf meine Frage nach seinem Glauben antwortete: »Meine Eltern sind Muslime.« Sein Blick glitt über die Gästeliste, in die sich mancher als »der Prophet Jesaja« eingetragen hatten, und er brummte: »Wenn ich der Messias wäre, würde ich mich über solche Jünger nicht freuen.«

In nachrichtenarmen Perioden bereiste ich arabische Länder, schließlich musste ich mich um die auch noch kümmern, und so habe ich nie über das Jerusalem-Syndrom geschrieben. Aber ich musste oft daran denken, wenn ich im Satellitenfernsehen oder im Internet Diskussionen über den Frieden in Nahost verfolgte. Unglaublich, wie die alle in ihrem Jerusalem-Syndrom gefangen waren. Immer mussten die *anderen* etwas machen, denn *sie* waren das Problem – wenn *sie* sich nur änderten, würde alles besser. Die Palästinenser schauten, was ihre Führer, was die arabischen Länder und was Europa oder Amerika machten. Auf den arabischen Sendern musste immer der Westen seinen Kurs ändern, Israel führte Probleme, die es mit dem Rest der Welt hatte, auf Judenhass zurück, und seit dem 11. September lautete bei westlichen Kommentatoren der Refrain: Der Islam braucht einen Aufklärungsprozess, die Muslime müssen dies, die Muslime müssen das.

Dass alle sich so aus der Verantwortung stahlen, machte mir nicht gerade viel Hoffnung. Aber in meinem letzten Jahr als Korrespondent fragte ich mich manchmal, ob ich selbst auch nur um ein Haar besser war. Musste ich nicht ein Gegengewicht schaffen zu den verzerrten Darstellungen, denen ich überall begegnete? Was, wenn bei einem Fußballspiel die eine Mannschaft 8:1 gewinnt? Als Journalist kann ich entscheiden: Wir zeigen die Tore, das war's. Hätten die Verlierer eben besser spielen sollen.

Aber was, wenn sich herausstellt, dass der Platz abschüssig ist, ein Linienrichter mit der Siegermannschaft verwandt ist und manche Fouls nicht gesehen wurden, weil die Sieger den Schiedsrichter besser austricksen können? Was, wenn der Coach der Verlierermannschaft gegen den Willen vieler Fans auf der Trainerbank sitzt oder gar mithilfe des Gegners installiert wurde? Arafat jedenfalls hatte sich von Israel und dem Westen zum »Alleinvertreter des palästinensischen Volkes« küren lassen, auf Kosten demokratisch gesinnter Anführer der ersten Intifada. Europa, die USA und Israel hatten ihm jahrelang geholfen, einen »Sicherheitsapparat« (allein das Wort!) aufzubauen, mit dem er alle anderen Trainer ins Abseits stellen konnte.

Musste ein Korrespondent nicht über dem reinen Spielergebnis stehen und zeigen, warum diese Mannschaft so schwächelt, und wie sie spielen könnte, wenn andere Spieler aufgestellt würden? Ein Journalist, der lediglich serviert, was ihm aufs Tablett gelegt wird, ergreift im Grunde die Seite der Partei, die den Nachrichtenfluss am besten zu manipulieren versteht.

Es ging um mehr als nur eine abstrakte Spielerei in einem Ethikseminar. Im Medienkrieg ziehen solche journalistischen Entscheidungen politische Folgen nach sich, wie im Fall der gescheiterten Friedensgespräche von Camp David, der größten Medienschlacht, die ich in meiner Korrespondentenkarriere erlebt habe. In Camp David sprachen im Sommer 2000 die damaligen Machthaber Barak und Arafat über den Frieden. Die Verhandlungen waren völlig festgefahren, und sofort kam die israelische Regierung mit einer wasserdichten Geschichte: Barak habe außerordentlich großzügig mehr als 95 Prozent der umstrittenen Gebiete angeboten, und das Nein der Palästinenser beweise, dass die andere Seite nicht den Frieden anstrebe, sondern die Vernichtung Israels. Kurz darauf brach die zweite Intifada los, die nahtlos in diese Geschichte eingefügt wurde: Jetzt sagen sie uns den offenen Kampf an. Die Palästinensersprecher kamen wieder über ihre Stammeleien von *»barbaric Israeli crimes«* und *»international legitimacy«* nicht hinaus – die übliche Stümperei.

Ungefähr ein Jahr später enthüllte ein ehemaliger amerikanischer Regierungsmitarbeiter Details über die Verhandlungen. Die »95 Prozent« beruhten auf einem Rechentrick, denn Ostjerusalem und an Westjerusalem grenzende Regionen waren nicht zu den besetzten Gebieten gezählt worden. Die fünf Prozent, die Israel behalten würde, schlugen Schneisen kreuz und quer durch palästinensische Gebiete. So wurde aus dem palästinensischen Staat ein Flickenteppich, kein lebensfähiges Land, denn es war vorgesehen, dass auch die Grenzen in israelischer Hand bleiben sollten. Wie ein Diplomat sich ausdrückte: »Auch das Gefängnis gehört zu 95 Prozent den Häftlingen.«

Das also war das »außerordentlich großzügige Angebot« der israelischen Regierung. Die palästinensischen Sprecher aber hatten das »Nein« ihres Präsidenten nie erläutert, geschweige denn, dass sie eine eigene Version von den Camp-David-Gesprächen hatten. Die Folge war, dass das israelische Friedenslager sich größtenteils leerte: Wenn die Palästinenser wirklich Frieden wollten, warum hatten sie dann dieses »außerordentlich großzügige Angebot« Israels ausgeschlagen?

Das Versagen der palästinensischen Pressesprecher blieb nicht ohne Folgen, und das nicht zum ersten Mal. Im Frühling 2002 unterbreitete die Arabische Liga Israel ein Angebot für einen umfassenden Frieden im Tausch gegen einen vollständigen Rückzug aus den besetzten Gebieten. Es gab zwar ein paar Fußangeln, aber es war das erste Angebot dieser Art vonseiten der Liga. Am selben Abend machte die Hamas mit einem großen Anschlag Schlagzeilen, danach kamen die amerikanische und die israelische Regierung erst gar nicht auf das Angebot zu sprechen. Sie hätten die Fußangeln benennen und anschließend ein Gegenangebot unterbreiten können, aber stattdessen ignorierten sie den Vorstoß der Arabischen Liga einfach komplett, während die arabischen Länder ihn mangels einer starken Medienlobby im Westen nicht mehr auf die Tagesordnung gesetzt bekamen. So verschwand ihre Initiative aus dem westlichen Nachrichtenfluss, und die Hamas hatte in den arabischen Medien leichtes Spiel: Wenn Israel und der Westen wirklich den Frieden wollten, warum ignorierten sie dann diesen Vorschlag?

In solchen Momenten konnte man regelrecht zusehen, wie die Kluft zwischen Orient und Westen sowie zwischen Israel und den Palästinensern tiefer wurde. Sollte ich nicht eingreifen und rufen: Der israelische Wortführer verdreht die Tatsachen! Der palästinensische Sprecher redet wirres Zeug, aber *eigentlich* möchte er dies und jenes sagen, und seine Bemerkung über *international legitimacy* bedeutet soundso!

Man könnte auch etwas weiter ausholen. Oft heißt es, der Konflikt sei unlösbar, Juden und Muslime seien zum Konflikt verdammt. Wie konnte es dann aber sein, dass Juden und Muslime über tausend Jahre friedlich miteinander ausgekommen waren? Im Mittelalter war man als Jude außer in den Niederlanden nur an einem Ort sicher: in der islamischen Welt. Noch bis zur Mitte des zwanzigsten Jahrhunderts lebten über eine Million Juden in den arabischen Ländern. Die Technologie für Gaskammern war auch dort sicher vorhanden, aber Muslime haben nie welche gebaut.

In Gesprächen mit den einfachen Palästinensern und Israelis fiel mir immer wieder auf, dass jeder über den anderen nahezu das Gleiche sagte: »*Sie* hassen uns.« Okay, sagte ich, hasst ihr sie auch? »Natürlich nicht«, war dann die Antwort. »Wir wollen Frieden.« Das bekam ich nicht zehn, nicht hundert, sondern jedes einzelne Mal zur Antwort, wenn ich jemanden fragte, ob er die anderen auch hasse. Das Problem scheint mir darin zu bestehen, dass niemand seine Angst zu zeigen wagt: *Sie* sollen bloß nicht denken, dass *wir* schwach sind. So entsteht ein Teufelskreis, bei dem die Selbstverteidigung der einen in den Augen der anderen nichts als Aggression ist und umgekehrt, womit die Angst weiter geschürt wird.

Wenn man diesen Teufelskreis durchbrechen will, verlangt das nach einer radikal anderen Art des Journalismus. Die Medien sollten sich weder auf den Punktestand 8:1 beschränken, noch auf die Erklärung, wie eine Mannschaft so hoch hat verlieren können. Die Medien sollten lieber erklären, wie es dazu gekommen ist, dass die 22 Spieler in zwei Teams gespalten sind, und was man dagegen tun kann. Dem aufgebrachten

Sprecher des einen Staatschefs würde dann nicht länger ein aufgebrachter Sprecher des anderen Staatschefs gegenüberstehen, sondern ein Vertreter der Friedensbewegung. Der eine Gewaltakt würde nicht gegen den anderen, mit Opfern und Tätern in vertauschten Rollen, aufgerechnet werden, stattdessen würde ein hoffnungsvoller Bericht über die 99,99 Prozent der Israelis und Palästinenser erscheinen, die an diesem Tag keine Gewaltakte verübt haben.

Die Bilder, die die Medien von der Wirklichkeit verbreiten, spielen *in* dieser Wirklichkeit wieder eine Rolle, und Ängste können als *self-fulfilling prophecy* wirken, aber Hoffnung und Vertrauen auch. Was würde passieren, wenn Nachrichtensendungen nicht länger auf Angstszenarien setzten, sondern auf das Alltägliche, das Hoffnung und Vertrauen schenkte? Und wie viele Menschen würden sich noch in die Luft sprengen, wenn sie wüssten, dass die Welt nie von ihrem Opfer erfahren würde, weil sich die Medien nicht darum scherten?

Das waren meine Fragezeichen. Trotzdem habe ich nie ein »Gegengewicht« in die Waagschale geworfen, und nur ein einziges Mal den Sprung auf die Meinungsseite gewagt. Für diese Zurückhaltung gab es drei Gründe, von denen der erste meine eigene Auffassung von Journalismus war. Wenn ich die Welt verändern wollte, statt sie zu zeigen, hieß das, den Job hinschmeißen und Aktivist werden. Ich kannte Kollegen, die sich das tatsächlich überlegten, genauso wie ich Aktivisten kannte, die über den entgegengesetzten Schritt nachdachten. »Alles steht und fällt mit der Meinungsbildung in den Medien«, sagten sie. »Wir laufen immer nur hinterher.«

Diese Bemerkung macht deutlich, wie schlecht manche Aktivisten über das Funktionieren der Nachrichtenindustrie informiert waren. Das war der zweite Grund, warum ich mich nicht um Kurskorrekturen oder ein Gegengewicht bemühte: Ich hatte kaum die Möglichkeit dazu. Die Vorstellung vom

Korrespondenten ist, dass er »die Story« hat, aber in Wirklichkeit sind die Nachrichten wie ein Fließband in der Brotfabrik. Am hinteren Ende stehen die Korrespondenten, und wir tun hin und wieder so, als hätten wir die Brötchen selber gebacken, dabei haben wir sie nur eingetütet.

Zum Beispiel die Fernsehbeiträge, die mit der Stimme des Korrespondenten unterlegt sind, im Jargon *voice tracks* genannt: »Heute war erneut ein blutiger Tag im Nahen Osten. Israelische Sicherheitskräfte erschossen fünf mutmaßliche palästinensische Terroristen. Nach Auskunft der Palästinensischen Autonomiebehörde handelte es sich dagegen um Angehörige der Polizei.« Nicht der Korrespondent entscheidet darüber, ob ein Beitrag zu diesem Thema gemacht wird, sondern die Redaktion. Von den Presseagenturen kommt eine fertige Geschichte, mit einführendem Text, Bildern und Kommentarsätzen. Darüber wird in der Redaktion diskutiert, erst dann werde ich angerufen. Ich kann selber Themen vorschlagen, aber die Redaktion entscheidet, und ihr Blickwinkel ist maßgeblich von der Themenauswahl durch die Presseagenturen und CNN geprägt.

Ich hatte eine einzige Bühne, auf der ich vor großem Publikum meine eigene Geschichte erzählen konnte, und zwar das Schaltgespräch im Fernsehen. »In Jerusalem steht unser Korrespondent. Joris, was sind die Auswirkungen auf den Friedensprozess?« Die Fragen für solche Gespräche werden im Vorfeld abgesprochen, also war es möglich, den Inhalt mitzubestimmen. Aber der Schlussredakteur mahnte mich, dass meine Geschichte »nah an den Nachrichten dran« sein musste, und was kann man schon erzählen in drei mal 45 Sekunden? Beim Zeitunglesen kann man zwischendurch mal an die Decke starren, nachdenken, im Text zurückspringen, wieder nachdenken und weiterlesen. In der Bilderwelt des Fernsehens ergießt sich ein ganzer Schwall auf einmal, und sieben Minuten lang denselben sprechenden Kopf, das hält kein Zuschauer durch, ebenso wenig wie der sprechende Kopf selbst. Einen geschriebenen Text kann man noch mal bearbeiten, einem Kollegen zeigen, eine Weile liegen lassen. Bei einem Schaltgespräch muss alles auf einmal sitzen, man muss in dem Moment an alles denken, auch daran, dass das Publikum kaum Hintergrundwissen hat, dass eine falsche Krawatte oder ein Versprecher dermaßen ablenkt, dass die Geschichte hin ist, und dass empörte Lobbyisten und empörte Leserbriefschreiber mit gezückten Notizblöcken und Videorecordern vor der Glotze sitzen.

Ein gutes Schaltgespräch: alles eine Frage der Routine, versuchten sie mir beim Fernsehen einzureden, ich müsse nur lernen, meine Geschichte auf das Wesentliche zu reduzieren. Aber das ist doch genau das Problem in diesem Medienkrieg, stöhnte ich dann jedes Mal. Ist die Besatzung das Problem oder der Terror? Ging es um Sicherheit für die Juden oder um Freiheit für die Palästinenser? Tatsächlich bekam ich Routine: Ich fand mich nämlich langsam damit ab, dass ich zwar berichten konnte, wie viele Menschen an diesem Tag in die Luft gesprengt worden waren, aber nicht erzählen durfte, warum.

Der dritte Grund dafür, dass ich keine Kurskorrekturen vornahm, war der wichtigste: Ich blickte selber nicht mehr durch. Es kam mir vor, als würde Israel jeden Monat nahezu alle Oscars einheimsen, und man würde sagen: Dieser Übermacht muss ich etwas entgegensetzen. Zu Hause standen auch immer prominente Landsleute aus Politik und Medien in den Startblöcken, um die Entwicklungen zum Vorteil Israels zu deuten. Wenn die Arbeitspartei die Wahlen gewann, hatte Israel den Frieden gewählt, gewann Likud, dann hieß es, gerade diese Partei könne den Frieden herbeiführen. Regelmäßig las ich in Interviews: »Mein Herz schlägt für die Palästinenser, aber ich finde auch, dass es eine Lösung für die Juden geben muss.« Die Existenz Israels zur Debatte zu stellen ist in den

Niederlanden so gut wie tabu, die Frage, ob die Palästinenser einen Staat haben dürfen, gilt hingegen als diskussionswürdiges Thema.

Ich hatte die Niederlande immer für proisraelisch gehalten, doch in meinem letzten Jahr als Korrespondent bekam ich mit, wie prominente Landsleute die Israelis mit den Nazis verglichen, und aus einer groß angelegten Umfrage ging hervor, dass zig Prozent der Befragten Israel für »eine der größten Gefahren für den Weltfrieden« hielten. Was sollte das nun wieder? Woher rührten eigentlich die schlimmen Zerrbilder vom Heiligen Land? Von den Medientricks der israelischen Regierungen? Oder vom einseitigen Fokus auf israelische Menschenrechtsverletzungen, der bei den Menschen ja den Eindruck erwecken musste, dass im Heiligen Land wirklich furchtbare Dinge geschahen?

Deshalb habe ich nach noch so einem Nazi-Vergleich meiner Wut mal mit einem Kommentar Luft gemacht. Ich wollte unbedingt loswerden, dass dieser Vergleich an den Haaren herbeigezogen ist und zu allem Überfluss die Angst bei den Juden in Israel schürt: Geht das schon wieder los mit den Nicht-Juden. Zudem befürchtete ich, dass meine eigene Arbeit dazu beigetragen hatte, das Bild von Israel als größtem Schurkenstaat in Nahost zu prägen. Immerhin verfasste ich seitenweise Berichte über israelische Verbrechen, während die Diktaturen in anderen Teilen der Region, trotz der Unterdrückung und Massaker, die dort in noch größerem Ausmaß stattfanden, nur wenig Beachtung fanden.

Also schrieb ich, dass die Nazis in einem Monat mehr Juden ermordet haben, als Israel in einem halben Jahrhundert Palästinenser getötet hat, dass israelische Regierungen nie versucht haben, die Palästinenser auszurotten und dass die israelische Presse und Politik die Palästinenser zwar »entmenschlichen« und als minderwertige Gruppe ausgrenzen, dass aber gleichzeitig eine Million Palästinenser innerhalb

Israels mehr Rechtssicherheit genießen als die Araber in der ganzen restlichen Region. Israel verstieß gegen die Regeln, aber die arabischen Diktaturen hatten nicht einmal welche. Es war besser, ein Palästinenser unter der Knute Israels zu sein als ein Kurde unter Saddam oder ein Südsudanese unter dem Regime in Khartoum.

Es wurde ein großer Artikel, den ich sofort bereute. Nicht nur erntete ich wütende Reaktionen: »Wer ist Ihr Korrespondent, dass er die Angst in den Herzen ›der‹ Juden diagnostiziert?« Bei einem Abendessen klopfte mir ein Kolumnist anerkennend auf die Schulter: »Diese Bemerkung von dir, dass du als Palästinenser mehr Rechte hast als die Leute in irgendeinem anderen arabischen Land, konnte ich schon oft zitieren, alle Achtung.« Ich errötete, sagte, dass ich über die Rechtssicherheit israelischer Araber geschrieben hatte, nicht über die Palästinenser in den besetzten Gebieten. Aber der Mann hörte mir erst gar nicht zu. Für ihn war der Medienkrieg ein Spiel, sein Standpunkt stand fest und er brauchte bloß ein paar passende Argumente.

Was soll's, zu dem Zeitpunkt hatte ich meine Kündigung bereits in der Tasche. Nach fünf ereignisreichen Jahren wartete ich nur noch auf das Dessert, auf die amerikanische Invasion in den Irak.

Absurd und grotesk

Die Araber sprechen vom Strohhalm, der den Rücken des Kamels bricht, wir vom Tropfen und dem Fass. Bei mir ist es nicht so gewesen, dass ich von heute auf morgen dachte: Jetzt reicht es, ich höre auf. Ich wollte nach all den Jahren einfach gerne wieder eine Weile in meinem eigenen Land leben, und als mich aus der Redaktion jemand fragte, ob ich das Ganze vielleicht nicht mehr verkrafte, schüttelte ich den Kopf.

Das war nicht das Problem, oder wenn, dann nur zum Teil. Was ich nicht mehr verkraftete, war, dass ich es immer *besser* verkraftete. Im Heiligen Land wurde ich mit himmelschreiender Ungerechtigkeit, völlig absurden Zuständen und Todesängsten konfrontiert. Am Anfang hat mich das alles sehr beschäftigt, aber nach einiger Zeit nicht mehr. Eine Zeitlang fand ich die Gewöhnung daran inakzeptabel, dann ließ auch das nach, und ich fragte mich in einem hellen Moment: Wie weit möchte ich eigentlich abstumpfen?

Am Anfang hatte ich mich im Heiligen Land schrecklich geärgert. Am stählernen Unvermögen der Israelis, sich auch als Täter zu sehen. Am Rassismus gegen die Araber und am manchmal hysterischen Nationalismus im jüdischen Staat … Darüber, wie das palästinensische Fernsehen endlos Bilder von zu Klump geschossenen Dreikäsehochs wiederholte, dass die Bastelabteilung der Hamas in Nablus die Pizzeria nachbaute, die sie gerade in Jerusalem in die Luft gesprengt hatte, dazu Körper aus Pappmaché. Dieser ganze Kult um die Selbstmordattentäter: Wie konnte man nur glauben, dass jemand, der so etwas getan hat, in den Himmel kommt?

Widerwärtig fand ich das, am Anfang. Dann gewöhnte ich mich daran, so wie ich in der arabischen Welt zuletzt auch nicht mehr Anstoß nahm an Bettlern, die so alt waren wie mein eigener Vater, oder an den Lügen des Regimes, oder daran, dass ägyptische Journalisten die Angewohnheit hatten, Homosexuelle als »abartig« zu bezeichnen. Mit den einfachen Arabern bin ich eigentlich immer gut zurechtgekommen, und gemessen an den Preisen war mein Gehalt königlich. Dort schwelgte ich in Luxus und Freiheit, inmitten von Armut und Unterdrückung. Das war anstößig, aber nach einer Weile nicht mehr – und erst *das* war wirklich anstößig.

Sogar an das Gefühl der Entfremdung gewöhnte ich mich. Oft kam es mir vor, als taumelte ich zwischen Parallelwelten: meiner Sicht der Welt, der palästinensischen Sicht, der israelischen Sicht, der Sicht der westlichen Medien. Ohne dass ich es merkte, veränderte sich mein Sprachgebrauch. Ich sagte nicht länger »Spitze« und »Wahnsinn«, sondern »absurd« und »grotesk«. Zwei Erfahrungen habe ich besonders gut in Erinnerung.

Regelmäßig errichteten israelische Truppen in den palästinensischen Gebieten Straßensperren: »Nach dem Anschlag wurden die Sicherheitsmaßnahmen von Israel verschärft«, dazu Bilder von Soldaten, die palästinensische Ausweise kontrollieren. Ich habe häufig bei mir in der Straße bei einer Straßensperre zugeguckt. Palästinensische Autos im Stau, manchmal stundenlang. Wenn sie endlich an der Reihe waren, schaute der israelische Soldat häufig gar nicht erst in den Wagen. Der Kofferraum wurde auch nicht durchsucht, noch andere Stellen, wo sich ein Terrorist versteckt halten könnte. Fußgänger wurden durchgelassen, ohne Ausweiskontrolle. Es war aber noch verrückter. Während der eine Teil des Verkehrs in einer langen Schlange vor dem Checkpoint stand, bog der andere in das angrenzende Viertel ein, um einen Umweg durch die schmalen Gassen zu fahren, die ruck-zuck verstopft waren. Am Ende dauerten beide Strecken gleich lang, das konnte man gut vergleichen, weil der Schleichweg 150 Meter hinter dem Checkpoint endete, voll im Blickfeld der Soldaten.

Das waren die »Sicherheitsmaßnahmen«, die das Leben der normalen Palästinenser zermürbten, mit tödlichen Folgen, denn auch die Krankenwagen steckten fest. Endlos beschrieb ich die Checkpoints, doch solange die Presseagenturen über die Straßensperren als »Sicherheitsmaßnahmen« berichteten, sahen die Redakteure beim meinungsprägenden Fernsehen die Welt weiterhin durch diese Brille und gaben diese Sicht auch so weiter.

In Ramallah ging ich manchmal spazieren, um die Atmosphäre zu kosten. Waren die Autos, die vor der Tür standen, teuer? Gab es viel Verkehr? Wie waren die Menschen hier? Auf solch einem Spaziergang kam ich mal am City Inn-Hotel vorbei. Ich war schon öfter dort gewesen, aber immer nur, wenn es zu »Zusammenstößen zwischen palästinensischen Demonstranten und der israelischen Armee« gekommen war. Jetzt war die Gegend menschenleer. Zu der Zeit durfte das israelische Militär nicht in Ramallah patrouillieren, und das City Inn-Hotel stand an der Stadtgrenze. Ich weiß nicht mehr, wer zuerst da war, aber plötzlich tauchten sie aus allen Himmelsrichtungen auf: israelische Jeeps, die extra aus der Kaserne angerückt kamen, palästinensische Jugendliche, die den weiten Weg aus der Schule hierhergelaufen waren. Dann kreuzten einige Zuschauer, ein Krankenwagen, ein Falafel-Verkäufer und ein Kamerateam auf. Da fingen die Jugendlichen auf einmal an, Steine zu werfen. Die Israelis feuerten in die Luft. Die Jugendlichen wagten sich näher heran, und die Israelis feuerten wieder in die Luft. Die Jugendlichen wagten sich noch näher heran, da schossen die Israelis einen von ihnen nieder: heulendes Martinshorn, skandierende Jugendliche, laufende Kameras.

Hello everybody! Waren die Kameras hier, weil etwas passierte, oder passierte etwas, weil Kameras da waren? Manchmal hatte ich das Gefühl, als arbeitete ich für *Die Versteckte Kamera* oder *Verstehen Sie Spaß?* Die Macher im Fernsehen und die Zuschauer zu Hause wissen etwas, was die Leute vor der Kamera noch nicht wissen können, und das ist dann zum Totlachen. Die Nachrichten über den Nahen Osten funktionieren ähnlich, mit nur einem Unterschied: Hier sind es die Macher und die Menschen im Bild, die zusammen den Zuschauer verschaukeln. Während Korrespondenten, die aus arabischen Diktaturen berichten, nicht offen zugeben, was sie alles nicht wissen, schweigen sie im Fall von Israel und den Palästinensern über das, was sie alles wissen. Jedenfalls ist mir so etwas nirgends untergekommen: »Dieser Siedler wurde uns von israelischen Regierungsstellen vermittelt.« Oder: »Dieser Hinterbliebene wurde uns von der Palästinensischen Autonomiebehörde gestellt.«

Ich konnte mich immer weniger darüber aufregen, die Machtlosigkeit fühlte sich irgendwann ganz normal an. Die Menschen im Heiligen Land leiden. Man erkennt es daran, wie sie über die Straße gehen, wie sie im Bus ins Leere starren, dich im Supermarkt mit ihrem Einkaufswagen rammen … Alte jüdische Damen, die lieber auf die andere Straßenseite rüberhumpeln, sobald ihnen ein Mann mit arabischem Aussehen entgegenkommt. Palästinensische Kinder, die beim Anblick eines israelischen Hubschraubers ihre Angst zu überspielen versuchen, denn Angst zu haben ist nicht cool. Die Gesichter der Menschen schreien nach einer Lösung, und ich konnte nichts für sie tun. Andere arbeiteten hart an ihrer eigenen Lösung. Siedler, Friedensaktivisten, Fundamentalisten beider Religionen … Sie wussten alle, was sie zu tun hatten, betrachteten es als ihre heilige Pflicht, so stark wie möglich Druck auszuüben, und je stärker der Druck von der einen Seite, desto stärker der Gegendruck von der anderen. Es war ermüdend, eine Weile. Dann hatte ich mich auch daran gewöhnt.

Wie war es möglich, derart abzustumpfen? Im Nachhinein glaube ich, dass es eine Reaktion war auf die Gefahr, die mich umgab. Normale Menschen reagieren auf Bedrohungen, indem sie kämpfen oder fliehen, aber Journalisten tun weder das eine noch das andere, also musste ich die Realität leugnen, einen Teil der Warnsignale in meinem Hirn einfach abblitzen lassen. Ich benahm mich wie ein überforderter Polizist, der ein Problemviertel lieber links liegen lässt. Das geht eine Zeitlang, aber die Gesetzlosigkeit wird zwangsläufig um sich greifen, Straße für Straße, bis die ganze Stadt davon infiziert ist. So ist es mir wahrscheinlich auch ergangen. Zuerst fühlte ich meine Angst nicht mehr, doch als die Bedrohung anhielt, wurden auch andere Teile meines emotionalen Haushalts in Mitleidenschaft gezogen. Ein Freund im Libanon erzählte, der Bürgerkrieg habe seinen Realitätssinn für immer zerstört: »Um zu überleben, musst du dir selber weismachen, dass die Wirklichkeit anders sei, als sie ist. Das gelingt, und du überlebst. Aber wie kommst du dann noch dahinter, was die Wirklichkeit war? Und ist?«

In dem Jahr, das ich im Heiligen Land verbrachte, starben nirgends so viele Journalisten wie dort. Ich ließ meine Blutgruppe bestimmen, lernte Vokabeln: *shrapnel* (umherfliegende Granatsplitter), *stray bullets* (verirrte Kugeln) und »Kriegsrisikopolice« – eine normale Krankenversicherung schließt Schäden »durch Kriegseinwirkung« aus, so dass man sich in Krisengebieten für mehrere Hundert Euro am Tag zusätzlich versichern muss. Ich bekam eine kugelsichere Weste und einen Helm, aber na ja, wie es dann so ist … Die Dinger sind sauschwer, und bald verhielt ich mich wie die meisten Kollegen: Wenn die Kameras liefen, wurde die Weste umgelegt, der Helm aufgesetzt, danach legte ich sie wieder in den Wagen. Ich fand mich lächerlich in den Sachen, zwischen all den Palästinensern, die ohne solchen Schutz auskommen mussten.

Wenn ich daran zurückdenke, habe ich mich mit der Gewalt arrangiert, indem ich tat, als wäre die kugelsichere Weste überflüssig, als wäre alles nur Show und ich ein Laienschauspieler darin, der improvisieren musste. An diesem Rollenspiel hielt ich fest, was auch passierte. Und es passierte einiges.

Ich wohnte erst seit wenigen Wochen in meiner neuen Wohnung in Ostjerusalem, als an der Kreuzung 150 Meter von meiner Haustür ein Bombenattentat verübt wurde. Ziel war eine Bushaltestelle, an der Juden auf den Linienbus in ihre Siedlungen warteten. Vom Hausdach aus blickte ich auf die Verwüstungen, in der einen Hand einen Gin Tonic, in der anderen das Mobiltelefon, im Gespräch mit der Redaktion in Hilversum: »Was sagst du, bei dir vor der Tür? Sekunde, ich frage mal eben den Schlussredakteur … Er sagt, wenn's viele Tote gibt, machen wir vielleicht was, wahrscheinlich nach 18:30, wenn die Parlamentsdebatte sich hinzieht. Ich rufe dich in einer Stunde zurück, dann steht die Zahl der Opfer sicher schon fest … Mist, tut mir leid, ich bekomme einen anderen Anruf, das wird Jakarta sein. Kopf hoch, mein Lieber.«

Ein paar Wochen später ging in der Nachbarschaft wieder eine Bombe hoch, einen Monat später wurde dieselbe Kreuzung noch einmal getroffen. Beim ersten Mal war nur der Selbstmordbomber umgekommen, und es gab 25 Verletzte. Diesmal starben außer dem Attentäter sieben Israelis, mein Nachbar fand in seinem Garten eine abgerissene Hand. Nichts wie weg, sollte man meinen, doch anstatt meine Sachen zu packen, fing ich an, die Routinen und Rituale, die ein solcher Anschlag nach sich zog, zu studieren wie ein Ethnologe. Die kurze Stille nach dem Knall, die Schreie der Überlebenden, die fast sofort aus allen Windrichtungen ertönenden Sirenen, als schrie die ganze Stadt vor Schmerz auf. Die Männer des Magen David Adom, dem »Roten Davidsstern«, waren meistens als Erste am Schauplatz. Diese Freiwilligen des jüdischen Roten Kreuzes markierten die Verwundeten mit farbigen Streifen, um den Notarztteams zu signalisieren, wen sie als Erstes behandeln sollten. Grün bedeutete leicht verletzt, gelb schwer, rot lebensgefährlich, und schwarz bedeutete tot. »Du musst innerhalb von Sekunden entscheiden, wen du zu retten versuchst«, erzählte einer der Männer. »Und wen nicht.« Die Polizei schirmte die Leichen ab, die blitzschnell zum Schauplatz geeilten Sprecher diktierten ihre wunderbaren O-Töne schon den rasend schnell zum Schauplatz geeilten Kamerateams. Dann erschien eine Handvoll singender Aktivisten: »Tod den Arabern, Sieg der Armee. Keine Araber, kein Terror.« Wenn all diese Leute zum Essen nach Hause gegangen waren, traten die Männer von Zakah auf den Plan, einer jüdischen Freiwilligenorganisation, die die Umgebung nach Organen, Gliedmaßen und sogar Blutspritzern absuchte, um diese gemäß ihren Glaubensvorschriften zu bestatten. Das Infrastrukturamt beseitigte die übrigen Spuren mit atemberaubender Geschwindigkeit und so gründlich, dass man am nächsten Tag an der Stelle vorbeifahren konnte, ohne das Geringste zu sehen, was noch auf den Anschlag hindeutete.

Warum haute ich nicht einfach ab? In seinem Buch *Von Beirut nach Jerusalem. Der Nahostkonflikt – Geschichte und Gegenwart* berichtet der *New York Times*-Korrespondent Thomas L. Friedman vom blutigen libanesischen Bürgerkrieg. Er beschreibt, wie die Gastgeberin bei einem feinen Dinner ihre Gäste fragt: »Wollen wir jetzt essen, oder warten wir auf die Feuerpause?« Krieg und Terror werden zur Normalität, man gibt ihnen einen Platz im Leben und macht weiter, alle tun das. Deshalb gingen die Libanesen Friedman zufolge nicht fort, als ihnen jahrelang Körperteile um die Ohren flogen, die zu Menschen gehörten, die noch beim Frühstück beteuert hatten: »Schatz, du brauchst dir keine Sorgen zu machen, du weißt doch, ich passe immer gut auf.«

Gut aufpassen, als ob das einen Unterschied machte. Trotzdem tat ich genau das, und auch wenn ich gerade nicht aufpasste, tat ich kaum noch etwas anderes. Eine Sirene war ein Herzinfarkt, zwei ein Verkehrsunfall, drei ein Anschlag. Verkehr: Unbedingt Abstand von Bussen halten, sonst sitzt man an einer Ampel neben einer potentiellen Bombe fest. Öffentliche Räume: Sieht irgendwer arabisch aus, oder trägt jemand einen langen Mantel, vielleicht mit einer Bombe darunter? Sehe ich eine herrenlose Tasche? Habe ich mein Gepäck noch? Denn wer in Israel etwas unbeaufsichtigt zurücklässt, kann hinter der fix errichteten Absperrung gerade noch zugucken, wie seine Einkaufstüte von einem Spezialroboter in die Luft gesprengt wird. Irgendwann machte man das alles ganz automatisch, und als ich für ein paar Tage zurück in den Niederlanden war, lief ich im Kaufhaus gleich zum Wachmann am Eingang, um meine Tasche kontrollieren zu lassen.

Ich war zwar ständig auf der Hut vor den Gefahren, aber paradoxerweise war ich mir dessen immer weniger bewusst. Ich wusste, dass es täglich Tote gab, doch ich lernte, mit dem Sensenmann zu verhandeln, und erlangte so wieder ein Gefühl der Kontrolle und Sicherheit – jedenfalls solange ich nicht weiter darüber nachdachte. Wie fahre ich vom Flughafen Ben Gurion nach Hause: über die Straße durch Israel, wo man oft stundenlang im Stau steht? Oder nehme ich doch schnell die Siedlerstraße quer durch besetztes Gebiet? Diese Strecke ist zwar schneller, aber es treiben sich dort Heckenschützen herum, die nicht vorher gucken, ob wirklich ein jüdischer Siedler im Auto sitzt – das würden sie abends schon in den Nachrichten erfahren. Andererseits: Wie groß war denn die Wahrscheinlichkeit, dass ausgerechnet mein Wagen unter Beschuss genommen würde? Fahre ich in Tel Aviv mit dem Taxi an den Strand, oder nehme ich den zehnmal billigeren Bus, auch wenn es eine 0,0001-prozentige Chance gibt, dass ausgerechnet der in die Luft gejagt wird? Gehen wir zum Palästinenser um die Ecke, wo vieles oft ausverkauft und das meiste überteuert ist, oder zum günstigen israelischen Supermarkt, wo es alles gibt, ein winziges Anschlagsrisiko inklusive?

Es war eine Art Betäubungszustand, in den ich mich selbst versetzte, jeder kennt da so seine eigenen Tricks. Ein Freund, von Beruf Physiker, lud mich einmal zu einem Essen im jüdischen, also unsicheren, Westjerusalem ein. Was sagt man dann als abgebrühter Korrespondent? Er bemerkte mein Zögern: »Keine Angst, ich weiß, was ich tue.« Wir fuhren durch Westjerusalem, und bei einem Restaurant mit riesigen Fenstern, das direkt an der Straße gelegen war, sagte er: »*That place is death!* Schau nur, mit einem Schritt bist du mitten drin im Laden, wer da essen geht, ist lebensmüde.« Ihm zufolge hatten die Terroristen eine Liste von Etablissements, die sie in die Luft sprengen wollten. »Irgend so ein Typ fährt durch die Gegend und notiert mögliche Anschlagsziele: Hoppla, dieses Restaurant bekommt einen Stern!« Er nannte seine Kriterien für eine sichere Mahlzeit: Das Lokal muss an einem gut versteckten Ort liegen, und der Türsteher muss weit genug von den Gästen stehen, sonst würde der Attentäter sich einfach auf ihn stürzen. Es war von Vorteil, wenn israelische Araber das Lokal besuchten, während man Keller und andere geschlossene Räume meiden sollte – eine Explosion, die nicht »raus kann« prallt hin und her, was auch der Grund dafür ist, dass Terroristen enge Gassen bevorzugen. Beim Essen, nach anderthalb Stunden Fußball, Frauen und Schwerkraft erzählte mein Freund beiläufig, dass er eine Woche vorher in seinem Stammcafé einen Kaffee trank, bezahlte, das Lokal verließ, ein Grollen hörte und sah, dass eine Bombe alles zerstört hatte. »Damit hätte ich nie gerechnet«, sagte er. »Aber es leuchtet ein. Das Büro des Premiers ist in der Nähe, sie wollten ein Zeichen setzen. Daran hätte ich vorher denken sollen.«

Im Schatten des Terrors änderte sich alles, aber eigentlich auch wieder nichts, und wenn ich daran denke, war das erst recht beängstigend. Trotz der ständigen Bedrohung hatte ich dieselben läppischen Gedanken wie immer. Ob es beim Metzger noch ein Hähnchenbrustfilet gibt? Ob ich im Suff womöglich die Frau des Botschafters beleidigt habe? Ob der Garagenbesitzer mich etwa gelinkt hat? Auf einer *Expat*-Party wechselte das Gesprächsthema mitunter übergangslos vom Sport zu Tipps über dieses eine versteckte Restaurant, über diesen einen Schleichweg, wo eigentlich nie geschossen wird, oder dieses eine Café, wo sie ein neues Sicherheitssystem haben *und* den besten Caffè Latte der Stadt. Dass man nach einem Anschlag nicht anzurufen braucht, um zu sagen, dass man noch lebt, denn das Netz ist sowieso zusammengebrochen. SMS kommen aber an. Der Ton solcher Gespräche war ähnlich wie in Amsterdam, mit derselben Neigung der Gäste, sich gegenseitig mit den letzten Neuigkeiten zu übertrumpfen. Darunter verbarg sich jedoch eine Angst, die alle verdrängten, und auch ich beteiligte mich rege daran, sogar bei der Arbeit.

Wie damals in Rafah im Gazastreifen. Ich habe noch vor Augen, wie ich meinem Kollegen zunickte, während er wild gestikulierte: »Wir hauen ab, wir hauen *jetzt* ab.« Ja ja, nickte ich, noch kurz dieses Telefonat erledigen, du weißt doch, wie schwierig es in Gaza ist, eine internationale Verbindung zu bekommen? Aber das Feuergefecht 25 Meter die Straße hinunter wurde so heftig, dass ein Telefongespräch unmöglich war und ich genauso gut auflegen konnte. Erst da kapierte ich, was los war: ein Feuergefecht, 25 Meter die Straße hinunter. Wir wussten natürlich, dass es an dieser Stelle regelmäßig zu »Zusammenstößen« zwischen palästinensischen Kämpfern und israelischen Grenzsoldaten kam, auch tagsüber. Deswegen waren wir ja auch gekommen, und die Spuren solcher Auseinandersetzungen waren überall: eingeebnete palästinensische Häuser, Einschusslöcher und Raketeneinschläge. Wenn so ein Feuergefecht aber wirklich ausbricht … Ich hatte es schon so oft in Fernsehserien gesehen, ich konnte mir gar nicht mehr in echt vorstellen, dass zwischen den Betontrümmern palästinensische Männer in meinem Alter versuchten, ihre israelischen Altersgenossen im Wachturm dort drüben umzulegen, und umgekehrt.

Scharfe Geschosse flogen hin und her, aber die Anwohner wirkten nicht sonderlich beeindruckt, und während des Telefonats habe ich gedacht: Diese Menschen wollen leben. Wenn sie nicht davonlaufen, droht offenbar keine Gefahr, also kurz noch fertig telefonieren. Mein Kollege jedoch ließ die Angst zu und zitterte wie Espenlaub. Die Kinder aus der Nachbarschaft schafften einen Stuhl heran und zeigten ihm ihre Aufklebersammlung von ausländischen Kamerateams, die bei ihnen vorbeigeschaut hatten. Irgendwann wurde ihnen das langweilig, und sie fingen an, die zitternde Lippe des Kollegen nachzuäffen. Eines der Kinder rief »Buh!«, die anderen zogen Grimassen: »Ach, wie gruselig!«

Noch einmal versuchte ich die Zeitung zu erreichen, denn einen Artikel würde ich nicht mehr liefern können, und das mussten sie wissen. Ich neige dazu, beim Telefonieren herumzutigern, und da das Feuergefecht sich für einen Moment gelegt hatte, lief ich beinahe in die Schusslinie. *»No, mister!«*

Die Gewalt kam noch näher heran. Auf dem Höhepunkt der schwersten Anschlagswelle, die Jerusalem je getroffen hatte, wagte ich mich nur noch für Schaltgespräche mit den FERNSEHNachrichten in den westlichen Teil der Stadt. So auch an dem heiteren Abend des 1. April, als nur wenige Meter von mir entfernt ein Anschlag passierte. Wieder tat ich so, als wäre nichts geschehen, rief sofort nach der Explosion die Redaktion an, um zu sagen, dass ich mich vielleicht verspäten würde. Ich sprang in ein Taxi und konzentrierte mich auf das Interview – das auf meinen Wunsch nicht von dem Bombenattentat handeln würde. Ich schaffte es rechtzeitig ins Studio, in Hilversum sagte man mir, mir wäre nichts anzumerken gewesen, und anschließend fuhr ich mit ein paar Kollegen in ein Hotel in Ostjerusalem, um mich zu besaufen. Der erste Schock ließ langsam nach, ich begann schon wieder die Dinge herunterzuspielen. Sprüche wie »April April, der bombt wie er will«, das Wissen, dass Palästinenser einen halb missglückten Anschlag eine »Falafelbombe« nennen, das Umtaufen der Ben-Jehuda-Straße in Bin-auf-der-Hut-Straße.

In den Tagen danach erzählte ich anderen Kollegen davon, und mit jeder neuen Version verschwand die Erfahrung selbst weiter hinter dem Horizont. Wahrscheinlich stand ich völlig neben mir, als ich das hier in den Computer tippte:

> Ich saß in einem Bustaxi voller Palästinenser. Wir näherten uns der Kreuzung zwischen Ost und West, wo die Mauer stand, an der sich jordanische und israelische Scharfschützen Gefechte lieferten. Egal. An der Kreuzung kann man rechts abbiegen, in den Westteil. Und man kann in die ummauerte Altstadt fahren, nach links. Wir hielten an, die Ampel zeigte rot. Ich sah, wie ein Junge aus einem Auto ausstieg und wegrannte, ganz schnell wegrannte. Ich meine: *ganz* schnell wegrannte. Komisch, dachte ich mir, jemand, der so schnell rennt. Sollte ich dem Fahrer nicht Bescheid sagen? Warte, ein israelischer Polizist geht auf das Auto zu. Bumm! Ich dachte an einen Film, im Kino oder zu Hause auf dem Sofa, mit Chips und Bier und einem Joint, um richtig in Stimmung zu kommen. Der Knall war anders, dumpfer, mit weniger Nachhall. Der Feuerball stimmte. Flog auch das Dach in die Luft, oder habe ich mir das später ein-

gebildet? Ich sah aber noch, wie der Polizist völlig ahnungslos herbeigelaufen kam. Die Schultern etwas nach hinten, den Gummiknüppel umklammernd. Der ist jetzt tot, stand in der Zeitung, also hatten die anderen Fahrgäste im Minibus das richtig gesehen, als sie sagten: *rah isshurti*, der Bulle ist hin.
Man fängt an zu rekonstruieren. Wahrscheinlich sollte der Sprintweltmeister den Selbstmordattentäter in einer vollen Einkaufsstraße absetzen. An der Kreuzung geraten sie in eine Kontrolle. Der Fahrer parkt, der Attentäter bleibt im Wagen, wartet, bis ein Polizist kommt und dann *What does this button do?* Weil er noch im Wageninneren sitzt, fängt die Karosserie die Druckwelle auf, so dass unser Bus in nur sieben Meter Entfernung kaum etwas abkriegt. Sonst säße ich hier vielleicht im Rollstuhl oder läge unter einem Stein.

Selbst nach diesem Erlebnis fuhr ich nicht heim. Ich wurde vorsichtiger, doch nach einem Jahr ließ das wieder nach. Mit dem Leben und Arbeiten in einem Kriegsgebiet ist es wie mit einem Bad, in das ständig heißes Wasser nachgeschüttet wird. Nach einer Weile ist es so heiß, dass man sich nie im Leben reinsetzen würde. Aber man sitzt schon drin.

Teil III

Neue Puppen, altbekannte Fäden

Ohne die US-amerikanische Invasion im Irak hätte ich wohl nie ein Buch über »Filter, Verzerrungen und Manipulationen in der Mediendarstellung« angefangen. Der Irakkrieg machte jedoch einen Filter sichtbar, der mir bis dahin verborgen geblieben war – auf einmal ging mir ein Licht auf. Dabei war der Auftakt zum Krieg eine Wiederholung meiner früheren Erfahrungen in der arabischen Welt und dem Heiligen Land, bloß im Zeitraffer. Die Puppen hatten neue Namen, aber sie hingen an Fäden, die mir irgendwie bekannt vorkamen.

Dass die Filter, Verzerrungen und Manipulationen der vorangehenden Jahre keine Einzelfälle waren, sondern ein Muster ergaben, begriff ich in Kuwait. Dort war der Truppenaufbau der amerikanischen Armee für die bevorstehende Invasion im vollen Gang. Mitten in der Nacht traf ich in meinem Hotel ein, zappte mich durch die Kanäle, und stolperte sofort wieder über den parteiischen Sprachgebrauch. War ich jetzt in der neunzehnten Provinz des Irak oder in dem von den Briten am Reißbrett entworfenen Ministaat »Kuwait«, arabisch für »kleines Fort«? Ist das da in der Ferne der Arabische oder der Persische Golf, und was ging hier vor sich? CNN und arabische Sender sprachen übereinstimmend vom »Golfkrieg«, aber der wievielte denn? In der Region begann man beim Iran-Irak-Krieg der achtziger Jahre zu zählen, dann gab es 1990 die irakische Invasion in Kuwait mit der Befreiung durch die Amerikaner ein halbes Jahr später, also hatten wir es hier mit dem Dritten Golfkrieg zu tun. CNN sprach allerdings vom Zweiten, da die US-Truppen nicht im Iran-Irak-Krieg gekämpft hatten.

In der Wortwahl drückte sich die jeweilige Haltung aus, besonders gut zu erkennen an den Textbalken am unteren Bildrand, die die Situation in drei oder vier Worten zusammenfassten. Beim Hisbollah-Sender stand dort »Aggression gegen den Irak«, die US-amerikanische Fox News stellten den Angriff in den weiteren Zusammenhang des »Krieges gegen den Terror«, CNN hatte die Schlagzeile *»Strike on Iraq«*, die BBC »Krieg im Irak«. Al-Dschasira meldete »Der Angriff auf den Irak«, während das irakische Fernsehen »Der ultimative Krieg« titelte. Genau so ist es, dachten die Zuschauer der jeweiligen Sender, gut dass endlich mal objektiv berichtet wird.

Auch die Aufstellung in diesem Konflikt erinnerte mich an das Heilige Land: Die USA waren dem Irak militärisch ähnlich überlegen wie Israel den Palästinensern, aber es war nicht möglich, das Regime in Bagdad in einem halben Tag auszuradieren; zuerst musste die Weltöffentlichkeit überzeugt werden. Also wieder ein Medienkrieg, nur breiter angelegt, wie sich am Tag nach meiner Ankunft im Pressezentrum der Amerikaner im Sheraton Kuwait City herausstellte. Ich setzte mich auf einen ungemütlichen Klappstuhl zwischen etwa hundertfünfzig Kollegen, und nach einiger Zeit erschien ein selten selbstsicherer Armeesprecher, der mit einem *big smile* die neuesten Entwicklungen darlegte. Die meisten Kollegen hofften darauf, als »eingebettete« Journalisten mit einer amerikanischen Armeeeinheit in den Irak ziehen zu dürfen, und waren ins Sheraton gekommen, um zu hören, ob schon irgendwas bekannt sei. Leider könne die Armee noch nichts mitteilen, sagte der Sprecher freundlich, auch nicht, welcher Journalist welcher

Einheit zugeordnet würde. »*I want you all to stop worrying*«, schloss er seinen Vortrag. »Wir werden dafür sorgen, dass euer Boss nach dem Krieg zu euch kommt und euch auf die Schulter klopft, um euch zu dem großartigen Job zu gratulieren, den ihr gemacht habt.«

Hello everybody! Das wäre so, als würde der Kapitän von Ajax kurz vor dem Spitzenspiel gegen Feyenoord den Schiedsrichter zur Seite nehmen, einen Arm um seine Schulter legen und sagen: »Reg dich mal ab, wir sorgen schon dafür, dass sie beim Fußballbund sehr zufrieden mit dir sein werden.« So schamlos waren die israelischen Sprecher nicht gewesen. Von den Klappstühlen erklang eher Erleichterung denn Hohngelächter, und auch ich hielt den Mund, weil ich dachte: Vielleicht brauche ich den Typen später noch, zum Beispiel bei einem Giftgasangriff.

Das Briefing war zu Ende, und bei den Gratishäppchen lief mir ein frustrierter niederländischer Fernsehveteran über den Weg. Die amerikanische Armee hatte wenig Interesse, einen Journalisten aus einem unbedeutenden Land wie unserem einer interessanten Einheit zuzuteilen. Der Kollege hatte jetzt die Wahl: buckeln und betteln beim Armeesprecher, um dann, maßlos gedemütigt, doch in einem Feldlazarett in Kuwait oder bei der Flugabwehr im fernen Bahrain zu landen. Oder er konnte es mit Lobbying versuchen, zum Beispiel über das Verteidigungsministerium in Den Haag. Aber das unternimmt nur etwas unter der Bedingung, dass es später nicht in Verlegenheit gebracht wird. Man hockt da in der Wüste, abhängig von Verpflegung und Schutz durch die Soldaten, und dann spricht sich herum, dass man am Vortag in den Fernsehnachrichten über schwere Menschenrechtsverletzungen durch drei der GIs berichtet hat.

Beim Pressebriefing im Sheraton machte ich meine erste Bekanntschaft mit dem hochglanzpolierten Stahl der US-amerikanischen PR-Maschinerie, und im Fernsehen gab es davon noch mehr zu sehen. Die israelischen Regierungen waren schon Weltmeister im Manipulieren, aber jetzt sah ich die Erfinder von Disney World selbst am Werk. Die besten Kommunikationsberatungsagenturen, ein ganzes Heer an Pressesprechern, unbegrenzte Mittel ... Hier brüllte der größte Affe vom Felsen, und das nicht nur in Kuwait. Präsentationen im UN-Sicherheitsrat mit »Beweisen« zum irakischen Waffenarsenal, eine endlose Flut Verdächtigungen über eine irakische Beteiligung am 11. September, zukunftsweisende Reden über Demokratie. Regierungsnahe Thinktanks bearbeiteten die Redaktionen weltweit mit Berichten, Kommentaren und anderen PR-*smart-bombs*. Von Katar aus verbreitete das Central Command, das Regionalkommando der US-Streitkräfte, in aller Welt eine endlose Flut Presseberichte – alles erläutert von Armeesprechern in einem für 250.000 Dollar aufgemöbelten Presseraum.

Eine hochprofessionelle Dampfwalze, die ihre Wirkung nicht verfehlte und die Berichterstattung noch deutlicher prägte als der israelische PR-Apparat im Heiligen Land. Der Westen zog in den Krieg, das Interesse des Publikums war groß, also mussten die westlichen Medien ihre Sendungen und Zeitungsseiten füllen. Nur womit, wenn es kaum Berichtenswertes gab? CNN zeigte jeden Tag die Antwort: Die amerikanische *media effort* produzierte Tag für Tag Informationen, die zwar selten etwas wirklich Neues erhielten, die aber *fit to print* waren. Dann trat im CENTCOM wieder ein CNN-Kopf vor die Kamera: »Soeben wurde bestätigt, dass der dritte Flugzeugträger den Persischen Golf erreicht hat und innerhalb von 72 Stunden gefechtsbereit sein wird. Das Oberkommando kann natürlich keine nähere Auskunft erteilen, aber alles deutet darauf hin, dass der Angriff unmittelbar bevorsteht. *Back to you, Jim.*«

Auch der Gegenspieler hielt sich an das Drehbuch aus dem

Heiligen Land. In der Rolle der Palästinenser traten nun die Iraker auf, die es schafften, eine noch schlechtere Medienstrategie auf die Beine zu stellen. Täglich erschien der irakische Informationsminister Al-Sahhaf auf allen Kanälen mit einer Collage aus Beschimpfungen und großen Sprüchen (*»My assessment is that, as usual … we will slaughter them all«*). In seinen arabischen Kommentaren benutzte Al-Sahhaf derart seltene Ausdrücke, dass ich sein Schimpfwort für Amerikaner und Briten erst im Wörterbuch nachschlagen musste: *»uluzj«* – eine obskure Bezeichnung für »ungezähmte Esel«.

Der exzentrische Al-Sahhaf war zwar gut für einen kleineren Artikel, aber wie im Fall der Palästinenser fragte man sich, was passiert wäre, wenn Saddam das Medieninteresse genutzt hätte, um ein paar gute Argumente vorzubringen: Mir wird vorgeworfen, dass ich heimlich Massenvernichtungswaffen entwickle. Warum darf ich das nicht, aber Israel? Lasst uns die ganze Region von Massenvernichtungswaffen befreien!

Mit Unterstützung einer vernünftigen PR-Agentur und einer Lobby hätte Saddam es wahrscheinlich geschafft, solch einen Vorschlag auf die internationale Tagesordnung zu setzen – ich sehe die Flut von Kommentaren, Briefen, Glossen, Entschließungsanträgen und vorgefertigten Reportagen schon vor mir. Welche westliche Regierung hätte sich gegen eine regionale Abrüstungskonferenz aussprechen können? Doch Saddam führte keine solche Kampagne, und wie im Fall der Palästinensischen Autonomiebehörde lag diese Entscheidung in der Natur des Regimes, wie sich nach dem Krieg herausstellte. Denn Saddam wollte den Nahen Osten gar nicht zur massenvernichtungswaffenfreien Zone machen. Seine Machtposition im Inneren war deutlich stärker, solange er potentielle Aufstände mit einem Schlag niederschmettern konnte, das hatte die Vergasung von mehreren Tausend Kurden Ende der achtziger zur Genüge bewiesen. Danach war der Widerstand in sich zusammengebrochen. Aus diesem Grund hat Saddam bis zum bitteren Ende vorgegeben, weiter über solche Waffen zu verfügen: um seine eigenen Untertanen von einer Rebellion abzuhalten.

Neue Gesichter, bekannte Muster. Die Fundamentalisten durften wieder nicht mitreden, und so konnte die US-Regierung beteuern, dass Saddam mit Al-Qaida unter einer Decke steckte und die Beseitigung des irakischen Regimes ein Schlag für den Terrorismus bedeuten würde. Diese Behauptung wäre dem westlichen Publikum mit Sicherheit weniger leicht zu verkaufen gewesen, wenn mehr Menschen gewusst hätten, dass Al-Qaidas Hauptbestreben gerade darin bestand, die säkularen arabischen Diktaturen wie die Saddams zu Fall zu bringen. Die Opposition im Irak bestand nicht von ungefähr aus Fundamentalisten.

Die Parallelen häuften sich weiter. Ich hätte mich gerne noch in Bagdad umgesehen, aber mein Visumsantrag war ein ums andere Mal abgelehnt worden. Das ist wirklich frustrierend und ist Vorgesetzten und Kritikern, die noch nie eine Diktatur von innen gesehen haben, nicht zu vermitteln: Wie um Himmels willen war es möglich, dass Miss Germany in den Irak reisen konnte, das *NRC Handelsblad* aber nicht? Wochenlang hing ich am Telefon, schickte Faxe, bot Schmiergelder an … Doch jemand beim irakischen Informationsministerium muss hinter das *NRC Handelsblad* ein Kreuzchen gemacht haben. Alle großen Sender und Printmedien waren in den Monaten vor der Invasion im Irak, nur wir nicht.

Alte Zweifel kamen auch wieder hoch, zum Beispiel, ob die Nachrichtenmedien die Diktatur auch angemessen erklärten. Wussten Hunderttausende von Antikriegsdemonstranten in Europa, was Saddam mit seinen Untertanen anstellte? Ich wollte nicht ausschließen, dass viele Demonstranten insgeheim doch mit dem Gedanken spielten: So eine Diktatur ist natürlich schlimm, aber Krieg ist erst recht furchtbar, deshalb lehnen wir jeden Krieg kategorisch ab: *Peace, man!* Diktatur ist auch Krieg, nämlich der Krieg eines Regimes gegen die eigene Bevölkerung.

Es war doch komisch, dass viele der Idealisten, die jetzt gegen die Invasion demonstrierten, während der Kosovo-Krise gerade auf die Straße gegangen waren, um ein Eingreifen zu fordern – nötigenfalls ohne Zustimmung der UN: Wir müssen etwas tun. Saddam Hussein war ein viel größerer Mörder als Milosevic, und unwillkürlich fragte man sich, ob die unterschiedliche Medienberichterstattung hier eine Rolle spielte. Im Fall der Kosovo-Krise konnten Journalisten die Folgen der ethnischen Säuberungen filmen, die Gräueltaten bekamen ein Gesicht. Im Irak war eine packende Berichterstattung so nicht möglich, man konnte allenfalls Iraker zu Wort kommen lassen, die Jahre zuvor geflohen waren. Wenn sie sich überhaupt trauten, denn viele hatten dort noch Verwandte. Aber ein sprechender Kopf hat keine besonders große Wirkung – fragen Sie die Palästinenser, die erklären sollten, was Besatzung bedeutet.

Weiße Flecken gab es auch im Vorfeld der Invasion. Mit der größte betraf die Reaktion der normalen Iraker. Das Weiße Haus prophezeite, die amerikanischen Soldaten würden wie »Befreier« empfangen werden. »Mit Reis und Blumen«, lautete eine der Beschwörungen.

In der arabischen Welt prophezeiten fast alle Regimes und Wissenschaftler, mit Ausnahme einiger *donor darlings*, eine Katastrophe für die USA. Wirklich interessant fand ich solche Prognosen nicht, dazu war mein Misstrauen den arabischen *talking heads* gegenüber zu groß. Und natürlich waren die Regimes gegen die amerikanische Invasion. Schließlich wurde sie auch als Demokratisierungsmission verkauft, der im Erfolgsfall weitere folgen würden – nicht gerade eine verlockende Perspektive für die Tyrannen in den arabischen Palästen.

In einem arabischen Land waren die Reaktionen auf die bevorstehende Invasion aber durchaus von Bedeutung: in Kuwait. Das Land war 1990 von Saddam Hussein besetzt und gebrandschatzt worden, und die USA hatten ihn nach einem halben Jahr wieder hinausgeworfen. In den Jahren nach der Befreiung hatte Saddam Kuwait regelmäßig mit einem neuen Angriff gedroht, mit verheerenden Folgen für die Wirtschaft und die Börse: Wer investiert schon in ein Land, das jederzeit von Saddam Hussein geplündert werden kann?

Wenn es also irgendwo Befürworter einer Invasion gab, dann in Kuwait, und erst recht unter den Liberalen in der Bevölkerung. Der Krieg sollte die Demokratie in den Irak bringen; die Liberalen wollten Demokratie, also durfte man durchaus damit rechnen, dass sie die Invasion begrüßten.

Ich sprach mit einem Reeder, einem Geschäftsmann, einem Anwalt, einem Wirtschaftsexperten und anderen liberalen Kuwaitern. Sie waren gebildet, sprachen ausgezeichnet Englisch, waren charmant, erfolgreich, vermögend. Sie wollten Saddam liebend gern loswerden, aber alle brachten in irgendeiner Form die Frage auf den Tisch: Warum sollten die USA die Demokratie in den Irak bringen, wenn sie dafür sorgten, dass die Diktatoren der restlichen Region sich im Sattel hielten? Durfte demnächst eine demokratisch gewählte Regierung in Bagdad wirklich einen selbständigen Kurs fahren, auch wenn der den amerikanischen Interessen zuwiderliefe? Wäre es einer irakischen Partei erlaubt, die Wahlen zu gewinnen mit dem Versprechen, die Palästinenser zu stützen, den Ölpreis zu erhöhen, Ölförderverträge nur noch mit Europa und China abzuschließen? Oder wollte das Weiße Haus in Wirklichkeit einen Saddam *light*, der ebenso wie andere »gemäßigte Regimes« auf Massenvernichtungswaffen verzichtet, amerikanischen Unternehmen Aufträge zuschustert und höchstens mal ein bisschen Richtung Israel kläfft?

Wäre ich damals gerade erst als Korrespondent eingestiegen, hätte ich gedacht: Ich muss das in die Nachrichten bringen! Die Amerikaner glauben, sie würden mit Reis und Blumen empfangen, aber sogar die amerikafreundlichsten Araber der Region, die sich eine Gesellschaft nach amerikanischem Modell wünschen und die die Befreiung ihres Landes den Amerikaner verdanken, selbst diese Liberalen in Kuwait sind skeptisch.

Inzwischen war mir schon während der Interviews klar, dass diese liberalen Stimmen es allerhöchstens in die Hintergrundnachrichten schaffen würden, vielleicht nicht mal das. An irgendeinem Punkt des Gesprächs hieß es bei jedem Einzelnen: »*This is off the record you know, no names …*« Dann schickten sie ein gewinnendes Lächeln hinterher, damit es nicht so peinlich wirkte, als gut fünfzigjähriger arrivierter Wirtschaftler Angst zu haben, einem dreißigjährigen Bürschchen gegenüber offen seine Meinung zu vertreten. Ohne Quellenangabe sind Nachrichten gleich weniger *fit to print*, aber noch gravierender war der Mangel an einem journalistischen Aufhänger. Kuwait war keine Demokratie, es gab keine freien Abstimmungen im Parlament, keine Demonstrationen, Streiks oder andere *news events*, die einem Korrespondenten Anlass für einen Bericht gegeben hätten: »Heute marschierten in Kuwait Tausende gegen die Unterstützung kuwaitischer Diktatoren durch den Westen. Sie forderten die Offenlegung von geheimen westlichen Bankkonten, auf denen die Diktatoren ihre Beute parken, und riefen Parolen gegen die großzügigen Provisionen, die westliche Rüstungsunternehmen den Diktatoren und ihren Gefolgsleuten zahlen. Auf Spruchbändern protestierten sie gegen das Morden und Foltern durch die Geheimdienste und kritisierten deren Ausbildung und Bewaffnung durch westliche Staaten.«

Schön wär's. So aber wurden die liberalen Kuwaiter in die Sparte »Hintergrundberichte« verbannt, die so ihre eigenen Tücken hat. Denn um das Misstrauen unter den prowestlichen Arabern zu erklären, müsste man erzählen, dass trotz der amerikanischen Demokratisierungsgeschichte in Wahrheit reihenweise Diktatoren gestützt wurden. Doch wie ließ sich die Unterstützung aus dem Westen im Fernsehen darstellen? CIA-Agenten verzichten weitgehend auf Kameras, wenn sie ihren arabischen Kollegen erklären, wie man nach neuesten Erkenntnissen eine Person geistig und körperlich bricht. Der amerikanische Geschäftsmann mit CIA-Vergangenheit wird sich kaum dabei ablichten lassen, wie er gerade dem befreundeten arabischen Geheimdienst die neueste Abhörtechnik verkauft, weit über dem Marktpreis, versteht sich – der Gewinn wird geteilt. Es gibt keine Bilder von westlichen Geheimagenten, wie sie Terrorverdächtige in ein arabisches Land verschleppen, um sie dort zu foltern, wo Menschenrechte keinen Pfifferling wert sind. Und ohne Bilder keine Geschichte.

Beim Pressebriefing der US-Streitkräfte im Sheraton hatte ich noch einen anderen Kollegen gesprochen. »Gerade erst angekommen?«, fragte er. »Dann musst du dich beeilen. Die Bauern im Norden sind jetzt das große Thema. Morgen dürfen sie zum letzten Mal auf ihre Felder, bevor die amerikanische Armee dort einrückt. Ich kann dir Namen und Nummern geben.«

Ich nickte dankbar, und trotz der fünf Jahre Erfahrung, die ich auf dem Buckel hatte, war ich doch wieder erschüttert, dass so etwas Läppisches die Story des Tages sein konnte. Die Erklärung war aber simpel: Die angloamerikanische Medienmaschine dominierte den Nachrichtenfluss, und aus dieser Perspektive war »die Story« der amerikanische Truppenaufbau: Wann greifen sie an? Die Evakuierung der Bauern bildete eine hübsche Illustration für das Zusammenziehen der Einheiten und würde eine Geschichte ergeben, die man im ständigen Konkurrenzkampf mit den Kollegen aus der Redaktion um Sendezeit und Spaltenplatz sicherlich gut loswerden konnte.

Es war eben das Übliche. In einer ausgeklügelten Medienkampagne wird ein Bild skizziert – Reis und Blumen –, das im Nachhinein kaum noch verändert werden kann:

– Unser Korrespondent befindet sich in Kuwait. Glauben die Menschen dort, dass es den Amerikanern gelingen wird, die Demokratie einzuführen?
– Viele Kuwaiter denken, dass die USA das gar nicht beabsichtigen.
– Aber es gibt doch auch proamerikanische Kuwaiter?
– Die sind auch gegen eine Invasion. Sie trauen den USA nicht.
– Wie viel Prozent der Bevölkerung sind dieser Ansicht?
– Ähm ... Das kann ich nicht sagen, vielleicht nur die Menschen, mit denen ich gesprochen habe. Es herrscht hier nämlich eine Diktatur.
– So weit unser Korrespondent. Gleich schalten wir zurück nach Washington für die lang erwartete Rede Bushs über Amerikas historische Mission zur Verbreitung der Freiheit. Zunächst aber eine Reportage über Bauern im Norden Kuwaits, die wegen des amerikanischen Truppenaufbaus gestern zum vorerst letzten Mal auf ihre Felder konnten.

Deshalb war der Armeesprecher im Sheraton so entspannt. Er saß am längeren Hebel und das wusste er.

There's money in the flag

Es stand fest, dass ich nach dem Fall Bagdads als Korrespondent aufhören würde. Als die amerikanischen Truppen in den Irak zogen, wusste ich also, dass meine letzten Wochen angebrochen waren. Es sollten aufschlussreiche Wochen werden, doch am Anfang wiederholten sich nur die altbekannten Muster. War das ein Kampf »zionistischer Kreuzritter«, »amerikanischer und britischer Invasionstruppen« oder der »Alliierten« gegen den »nationalen irakischen Widerstand« oder »Saddam-Loyalisten«? »Schwere Luftangriffe auf dichtbevölkerte Städte« oder »Operation *shock and awe*«, ein Name, den Sony noch während des Krieges als Markennamen für ein neues Computerspiel schützen lassen wollte?

Jedes Lager prägte seine eigenen Begriffe und war der *good guy* in der eigenen Geschichte. Fox News brachte Anschuldigungen bezüglich einer irakischen Zusammenarbeit mit Al-Qaida als Fakten und argumentierte auf dieser Grundlage: Wie können die Europäer gegen die Ausschaltung des Drahtziehers vom 11. September sein? Keine Frage, sie hassen die USA! Hisbollah-TV verfuhr ähnlich mit der Anschuldigung, der israelische Mossad habe die Anschläge verübt: Wie konnten die Amerikaner dem Irak bloß die Schuld geben? Keine Frage, sie hassen den Islam!

Es war abgemacht, dass ich aus der Hauptstadt des wichtigsten arabischen Landes über den Krieg berichten würde, von dort also, wo ich vor fünf Jahren angefangen hatte: *Umm al-dunia*, Mutter der Welt, Kairo. Hinter den Kulissen half die ägyptische Regierung den Amerikanern, wo sie nur konnte. Aber was tat sich in der Bevölkerung? Das war ein weißer Fleck, doch der Krieg bescherte uns nun so viel Platz in der Zeitung, dass wir ja mal versuchen konnten, die Konturen dieser Flecke sichtbar zu machen. Ich begann mit einer Kolumne »Auf arabischen Straßen«. Ich ging durch die Stadt und machte kleine Interviews mit einfachen Ägyptern, sammelte also die *vox pops*. Im Fernsehen konnte man davon höchstens ganz kurze Impressionen zeigen: *»It is against Islam ... very bad«* – falls sich überhaupt jemand vor die Kamera traute. In einem Artikel ist mehr Raum, und man kann die Leute anonym zitieren:

> Natürlich ist es eine Strafe Gottes. Allah ist allmächtig, alles, was geschieht, ist Allahs Wille. Das Erdbeben in der Türkei neulich, natürlich liegt das daran, wie die Türken den Islam verleugnen. Was Aids ist, brauche ich wohl nicht zu erklären, oder? Der Imam hat das gerade auch gesagt. Die amerikanische Invasion ist die Strafe dafür, dass wir nicht fromm genug sind. Alle denken nur ans Geld, an ihr Haus, Handys ... Wir haben gerade für ein rasches Ende gebetet, dass die Amerikaner bald verlieren und verschwinden mögen. Ägypten trägt eine große Verantwortung, Ägypten ist die Wiege der Zivilisation.[15]

> Wenn die Amerikaner wahre Christen wären, würden sie das nicht machen. Was mischen die sich überhaupt ein? Jedes Volk hat sein eigenes System, seinen eigenen Führer. Wir lieben Mubarak, und Mubarak liebt uns. Während des ersten Golfkriegs arbeitete ich als Konditor im Irak. Saddam ist nach den Bombenangriffen einfach auf

die Straße gegangen. Die Menschen konnten ihn anfassen, es war klar, alle lieben ihn, und er liebt die Menschen.[16]

Amerika ist mit seinen fünfzig Staaten das mächtigste Land der Welt. Aber die zweitstärkste Armee der Welt gehört dem Irak, und die machen sie jetzt platt. Deshalb sind die Deutschen gegen den Krieg. Die haben kapiert, dass sie als Nächstes dran sind. Bush hat gesagt, dass Gott ihn zum Präsidenten gemacht hat, um die Welt vom Islam zu erlösen. Dieser Bush …

Ich habe neulich gelesen, dass israelische Soldaten Wetten über schwangere Palästinenserinnen abschließen: Junge oder Mädchen? Dann schneiden sie so eine Frau auf, um zu sehen, wer recht hat. Sie ziehen Frauen auch aus und fahren sie in einem Gitterkäfig durch Israel. Ich kriege so eine Wut, wenn ich das höre. Wie kann man bloß so etwas tun?[17]

Politik ist was für Politiker. Ich bin nur ein einfacher Beamter, und abends fahre ich noch Taxi. Der Krieg? Ehrlich gesagt bin ich da nicht so auf dem Laufenden. Ich komme um Mitternacht nach Hause und muss um sechs aufstehen. Dann habe ich keine Lust mehr, mich mit Nachrichten zu beschäftigen. Der Krieg ist ganz schlimm, sagen die Leute. Ein Angriff auf den Islam. Hoffentlich ist es bald vorbei.[18]

Hast du schon gehört, dass Israel die Al-Aqsa-Moschee sprengen wird, wenn Bagdad fällt? Das stand gestern ganz groß in meiner Zeitung *Al-Usbu'*. Die Berater von Clinton und Bush sind fast alle Juden, bekennende und nicht bekennende. Getarnte Juden, wie Saddam. Der hat Ku-

> wait angegriffen, damit die Amerikaner ihre Truppen am Golf stationieren können, in der Nähe der Ölquellen und der heiligen Stätten. Sie schwächen den Islam, denn die Juden wissen, dass sie gegen einen starken Islam nicht ankommen.[19]

Das alles schrieb ich auf, und der E-Mail-Postkasten des *NRC Handelsblad* platzte fast: »Ihr Korrespondent verhöhnt Araber!« Es zeigte sich mal wieder, dass man solche Gespräche eigentlich selbst erlebt haben muss. Dann weiß man, wie die Menschen diese Geschichten erzählen, ohne Zögern und fast schon gelassen, keine Spur von Empörung. Aufregen tun sie sich erst, wenn man ihnen widerspricht.

Es war eine seltsame Routine. Tagsüber führte ich kleine Interviews für »Auf arabischen Straßen«, abends saß ich vorm Fernseher. Es war wie am Anfang meiner Tätigkeit als Korrespondent, als der Irak im Rahmen der Operation Desert Fox auch bombardiert worden war und ich vom Hotelzimmer in Amman aus die Agenturmeldungen zusammenfasste. Das musste ich jetzt nicht mehr, denn mit dem Hörfunk und dem Fernsehen war ich fertig, und nur die Zeitung wollte noch Hintergründe.

Ich hatte also genug Zeit, um fernzusehen, und dabei ist mir etwas immer deutlicher geworden: Es ging nicht darum, was auf westlichen Sendern gesagt und gezeigt wurde, sondern darum, was gerade nicht gesagt und gezeigt wurde. Schon im Vorfeld der Invasion hatten die führenden Medien die Perspektive der amerikanischen PR-Maschine übernommen, während des Krieges wurde sie weiter verfestigt. Die »eingebetteten« Journalisten, die vom Armeesprecher im Kuwaiter Sheraton den jeweiligen Fronteinheiten zugeteilt worden waren, lieferten Bilder von Soldaten, die vor feindlichem Beschuss in Deckung gingen, hinter niedrigen Mauern herumrobbten und eine Stellung bezogen, von der aus sie den Feind

»ausschalten« konnten. Der irakische Gegner blieb gesichtslos, während Angst, Anspannung oder Erleichterung in den Gesichtern der Amerikaner hautnah spürbar waren. Es war wie in einem Videospiel: *Game over* für die soeben geschlagene Division der Republikanischen Garde, die USA weiter zum nächsten Level, wo die nächste Division wartete.

Es war das *good guy-bad guy*-Schema Hollywoods, sogar die Analysen deckten sich fast hundertprozentig mit den Erklärungen des Central Command in Katar: Die Eroberung der Hafenstadt Umm Qasr habe höchste Priorität, nicht aus militärischen Gründen, sondern um »die irakische Bevölkerung so schnell wie möglich mit humanitären Hilfsgütern versorgen zu können«. Ein Häuserkampf müsse unbedingt verhindert werden, nicht weil die Amerikaner ihre technologische Überlegenheit dann kaum hätten ausspielen können und viele ihrer Leute verloren hätten, sondern da »bei Straßenkämpfen viele zivile Opfer zu beklagen wären«. Schließlich ginge es um die »Herzen und Köpfe« des irakischen Volkes, betonten Berichterstatter und Armeesprecher unisono, womit sie nahelegten: Wir kämpfen für eine gute Sache, wir müssen das den Leuten im Irak nur noch kurz erklären.

Jeder kleinste Krümel, der vom Pult des Central Command herunterfiel, wurde weitergereicht. *Be the first to know*, hieß es bei CNN, die Nachrichten als Wettrennen: »Soeben haben wir vom CENTCOM die Bestätigung erhalten, dass Umm Qasr jetzt wirklich von amerikanischen Kommandotruppen eingenommen wurde. *Back to you, Jim.*« Im Golfkrieg von 1991 war das auch so gelaufen. Nur gab es damals noch keine arabischen Sender, die dem amerikanischen Vormarsch mithilfe eigener Korrespondenten etwas entgegensetzen konnten. Nun zappte man kurz von Jim zu Al-Dschasira rüber, wo gerade ein Live-Telefonat mit dem irakischen Befehlshaber in Umm Qasr geführt wurde.

»Soeben haben wir vom CENTCOM die Bestätigung bekommen ...« Ob die Journalisten von CNN und BBC das auch selbst glaubten? Es ist doch nicht Aufgabe der Armee, zuverlässige Informationen zu liefern, sie soll den Feind besiegen – mit möglichst geringen eigenen Verlusten. Wenn aber Lügen dabei helfen können ... Im Krieg und in der Liebe ist bekanntlich alles erlaubt.

Wäre es nicht eine gute Idee gewesen, neben all diesen amerikanischen Pressekonferenzen zu erwähnen, wie sehr die Medien zwölf Jahre zuvor getäuscht worden waren? Der Irak hatte Kuwait überrannt, das Weiße Haus zog eine militärische Expedition in Erwägung. Laut Umfrage war allerdings die Mehrheit der US-amerikanischen Bevölkerung dagegen. Bis eine fünfzehnjährige Kuwaiterin vor dem Kongress aussagte, dass sie gesehen hätte, wie irakische Soldaten Babys aus Brutkästen herausgenommen hatten und auf dem Fußboden sterben ließen, damit sie die Brutkästen mit nach Bagdad nehmen konnten. Die Zeugenaussage wurde im Fernsehen ausgestrahlt, und danach wuchs die Unterstützung für die Befreiung Kuwaits gewaltig. Der Krieg war schon vorbei, als herauskam, dass diese »Krankenschwester« eine Tochter des kuwaitischen Botschafters in New York war und die PR-Firma Hill & Knowlton sie vorgeschickt hatte. So wurde auch erst Jahre später bekannt, dass die amerikanischen Flaggen, mit denen die Kuwaiter ihre Befreier »spontan« begrüßt hatten, vom Kommunikationsberater The Rendon Group geliefert worden waren.

Warum gaben die westlichen Medien inmitten dieser Nachrichtenflut von CENTCOM nicht zu, dass sie in der Vergangenheit manipuliert worden waren? Für einen Moment tippte ich auf den Mythos der *the fly on the wall*, die Neigung der Medien, so zu tun, als spielten sie nur Mäuschen, ohne selbst beeinflusst zu werden. Aber das war noch nicht alles, was die westlichen Sender ausblendeten.

Westliche Korrespondenten oder Nachrichtenmoderatoren wiesen häufig auf die Instabilität des Irak hin. Das Land umfasst drei Bevölkerungsgruppen, die wenig gemeinsam haben: Kurden im Norden, Sunniten im Zentrum und Schiiten im Süden. Doch selten wurden auch nur fünf Sätze auf eine Erklärung verschwendet, wie es überhaupt dazu gekommen war: Bis zum Ende des Ersten Weltkriegs waren die Gebiete separate Provinzen eines türkischen Kolonialreichs gewesen. Dann wurden sie von Großbritannien erobert und zum heutigen Irak zusammengefügt, so als würde man Polen, Norddeutsche und Niederländer zusammenwürfeln und sagen: Ab jetzt seid ihr ein Land. Das war ein sicheres Rezept für Instabilität, und so hatten es die Briten auch beabsichtigt. Ein instabiler Irak würde von der Hilfe und dem Schutz Großbritanniens abhängig bleiben und tun, was London sagte. Wie es der ehemalige amerikanische Außenminister Henry Kissinger in seinem Standardwerk *Die Vernunft der Nationen. Über das Wesen der Außenpolitik* nüchtern ausdrückt: »Die Grenzen in Nahost sind von fremden, meist europäischen Mächten gezogen worden, mit dem Ziel, die Herrschaft über die Region zu erleichtern.« Deshalb verlaufen die Grenzen zwischen den arabischen Staaten schnurgerade – sie sind tatsächlich mit dem Lineal gezogen worden, von westlichen Regierungen, denen es nicht unbedingt um die Interessen der Menschen vor Ort ging.

In Reportagen der westlichen Medien wurde auch oft von »antiwestlichen Ressentiments« im Nahen Osten gesprochen. Damit man das verstehen kann, wäre es auch hier vielleicht ganz nützlich gewesen, ein paar Hintergrundinfos zu liefern, über den Iran zum Beispiel. Das Land hatte in den fünfziger Jahren eine demokratische Regierung. Doch als Premierminister Mossadegh die Ölindustrie nationalisieren wollte, putschte die CIA den Schah an die Macht, der das Land zu einer prowestlichen Diktatur mit einem weitverzweigten und grausamen Geheimdienst und einer unermesslichen Korruption umbaute – ein Prototyp für heutige Regimes in der arabischen Welt. Die Wut darüber führte schließlich zur antiwestlichen »Islamischen Revolution«. Um die Islamische Revolution in die Knie zu zwingen, versorgten Regierungen aus dem Westen Saddam während des Iran-Irak-Krieges mit Waffen, darunter Giftgas. Insgeheim lieferten sie aber auch Waffen an den Iran, im Tausch gegen die Freilassung westlicher Geiseln im Libanon: die Iran-Contra-Affäre. Dazu noch einmal Henry Kissinger: »Für den Westen wäre es das Beste, wenn beide Länder diesen Krieg verlieren.« Der Krieg kostete einer Million Menschen das Leben.

Und dann Osama bin Laden. Wie viele Zuschauer im Westen wussten, dass er jahrelang von der CIA ausgebildet und bewaffnet worden war? Dabei konnte man auch das in ein, zwei Sätzen erläutern: 1979 war die Sowjetunion in Afghanistan einmarschiert, um das zusammenbrechende kommunistische Regime zu stützen. Die CIA witterte Morgenluft und baute zusammen mit Saudi-Arabien und Pakistan die Mudschaheddin, die Dschihad-Kämpfer, auf, die einen Guerillakrieg gegen die Russen begannen. Osama bin Laden war einer von ihnen. Die Mudschaheddin gewannen, danach zogen einige in den Kampf gegen das ägyptische Regime, andere mischten sich in den algerischen Bürgerkrieg ein. Als Saddam Kuwait besetzte, bot bin Laden an, ihn mit seinen Kämpfern zu verjagen. Doch die Golfstaaten wandten sich lieber an die USA, womit für bin Laden feststand, dass es den Regimes nur um ihren eigenen Machterhalt ging, auch wenn sie dafür die westlichen Mächte um Hilfe bitten mussten. Dabei hatten diese die Probleme in der islamischen Welt ja erst verursacht. Bin Laden schoss sich auf neue Ziele ein, was zu den Anschlägen vom 11. September führte, die wiederum die Rechtfertigung für die Invasion des Irak lieferten, und schon schließt sich der Kreis.

Solche Hintergründe hätten dem westlichen Zuschauer

sicher nicht geschadet. Es gab genügend Sendezeit, und es konnten Tausende von Euro am Tag ausgegeben werden für einen Reporter in Bagdad, bloß damit er Agenturmeldungen zusammenfasst. Da hätte sich doch wohl auch ein Topf für Dokumentarfilme finden lassen, oder wenigstens für kurze Beiträge mit Informationen über die Rolle, die westliche Regierungen seit Jahrzehnten im Nahen Osten spielten? Warum wurde das alles den Zuschauern im Westen vorenthalten, während die Bomben auf Bagdad fielen?

Und es wurde bei den westlichen Sendern noch mehr ausgeblendet. Auf arabischen Kanälen wurden stündlich die menschlichen »Kollateralschäden« der Bombardierungen gezeigt, dafür hatten westliche Sender ihre eigenen Vorlieben: Dort verwandelten die Grafikabteilungen die Region jeden Abend mit Landkarten und Flugzeugen und Schiffchen und Panzern und Puppen und Pfeilen und gelben und roten Sternen in eine Art *Risiko*-Brett. Pausenlos wiederholte CNN dieselben Trailer und Teaser mit landenden Kampfjets auf Flugzeugträgern und Piloten, die den Daumen hochrecken: Die Bomben sind wir los, Jungs. Computeranimationen illustrierten, wie der Stealth-Bomber unsichtbar bleibt für den gegnerischen Radar. Schaut her, wie clever wir sind – darum ging es in solchen Streifen. Nur wir sind in der Lage, eine Rakete zu bauen, die nach einem Flug von 600 km gezielt das Toilettenfenster findet, dann links die Treppe hochfliegt und *bumm!*

Was aber nach dem Bumm passiert, das sah man in keiner Computeranimation. Wie eine Streubombe in 140 Minen zerfällt, jede einzelne stark genug, um einen Panzer zu vernichten. Manche explodieren nicht gleich, überall bleiben scharfe Minen zurück, auch da, wo Kinder spielen. Vielleicht sollte der Computer mal grafisch veranschaulichen, was mit einem menschlichen Körper passiert, wenn eine High-Tech-Bombe in der Umgebung ein Vakuum erzeugt.

Mit geballter Faust saß Ihr Korrespondent auf seinem Hotelzimmer vor dem Fernseher, und nach mehreren solcher Abende entstand folgender Artikel:

Einmal habe ich selbst einen Luftangriff erlebt, der mir im Moment immer wieder durch den Kopf geht. Der Angriff fand in Gaza statt und war in nichts mit dem zu vergleichen, was die Menschen in Bagdad, Mosul und Tikrit seit sechs Tagen durchzustehen haben. Trotzdem sehe ich Parallelen. Oft ist die Rede von zivilen Toten und Verletzten, und wenn die Opferzahlen nicht ganz so hoch ausfallen, gilt der Krieg als »sauber«. So ein Wahnsinn.
Am Ort eines Bombenangriffs fühlt man vor allem eins: Machtlosigkeit. Irgendein Mensch an einem Armaturenbrett oder im Cockpit spielt Herrscher über dein Leben. Kann sein, er trifft eine Entscheidung, durch die du stirbst oder zum Krüppel wirst. Ich spürte in Gaza eine so beklemmende Angst, dass ich sie kurz mit einer anderen Emotion überspielen musste. Den Palästinensern um mich herum schien es ähnlich zu gehen, und zusammen führten wir ein kleines Theaterstück auf: Ach du liebe Zeit, schon wieder eine Bombe, hahaha! Wären Kameras dagewesen, hätten wir glatt einen Tanz hinlegen können, wie ihn irakische Menschenmengen jetzt in ihrem Staatsfernsehen aufführen. Unter dem Titel *»Defiant Iraqi's after last night's bombing«* übernimmt CNN hin und wieder solche Bilder – »Iraker ungebrochen nach Bombenangriffen der vergangenen Nacht«.
Pustekuchen! In Gaza berichteten palästinensische Helfer über eine explosionsartige Zunahme an häuslicher Gewalt, Fehlgeburten, Herzinfarkten. Babys, deren erstes Wort nicht *baba* oder *mama* ist, sondern »Bombe«, »Märtyrer«, »Flugzeug«. Zeichnungen von Kampfjets, Kugeln und Blut, Kinder, die Soldaten werden wollen, statt Fußballer oder Schauspieler, und die nicht Fangen,

sondern Krieg oder Beerdigung spielen. Mit den Worten eines örtlichen Psychologen: »Vor der Kamera brüllen sie *Allahu akbar*, abends machen sie ins Bett.« Eltern trauen sich nicht mehr, miteinander zu schlafen, aus Angst, dass mitten im Akt ein Bombenangriff beginnt und sie sofort zu den Kindern rennen müssen. Ein Vater erzählte, dass seine achtjährige Tochter nachts heimlich ihren Schlafanzug ausziehe und sich in Straßenkleidern wieder ins Bett lege, damit sie bei einem Luftangriff gleich zum Schutzraum laufen könne.

Dann die hysterischen Telefonate, sobald das Netz wieder geht: Sind alle noch da? Steht das Familiengeschäft noch? Gab es Plünderungen? Versicherungen kommen nicht für Kriegsschäden auf, die meisten hier sind ohnehin nicht versichert. Wenn die Bomben fallen, kann man nicht auf die Straße gehen. Das gilt auch für Krankenwagen und die Feuerwehr, also wenn man die Treppe hinunterstürzt oder sonst irgendeinen Unfall hat, muss man eben warten, bis Entwarnung gegeben wird. Das macht die Eltern noch nervöser, denn bei einem Bombardement rennen ihre Kinder in alle Himmelsrichtungen davon. Sie verstecken sich im Bad oder versuchen, auf die Straße zu flitzen. Und natürlich fragen sie, wann es denn endlich aufhört. Von Helfern weiß ich, dass die palästinensischen Eltern versuchen, ihren Kindern so viel Trost wie nur irgend möglich zu spenden. Dann sagen sie: morgen. Oder: in zwei Stunden. Aber die Bombenangriffe gehen weiter, und die Kinder verlieren auch noch das Vertrauen in ihre Eltern, ihr allerletztes Refugium.

Das vermisse ich am meisten in den Medien. Bilder von kleinen Kindern, die sich in einer Ecke verkriechen und hysterisch ihre Eltern schlagen und treten, weil sie völlig verstört sind. Erzählungen über Mädchen in der Pubertät, die sich selbst Verletzungen zufügen, weil sie dann

Schmerzen spüren, die sie wenigstens selber kontrollieren können. Wie während eines Luftangriffs aus den Lautsprechern der Moschee Koranverse erklingen, um den Menschen in ihrer Todesangst beizustehen. Solche Dinge sehe ich nie, auch nicht bei Al-Dschasira. Dort hält man sich an das arabische Tabu, mit dem Verletzlichkeit und Trauer belegt sind, und unterlegt grausige Bilder von Toten und Verwundeten mit Texten über »die heldenhafte Unbeugsamkeit des irakischen Volkes«. Das zumindest habe ich aus dem Bombenangriff in Gaza gelernt: Der Begriff »sauberer Krieg« gehört in die gleiche Kategorie wie »schwangere Jungfrau« und »demokratischer Diktator«.[20]

Später erfuhr ich, dass andere Korrespondenten Vergleichbares durchgemacht haben: Eine turbulente Periode ruft Erinnerungen an ähnlich intensive Lebensabschnitte wach, die damals verdrängten Gefühle stürmen an die Oberfläche. Kein anderer Artikel in meiner Karriere hat derart viele Reaktionen ausgelöst, ein Beweis dafür, dass man sein bestes Material oft nur außerhalb der journalistischen Genres verwerten kann. Ich hatte noch mehr Material: Einen Scharfschützenveteranen erzählen lassen, wie das so ist, Iraker abzuschießen, als wären es Enten. Denn die amerikanischen Waffen hatten eine derart große Reichweite, dass die Iraker gar nicht ahnen konnten, dass der Feind in der Nähe war – bis die Kugel sie traf. Einen Israeli vom Häuserkampf erzählen lassen, wie man durch eine Gasse schleicht und plötzlich eine Tür geöffnet wird. Man feuert blind, denn wenn dort jemand mit einer Waffe wartet, ist man tot. Doch in der Tür steht eine Achtjährige im Nachthemd, die verdutzt zusammensackt.

Das ist der Krieg, aber auf CNN wirkte die Berichterstattung mehr wie diese Werbefilme, mit denen Rekruten angeworben werden sollen. »Erweitere deinen Horizont bei der

Marine.« »Ein Team, eine Aufgabe: die Luftwaffe.« Arabische Sender brachten Stunde um Stunde unvorstellbar grauenvolle Bilder von verzweifelten Omas und halb zerfetzen Kindergesichtern. Ein anderes Bild, das mir nicht mehr aus dem Kopf gehen will: irakische Soldaten in einem Schützenloch, erschossen, die weiße Fahne noch fest mit den Händen umklammert.

In solchen Momenten sah ich, wie die Kluft zwischen Orient und Westen tiefer wurde, nicht, weil wir so verschieden sind, sondern weil wir ein radikal anderes Bild der Wirklichkeit vorgesetzt bekommen. Abend für Abend sahen ganz normale arabische Fernsehzuschauer verstörte Iraker, deren Familien gerade in Stücke gerissen worden waren, Gliedmaßen durcheinander, alles kaputt. Und dann hörten sie, wie der US-Präsident triumphierte, sich mit Blick auf die nächsten Wahlen mit dem Sieg brüstete, eine Frage nach dem *collateral damage* – wörtlich: Begleitschäden – einfach vom Tisch fegte.

Wenn die westlichen Massenmedien während des Krieges ihre Arbeit gemacht hätten, dann hätten die Zuschauer kotzend und schluchzend vor den Bildschirmen gelegen. War das nicht der Fall, weil in den Redaktionen kaum Menschen arbeiteten, die einen Krieg erlebt haben? Oder weil manche Redakteure das militärische Spielzeug mit so kernigen Namen wie Apache, Tomahawk und Daisy Cutter eigentlich ganz spannend fanden? Ich glaube, das wäre alles noch gegangen. Es war, wie ich fürchte, viel schlimmer. Noch während des Krieges enthüllte die *International Herald Tribune*, welche Empfehlungen die großen amerikanischen Sender von ihren PR-Beratern bekommen hatten. Diese Marketingexperten helfen ihren Kunden zu ermitteln, was ihr Publikum am liebsten sehen würde. Amerikanische Sender sind schließlich kommerzielle Privatsender. Die Empfehlungen waren eindeutig: Je nationalistischer die Berichterstattung, desto höher die Einschaltquoten. Keine Antikriegsdemos, keine traurigen

Geschichten über Opfer, dafür eine große Portion Nationalhymne, Vaterland und flatternde *Stars and Stripes*. Im Studio, im Logo, in den Trailern. Ein Berater fasste die Marketingstrategie in sechs Wörtern zusammen: *»There is money in the flag.«* Vierzig der fünfzig meistgesehenen Sendungen in den USA während des Krieges stammten von Fox News, die Saddam Hussein den *»big bad boy from Baghdad«* nannten, die die Perspektive und die Themen, einschließlich der Terminologie, direkt vom CENTCOM in Katar übernahmen und die europäischen Proteste gegen den Krieg als »von Kommunisten organisiert« beschrieben.

Das war also ein weiterer bedeutender Filter auf dem Nachrichtengebiet: der Konsument. Auch in Europa geht aus allen Zuschauer-, Hörer- und Auflagenzahlen hervor, dass Menschen sich eher vom vertrauten Gesicht des Anchormans als vom langweiligen Kopf eines Experten mitreißen lassen. Kurze Bildbeiträge zum Thema »wir gegen sie« werden lieber gesehen als komplexe Analysen über gegensätzliche Interessen, geschweige denn historische Hintergründe, die das eigene Land in ein schlechtes Licht rücken. Und auch in Europa werden Redaktionsleitungen in erster Linie nach ihren Zuschauer-, Hörer- und Auflagenzahlen beurteilt.

Der Schlussakkord war nicht gerade ermutigend, und die Monate und Jahre nach der Invasion gaben wenig Grund für Optimismus. Die GIs wurden im Irak nicht mit Reis und Blumen, sondern mit Bomben und Granaten empfangen. Obwohl nie Beweise für eine Zusammenarbeit zwischen dem Irak und Al-Qaida gefunden wurden, glaubte rund fünf Jahre nach dem 11. September immer noch fast die Hälfte des amerikanischen Publikums, dass Saddam Drahtzieher der Anschläge sei und die meisten der Flugzeugentführer aus dem Irak stammten. Die Vorstellung, dass die Iraker die amerikanischen Truppen mit Reis und Blumen empfangen würden, war, wie sich herausstellte, von der irakischen Exil-Opposition lanciert worden, die dazu die PR-Firma The Rendon Group angeheuert hatte – denselben Verein, der bei der Befreiung Kuwaits durch die Amerikaner die US-Flaggen geliefert hatte.

Und die Szene auf dem Fardus-Platz, wo die Iraker unter lautem Jubel die gigantische Saddam-Statue niederrissen – »Bagdad feiert die Befreiung«? Wie sich herausstellte, war das keine Massenveranstaltung, kein Volksfest, sondern eine Aktion von vielleicht zweihundert Irakern und einem aufmerksamen Armeeoffizier. *Back to you, Jim.*

Editorische Nachbemerkung

Bevor ein Buch in den Druck geht, wird das Manuskript gerne erst »Probelesern« vorgelegt. Meine Leser meinten, dass die Medien schon sehr schlecht wegkämen in diesem Buch. Für mich kamen diese Einwände nicht ganz überraschend, und beim Schreiben war ich hin und wieder versucht, Sätze einzufügen wie: »Natürlich läuft vieles auch richtig gut bei den Medien …« »Ohne die Nachrichten wäre die Welt sicher auch nicht besser, aber …« »Obwohl die Medien wichtige Arbeit leisten …« Doch auf solche Sätze verzichten Journalisten auch, wenn sie über andere Gesellschaftsbereiche schreiben: »Die Demokratie ist natürlich ein wunderbares System, aber die schwere Krise, die sich gestern bei den Christdemokraten anbahnte …«

Journalismus handelt von der Welt, also muss es auch einen Journalismus über den Journalismus geben, schließlich ist er ein Teil dieser Welt. Die Medien kontrollieren die Macht, aber die Medien verfügen ihrerseits über Macht. Zum Grundgedanken der Demokratie gehört, dass alle Gewalten Rechenschaft ablegen müssen, und ausgehend von diesem Grundsatz habe ich dieses Buch geschrieben.

Vorwürfe gegen die Medien betreffen oft einzelne Personen oder Organisationen, die sich nicht an den journalistischen Verhaltenskodex gehalten haben. Klar gibt es solche Verstöße. Aber meine Erfahrungen im Nahen Osten deuten auf ein tiefer liegendes Problem hin, nämlich dass dieser Kodex allein nicht ausreicht. Man kann nur Wissen erlangen, indem man überprüfbare Informationen sammelt, doch die gibt es in Diktaturen kaum. Solange wir dafür noch keine telepathischen Wege gefunden haben, wird Wissen mithilfe von Wörtern und Bildern vermittelt, und die sind oft parteiisch und immer unvollständig. Wissen ist die Basis, um sich in einer Demokratie als Bürger bei einer Wahl für eine politische Führung zu entscheiden, die dann entweder Bomber oder Hilfsgüter in den Nahen Osten schickt. So werden die Beteiligten immer versuchen, die Meinungsbildung in den Medien zu manipulieren. Journalisten sind Menschen aus Fleisch, Blut und Vorurteilen, und die Nachrichtenmedien müssen sich, wie jede Industrie, an den Wünschen des Publikums orientieren, um überleben zu können.

Auch ich weiß keine Alternative, aber die Medien könnten sich offener über die Beschränkungen äußern, denen ihre Arbeit unterliegt. Hoffentlich trägt dieses Buch zu einer solchen Offenheit bei, ganz nach dem klassischen journalistischen Grundsatz, dass die Welt besser wird, je mehr wir sie verstehen – auch wenn das letztlich heißt, besser zu verstehen, was wir alles nicht verstehen.

•

Viele Ereignisse in diesem Buch habe ich aus dem Gedächtnis ausgraben müssen, bekanntlich eines der unzuverlässigsten Organe des menschlichen Körpers. Es fühlte sich auch merkwürdig an, über Filter, Verzerrungen und Manipulationen der Medienberichterstattung zu schreiben und währenddessen Textblöcke hin und her zu schieben, Anekdoten zu streichen, zitierte Artikel zu redigieren, mit der Chronologie meiner Erlebnisse zu jonglieren. Auch ein Buch hat seine Beschränkungen, und ich bin sowieso selbst der größte Filter.